U0453248

区域文化与
文学研究集刊

Studies of Regional Culture and Literature

周晓风　杨华丽　凌孟华 ◎ 主编

第 *10* 辑

中国当代文学研究会区域文学委员会
重庆师范大学区域文化与文学研究中心
重庆师范大学文学院
主办

中国社会科学出版社

图书在版编目（CIP）数据

区域文化与文学研究集刊.第10辑/周晓风，杨华丽，凌孟华主编.
—北京：中国社会科学出版社，2021.12
ISBN 978-7-5203-9406-2

Ⅰ.①区… Ⅱ.①周…②杨…③凌… Ⅲ.①区域文化—中国—文集
②中国文学—文学研究—文集 Ⅳ.①G122-53②I206-53

中国版本图书馆CIP数据核字（2021）第259600号

出 版 人	赵剑英
责任编辑	张　玥
责任校对	王　龙
责任印制	戴　宽

出　　版	中国社会科学出版社
社　　址	北京鼓楼西大街甲158号
邮　　编	100720
网　　址	http://www.csspw.cn
发 行 部	010-84083685
门 市 部	010-84029450
经　　销	新华书店及其他书店

印刷装订	北京君升印刷有限公司
版　　次	2021年12月第1版
印　　次	2021年12月第1次印刷

开　　本	710×1000　1/16
印　　张	21.75
插　　页	2
字　　数	324千字
定　　价	118.00元

凡购买中国社会科学出版社图书，如有质量问题请与本社营销中心联系调换
电话：010-84083683
版权所有　侵权必究

本刊学术委员会名单

学术顾问
  杨　义　中国社会科学院文学研究所
  吕　进　西南大学中国新诗研究所
  曹顺庆　四川大学文学与新闻学院
  周　勇　重庆市地方史研究会

学术委员会主任
  杨匡汉　中国社会科学院文学研究所

学术委员会成员（以姓氏拼音为序）
  程光炜　中国人民大学文学院
  靳明全　重庆师范大学文学院
  刘　勇　北京师范大学文学院
  李　怡　四川大学文学与新闻学院
  谭桂林　南京师范大学文学院
  田建民　河北大学文学院
  王本朝　西南大学文学院
  吴进安　（台湾）云林科技大学汉学资料整理研究所
  吴　俊　南京大学文学院
  杨匡汉　中国社会科学院文学研究所
  袁盛勇　陕西师范大学文学院
  张福贵　吉林大学文学院
  张全之　上海交通大学人文学院
  张新科　陕西师范大学文学院
  张中良　上海交通大学人文学院
  张显成　西南大学文献研究所
  朱栋霖　苏州大学文学院
  朱寿桐　澳门大学中文系
  朱晓进　南京师范大学文学院
  赵学勇　陕西师范大学文学院
  周裕锴　四川大学文学与新闻学院
  周晓风　重庆师范大学文学院

本刊编委会人员名单

主　编

　　周晓风　杨华丽　凌孟华

本辑执行主编

　　杨华丽

编委会成员（以姓氏拼音为序）

　　李文平　李祖德　凌孟华　王昌忠
　　熊飞宇　杨华丽　杨　姿　周晓风

编　务

　　范国富　付冬生

目　录

鲁迅诞辰140周年纪念专栏

主持人语 …………………………………………… 许祖华(3)

《现今的新文学的概观》的版本
　　——兼及人文版《鲁迅全集》注释中的一个问题 ………… 刘　涛(5)

论代田智明的鲁迅研究 ……………………………… 范阳阳(14)

国内六家鲁迅纪念馆业务工作的回顾与前瞻
　　（1951—2016） ……………………………………… 葛　涛(28)

鲁迅孤独寂寞的生活方式与其经验知识的生动性 …………… 许祖华(48)

区域文化与中国现当代文学研究

主持人语 …………………………………………… 张武军(63)

威廉·萨洛扬《人类的喜剧》在民国时期的译介 …………… 熊飞宇(65)

历史与反思：关于现代中国文学行旅问题
　　研究的考察 ……………………………… 石珠林　赵普光(79)

战后北平非文学期刊《知识与生活》与俞平伯集外佚文 …… 凌孟华(100)

防空洞与抒情诗
　　——细读穆旦《防空洞里的抒情诗》 ………………… 慈明亮(117)

区域文化与古代文学研究

主持人语 ································· 何易展(139)
明清湖湘疫灾文学的多维书写与地域解读 ········ 何　湘　陈　倩(141)
黄庭坚谪居黔州所书李白《秋浦歌》的内蕴 ············ 陈　忻(155)
南宋绘画中的南方意象与文学书写 ···················· 李旭婷(170)

潮汕文化与文学档案·林培源

主持人语 ································· 张慧敏(189)
"常识"与"反常识":我的小说观 ···················· 林培源(191)
"先锋"余火的继承与重燃
　　——林培源短篇小说创作论 ······················ 陈润庭(196)
关于"潮汕"的记忆、想象与认同
　　——评林培源小说集《小镇生活指南》 ············ 张慧敏(208)

巴渝学人掠影·杨星映

主持人语 ································· 熊飞宇(223)
生命之美
　　——中国古代审美意识的基本特征 ················ 杨星映(227)
博观约取　丹心育人
　　——杨星映先生的学术人生 ······················ 周和军(245)
《中国古代文论元范畴论析》序 ······················ 党圣元(262)
《世说新语》美学研究的新成果
　　——杨星映等著《玄韵流芳》刍议 ················ 姜军委(268)
杨星映先生学术年谱 ································ 肖　锋(275)

书 评

别具特色的中国文论研究
——读刘中黎《中国日记文学理论研究》 ………… 张全之(297)

廿五"磨"一剑,增订"炼"精品
——李光荣《西南联大文学社团研究》阅读札记 ……… 袁洪权(304)

文学地理学视域下明清小说研究的新范式
——评杨宗红《明清白话短篇小说的文学地理研究》…… 严 艳(311)

再造"同路人":文学理性与革命理念
——评杨姿《"同路人"之上:鲁迅后期思想、文学与
托洛茨基研究》………………………………… 董腾宇(320)

稿 约

《区域文化与文学研究集刊》诚约稿件 ………………………… (329)

后 记 ……………………………………………………… 杨华丽(333)

鲁迅诞辰 140 周年纪念专栏

主持人：许祖华教授

主持人语：

在中国现代文学研究领域，鲁迅可以说一直就是研究的重点对象，而在中国现代作家研究领域，毫无疑问，鲁迅则是研究者关注度最高、研究最为充分、研究成果最为丰硕的作家。2021年，在中国社会全面开启中国特色社会主义现代化建设的恢弘背景下，适逢鲁迅诞辰140周年，学术界，特别是中国现代文学界，又一次将研究的视角聚焦于鲁迅，问世了一批有相当学术分量的研究成果，这里披载的四篇关于鲁迅研究的论文，也是这批研究成果的构成部分，它们与其他鲁迅研究成果一起，以自己的特色，不仅直接地彰显了新时代鲁迅研究的学术活力，而且也为新时代的鲁迅研究做出了一定的贡献。

这四篇论文既各具特色，也有相当的新意，其特色与新意，在我看来，主要表现在所关涉的对象，即选题和所论述的相关问题方面。

四篇论文的选题，分别涉及了鲁迅研究的四个对象，即：鲁迅的一篇重要讲演《现今的新文学的概观》的版本；日本重要的鲁迅研究专家代田智明的鲁迅研究的特色；国内六家鲁迅纪念馆业务工作的回顾与前瞻；鲁迅的孤寂生活方式与其经验知识的生动性。这四个方面的对象，在我看来，是既往，包括现今鲁迅研究成果都没有关注过的对象，有的研究对象即使在既往的研究成果，特别是鲁迅研究的成果中受到过关注，如关于日本鲁迅研究家代田智明的鲁迅研究，尽管赵京华先生曾在相关著作中关涉过，但却并没有如这里所披载的《论代田智明的鲁迅研究》论文一样进行过较为全面的介绍与条分缕析。至于其他三篇论文所关涉的研究对象，从题目就可以看出是鲁迅研究中的新课题，而且是很有意义和价值的新课题，尽管有的课题关涉的对象很微观，如关于《现今的新文学的概观》的版本，有的课题关涉的对象很具体，如《国内六家鲁迅纪念馆业务工作的回顾与前瞻》《论代田智明的鲁迅研究》，有的课题关涉的对象较为宏观，如关于鲁迅的经验知识问题，但没有例外的是，它们对于进一步拓展鲁迅研究,都具有不可忽视的价值与意义。

不仅如此,这四篇鲁迅研究论文,由于基本都是研究者获得的相关研究项目,是其研究项目的阶段性成果,因此,作者都注意了对"问题"的探讨,如关于鲁迅《现今的新文学的概观》"未名版"与"三闲版"的版本差异考察的论文,就在细致比较和较为详尽的考辨的过程中,对版本的变迁与鲁迅文学创作的特点及鲁迅的精神人格的关系展开了论述;《论田代智明的鲁迅研究》一文,则着重剖析了代田智明的鲁迅研究立足于全球化的现实语境,通过对《故事新编》的解读,深入发掘鲁迅"相互主体性"的思想史意义和当下价值以及其在鲁迅研究方面的学术意义;《国内六家鲁迅纪念馆业务工作的回顾与前瞻》,则不仅对国内六家鲁迅纪念馆的业务工作进行了较为系统的回顾,也不仅较为中肯地归纳了六家鲁迅纪念馆在保存鲁迅文化遗产、弘扬鲁迅精神、推动鲁迅研究、促进中外文化交流、对观众特别是青少年进行爱国主义教育和社会主义教育等方面做出的重要贡献,而且,基于当下文化强国、文化自信的时代氛围,对六家鲁迅纪念馆未来的业务工作提出了一系列很有现实意义与文化意义的建议;《鲁迅孤独寂寞的生活方式与其经验知识的生动性》一文,则不仅将鲁迅的相关经验知识与学术界早已关注的鲁迅的孤寂生活方式结合起来展开探讨,而且较为深刻地论述了鲁迅关于生活的经验知识的生动性与其关于生活的原型信念和在杂文及书信中所呈现的"事实"的生动性的密切关系。没有疑问,这四篇论文的论述以及形成的观点,都属于研究者的一家之言和一己之见,但,它们都没有例外的是鲁迅研究的新成果,不仅给人耳目一新的感觉,而且对于今后的鲁迅研究也必然具有相应的启示性。这也正是这四篇论文特别值得关注的一个重要方面。

《现今的新文学的概观》的版本*
——兼及人文版《鲁迅全集》注释中的一个问题

刘 涛**

内容提要：文章对鲁迅《现今的新文学的概观》"未名版"与"三闲版"的版本差异，进行细致比较和分析，以期加深对鲁迅文学创作和精神人格的认识，同时指出人民文学出版社1981年版和2005年版《鲁迅全集》在标注鲁迅文章出处时未仔细交代其文章版本变迁的问题。

关键词：鲁迅；《现今的新文学的概观》；版本变迁

1929年5月13日鲁迅北上省亲，5月22日鲁迅应邀到北平燕京大学做过一次讲演。该讲演经吴世昌记录、整理，以《现今新文学的概观》为题，发表于1929年5月25日北平《未名》半月刊第2卷第8期。讲演记录稿后被鲁迅收入《三闲集》，题为《现今的新文学的概观》。由于《现今新文学的概观》是一篇讲演记录稿，与一般创作不同，记录稿出自记录者之手，在记录稿刊出时，讲演者往往要对记录稿进行审核并修改。《现今的新文学的概观》以《现今新文学的概观》之名在《未名》半月

---

* ［基金项目］2021年度河南省高等学校哲学社会科学基础研究重大项目"民国报纸关于现代作家新闻报道文献整理与研究"（编号2021—JCZD—12）。

** ［作者简介］刘涛（1971— ）男，河南邓州人，博士，河南大学文学院、中国现代文学研究中心教授，博士研究生导师，主要从事中国现代文学文献学研究。

刊刊出时，副题有"改定稿"字样，说明这篇讲演记录稿在刊出前曾经修改过，修改者除记录人吴世昌外，还应包括鲁迅。这是因为鲁迅做事一向认真细心，对于文章之事更是一丝不苟。他所发表的讲演，其记录稿，在报刊公开发表前，一般都要经过他本人亲自审定。《现今的新文学的概观》这篇讲演也是如此。但是，就是这样一篇经过鲁迅亲自审定、校改的讲演记录稿，他在将其收入个人文集《三闲集》时，还是又一次进行了极为细致的修改，一个字甚至连一个标点符号都不放过。这些修改，使《现今的新文学的概观》产生了不同的版本，同时，也给后人研究鲁迅的写作活动提供了一个非常难得的视角。这是因为，修改也是一种写作，是鲁迅创作行为和精神活动的有机组成部分。通过研究鲁迅的文章修改，我们可真切窥测到鲁迅对文字的敬畏，对工作的认真。因此，研究《现今的新文学的概观》这篇文章，若不涉及它的版本变迁，不涉及鲁迅对它的修改，那是明显不完整和有缺憾的。正是出于这种考虑，笔者打算对《现今的新文学的概观》两个版本之间的差异，进行一一比较，通过版本研究，进一步加深我们对鲁迅文学创作和精神人格的认识。

《现今的新文学的概观》被鲁迅收入《三闲集》。现在流行最广的，也是最权威的《三闲集》版本，应为人民文学出版社 1981 年版《鲁迅全集》第 4 卷和 2005 年版《鲁迅全集》第 4 卷所收入的《三闲集》。笔者把 1981 年人文版《鲁迅全集》第 4 卷所收《现今的新文学的概观》，与 1941 年鲁迅全集出版社出版的《三闲集》中所收的《现今的新文学的概观》，进行一一比对，发现两个版本之间文字完全相同，标点符号也大致相同，只有 5 处标点符号不同。这说明人文版《鲁迅全集》非常接近鲁迅自编文集的原始面貌。基于此，笔者依据人民文学出版社 1981 年版《鲁迅全集》，把该版第 4 卷《三闲集》所收的《现今的新文学的概观》（以下简称"三闲版"），与《未名》半月刊的《现今新文学的概观》（以下简称"未名版"）进行比较。

除题目外，《现今的新文学的概观》两个版本之间文字与标点符号的差异共计 45 处。这些差异，分以下几类情况：第一类为文字或标点符号未名版没有，三闲版新添加上去的，共 22 处；第二类为文字、标点符号或段落划分彼此差异的，共 21 处；第三类为文字或标点符号未名版原有，而三闲版删去的，共 2 处。这 45 处差异中，标点符号或段落划分的差异共 14 处，这 14 处差异，大部分应出自鲁迅之手，小部分也有可能是版本变迁过程中，由编辑修改或排版原因产生的；其他文字差异，共 31 处，应出自鲁迅本人的亲自修改。为便于分析，笔者把两个版本正文的 45 处差异，按顺序从 1 到 45 标上序号。

第一类版本差异源自对文字、标点符号的添加，共计 22 处，分别为：2、4、7、8、9、10、15、16、18、19、22、23、24、25、27、31、32、33、34、37、38、39。这 22 处中，标点符号的添加共 4 处，分别是 9、23、24、32。序号 9 三闲版为"他到她坟上去哭过，——创造社有革命文学"，未名版无句中逗号。序号 23 三闲版为"却未免'失'得太巧"，未名版"失"字未加引号。序号 24 三闲版为"四肢之中，倘要失去其一"，未名版无句中逗号。序号 32 三闲版为"后来终于中状元，谐花烛的老调"，未名版无句中逗号。字词的添加共 18 处。序号 2 三闲版为"终于没有想定究竟来讲什么"，未名版无"究竟"两字。序号 4 三闲版为"大多数的人们还是莫名其妙"，未名版无"的人们"三字。序号 7 三闲版为"倘想要免去这一类无谓的冤苦"，未名版无"倘想"两字。序号 8 三闲版为"他到她坟上去哭过"，未名版无"她"字。序号 10 三闲版为"是常常会有近似带革命性的文学作品出现的"，未名版无"文学"两字。序号 15 三闲版为"空想被击碎了"，未名版无"被"字。序号 16 三闲版为"坐在上帝旁边吃点心的诗人们福气"，未名版无"吃点心"三字。序号 18 三闲版为"连'头'也没有"，未名版无"连"字。序号 19 三闲版为"那里说得到'抬'。"未名版无"得"字。序号 22 三闲版为"有模仿勃洛克的《十二个》之志而无其力和才"，未名版无"勃洛克"三字。序号 25 三闲版为"四肢之中，倘要失去其一"，未名版无"倘"字。序号 27 三闲版为"是能减少战斗的勇往之气的"，未名版无"少"字。序号 31 三闲版为"后来终于中状元，谐花烛的老调"，未名版无

"后来"两字。序号 33 三闲版为"但这些却也正是中国现状的一种反映",未名版无"也"字。序号 34 三闲版为"新近上海出版的革命文学的一本书的封面上",未名版无"出版的"三字。序号 37 三闲版为"然而这样地合了起来",未名版无"地"字。序号 38 三闲版为"只能在表明这位作者的庸陋",未名版无"这位"两字。序号 39 三闲版为"不要脑子里存着许多旧的残滓,却故意瞒了起来,演戏似的指着自己的鼻子道",未名版无"故意瞒了起来,演戏似的"。

以上 22 处版本差异,标点符号的差异共 4 处,其他 18 处为文字差异,这些差异的产生皆源于添加,文字的添加或标点符号的添加。标点符号的添加大部分应出自鲁迅之手,其他 18 处文字添加,同样出自鲁迅之手。我们仔细体会鲁迅在文字与标点上的这些添加,可深刻感受到他的为文之道。通行的观念一般认为鲁迅为文尚简,但由这些文字与标点符号的添加,可认识到,鲁迅为文是以"适度"为原则,追求"准确""具体"与"生动",而非单纯的"简约"。如序号 39,加了"故意瞒了起来,演戏似的"几个字后,虽然字数增加,无原来文字之简,却更生动形象。序号 34 加上"出版"两字,更为准确。序号 25 "要"字之前加"倘"变为"倘要",转折自然了,语气也舒缓一些。

第二类版本差异源于对字句、标点符号或段落划分的改动,有 21 处。这 21 处修改,其中 8 处为标点符号的修改,分别为 1、6、13、17、26、28、29、36。序号 1 未名版为"只好来讲几句",三闲版该句逗号为句号。序号 6 未名版为"翻出来却是'他说去枪毙'。"三闲版为"翻出来却是他说'去枪毙'。"序号 13 未名版为"愿受风雷的试炼",三闲版该句逗号为句号。序号 17 未名版为"坐在上帝旁边的诗人们福气",三闲版该句逗号为句号。序号 26 未名版为"实在还不如一只手",三闲版该句逗号为分号。序号 28 未名版为"是能减战斗的勇往之气的。"三闲版该句句号为分号。序号 29 未名版为"一定不只这一点,"三闲版逗号为句号。序号 36 未名版为"这是从苏联的旗子上取来的",三闲版该句逗号为句号。综合这 8 处标点符号的改动,可以发现,未名版中 6 处标点符号为逗号的，三闲版都改为了句号。这说明未名版更倾向于使用逗号，强调语句间意义的衔接；而三闲版更倾向于使用句号，更强调语义的转换。序号6，未名版为"翻出来却是'他说去枪毙'。"句子中的引号是翻译出来的内容，但三闲版句子中引号所引的只是"去枪毙"三个字，把"他说"两字放在了"引号"之外。序号5为段落划分的改动，三闲版第3段、第4段，在未名版中为一段，没有分开。现在看来，三闲版第4段只有短短几句话，这几句话与第3段的语义衔接非常紧密，其实是无须另起一段的。未名版中这两段本为一段，这种处理更为合适。三闲版把一段分为两个段落，第4段就显得过于单薄，也把本来完整顺畅的语义人为割裂开来了。

21处修改中，12处为字句的改动，分别为3、12、14、20、21、30、40、41、42、43、44、45。序号3未名版为"原是想在车上想定的"，三闲版为"原是想在车上拟定的"，第二个"想"被改为"拟"。两者比较，未名版一句连用两个"想"有点重复，在本文语境中，"拟"比"想"的使用也更为准确。序号12未名版为"也曾有许多革命文学者非常惊喜"，三闲版为"也曾有许多革命文学家非常惊喜"。把"者"改为"家"，读起来更为响亮。同时，与"革命文学者"相比，"革命文学家"的称谓表示出对"革命文学"更大的尊重和强调。序号14未名版为"亚伦堡"，三闲版为"爱伦堡"。两者比较，"爱伦堡"的译名更为人所知。序号20未名版为"便是文学并不变化和兴旺"，三闲版为"就是文学并不变化和兴旺"。两者比较，三闲版更优。因为此句后面还有一句："所反映的便是并无革命和进步"。未名版中，相邻两句连用两个"便是"，有点重复和啰嗦。三闲版把第一个"便是"改为"就是"，就有效避免了这个问题。序号21未名版为："'Pong Pong Pong'，文字逐渐大了起来"，三闲版把"文字"改为"铅字"。序号30未名版为："这还是穷秀才落难，终于中状元谐花烛的老调。"三闲版把"这"改为"《一只手》也"，改动后，所指更为清楚明确。序号40未名版为："现在的社会既然神经过敏"，三闲版把"社会"改为"人们"，这种改动可能考虑到"神经过敏"的主语为"人们"更为合适。序号41未名版为："而革命文学家又不肯多绍介别国的理论和作品，这样只指着自己的鼻子，临了便会像前清的'奉旨申饬'一样，令人莫名其妙的。"三闲版把"这样只"改为"单是这样的"，语义更为明确。序号42未名版为"奉旨申饬"，三闲版把"申饬"改为"申斥"。"申饬"与"申斥"音同义亦同，不过，"申斥"的用法更为通俗，一般读者更为熟悉。鲁迅把"申饬"改为"申斥"，可能是为了让读者更容易接受。序号43未名版为"一个官员犯了过失了，便叫他跪在什么一个门外面"，三闲版把"什么一个"改为"一个什么"，改动后句子更为通畅。序号44未名版为"它便从祖宗一直骂到子孙"，三闲版把"它"改为"他"。这里的"他"指的是"太监"，用"它"指代明显不合适。序号45未名版为"究竟他可是要这样地骂呢？"三闲版把"究竟他"改为"问他究竟"，改动后语义更为清楚明了。

以上12处修改，大致可分为三类，首先为译名修改，如14；其次为订正错误和语病，如40、43、44；最后为优化处理，这一类在12处修改中所占比重最大。优化处理又分以下几种情况：其一为避免重复，如3和20；其二为避免误解，如21、40；其三为使所指更为明确，语义更为醒豁，如30、41；其四为使语义更为浅白通俗，如42。

第三类为字句或标点符号未名版有，而三闲版删去的，有2处，分别为11、35。序号11未名版为"即如清末的'南社'"，三闲版为"即如清末的南社"。两相比较，引号不加为优。因南社作为一著名文学社团，不加引号，一般读者也应知道。序号35未名版为"又安上一个铁锤"，三闲版把"上"字删去了。"安上"与"安"在本文语境中意思相同，鲁迅删去"上"字，应该是出自文字简练的考虑。

以上是《现今的新文学的概观》未名版与三闲版正文差异的大致情况。由两个版本的差异，可看出鲁迅对《现今新文学的概观》的修改，很多处其实只是一字之加、一字之减、一字之改而已。31处文字修改中，共有16处属于一字之加、一字之减或一字之改，占文字修改总数的一半。还有多处只是一个标点符号的改动。但从这一字或一标点符号的添加、删除或改动，可深切感受到鲁迅为文的严谨、认真，已达到了毫不苟且、绝不随意的地步。他曾经说过："即使校对别人的译著，也真是一个字一个字地看下去，决不肯随便放过，敷衍作者和读者的，并且毫不怀着有所利用的意思。"① 鲁迅对《现今新文学的概观》的修改，便是这句话的一个有力佐证。他是怀着一种庄严的情感，认认真真、一丝不苟地从事着文字工作的。

除正文外，两版的正题与副题也有差异。未名版正题为"现今新文学的概观"，三闲版正题为"现今的新文学的概观"，"现今"一词后添加"的"字，这样一改，"现今"变成"新文学"的定语，对"新文学"的限定更为明确。未名版副题为"五月二十二日鲁迅在燕京大学国文学会讲，改定稿"。三闲版副题为"五月二十二日在燕京大学国文学会讲"，删去了"鲁迅"与"改定稿"。未名版题目下还有"吴世昌笔记"几个字，收入《三闲集》时，被鲁迅删去了。删去"鲁迅"两字，应该是考虑到该文已收入鲁迅个人文集《三闲集》，其中所收文章和讲演，其作者自应是鲁迅无疑。删去"改定稿"，应该是考虑到"改定稿"所指即为《未名》半月刊所刊之《现今新文学的概观》，现收入《三闲集》，经过改动，已成另一版本，再用"改定稿"已不太合适。删去记录人"吴世昌"名字，是出于保护记录人的考虑。他在1934年12月11日致杨霁云信中曾说过："但记录人名须删去，因为这是会连累他们的，中国的事情难料得很。"②

由《现今的新文学的概观》两个版本的比较可看出，鲁迅在把该文未名版收入《三闲集》时，从正题、副题到正文，皆进行了认真细致的修改，这种修改，使《现今的新文学的概观》的版本发生了较大变化。

---

① 鲁迅：《鲁迅译著书目》，载《鲁迅全集》第4卷，人民文学出版社1981年版，第183页。
② 鲁迅1934年12月11日致杨霁云信，载《鲁迅全集》第13卷，人民文学出版社2005年版，第291页。

鉴于这篇讲演记录稿版本变化较大，后人在编辑鲁迅作品时，对于这种情况予以说明，交代清楚版本的渊源流变，就是很有必要的了。但遗憾的是，现今鲁迅作品的各种集子，包括最权威的人民文学出版社1981年版与2005年版《鲁迅全集》，都还没有做到这一点。在现今流行的鲁迅作品的各种集子中，以人民文学出版社1981年版和2005年版的《鲁迅全集》质量最高，当得起"善本"之称。人文本《鲁迅全集》作为善本的一个突出体现，就是它的注释，其中就包括对每篇作品最初出处的详细交代。这样交代作品出处的注释往往位于每篇作品注释部分的打头位置，如《我和〈语丝〉的始终》，该文第一个注为："本篇最初发表于一九三〇年二月一日《萌芽月刊》第一卷第二期，发表时还有副题《'我所遇见的六个文学团体'之五》。"① 《听说梦》的第一个注为："本篇最初发表于一九三三年四月十五日上海《文学杂志》第一号。"② 可见，首先交代每部作品的原始出处，即该文的初刊情况，是人文版《鲁迅全集》注释的一个惯例。但这样的注释有时还是不够的，特别当遇到作品的初刊本与文集本差异较大的情况时，就更是如此。人文版《鲁迅全集》对《现今的新文学的概观》出处的注释为："本篇最初发表于一九二九年五月二十五日北平《未名》半月刊第二卷第八期。"③ 这样注释没什么错误，但不够精确，也容易带来误解。不够精确，是因为该作品在《未名》半月刊刊出时，题目并非《现今的新文学的概观》，副题同样有所变化。这样注释，也易带来误解，让读者感觉《现今的新文学的概观》与未名版的《现今新文学的概观》，内容上无任何差异。而实际情况则并非如此。《鲁迅全集》中，像《现今的新文学的概观》这样，初刊本与文集本之间，存在文字差异的，当还有不少。但《鲁迅全集》每篇作品的注释，则会让一般读者认为，鲁迅作品的初刊本与文集本，在文字上完全相同，不存在任何差异。这是1981年人文版《鲁迅全集》注释普遍存在的一个

---

① 《鲁迅全集》第4卷，人民文学出版社1981年版，第172页。
② 《鲁迅全集》第4卷，人民文学出版社1981年版，第470页。
③ 《鲁迅全集》第4卷，人民文学出版社1981年版，第137页。

问题。

　　笔者指出1981年人文版《鲁迅全集》注释上的问题，也许有吹毛求疵之嫌，因为《鲁迅全集》的注释工作，工作量大，难度高，注释起来相当不容易，而要准确说清楚鲁迅每部作品的版本源流，就更不容易。但由于鲁迅全集的注释并非个体行为，而是全国学界精英与鲁迅研究专家的共同参与，在人力、物力与财力上，都得到过较大支持，若假以时日，要解决这个问题，也并非难事。特别是人文版《鲁迅全集》的注释曾经有一次较大修改，其修改的成果集中体现在2005年出版的人文版《鲁迅全集》中。不过，遗憾的是，这一版《鲁迅全集》注释部分对于作品出处的交代，一仍其旧，与1981年版并无任何差异。就如《现今的新文学的概观》这篇文章，其注释仍然是："本篇最初发表于1929年5月25日北平《未名》半月刊第二卷第八期。"① 只是刊物的发表时间由原来的汉字阿拉伯数字改为小写阿拉伯数字，其他文字与原来完全相同。这说明2005年人文版《鲁迅全集》在注释上虽有过较大改动与补充，但在交代作品出处特别是版本源流方面，尚有可以进一步完善的空间。

---

① 《鲁迅全集》第4卷，人民文学出版社2005年版，第140页。

论代田智明的鲁迅研究*

范阳阳**

内容提要：代田智明的鲁迅研究主要立足于全球化的现实语境，通过对《故事新编》的解读，深入发掘鲁迅"相互主体性"的思想史意义与当下价值。他将"终末论"话题与鲁迅对知识分子命运的思考联系起来，更看重其中蕴含的悲剧性意味。他对鲁迅作品的解读，倾向于发掘其思想意义，其阐释常带有一定的抽象性和哲学意味。他能够将看似无关的作品勾连起来，剖析其内在的关联性。代田智明写有多篇评述日本鲁迅研究史的文章，显示出学术史的自觉。

关键词：代田智明；鲁迅研究；相互主体性；终末论

董炳月认为"二战"之后日本有四代鲁迅研究学者："第一代的代表人物是竹内好。第二代的代表人物有丸山升、伊藤虎丸、木山英雄、丸尾常喜诸位。第三代的主要人物有藤井省三、尾崎文昭、长堀祐造、代田智明等人。第四代是 60 后，还看不到什么代表人物……"① 赵京华则

---

* ［基金项目］教育部人文社会科学研究青年基金项目"鲁迅'主体性'思想研究"（编号 18YJC751012）、河南省哲学社会科学规划项目"鲁迅'主体性'意识之生成与发展研究"（编号 2018BWX024）。

** ［作者简介］范阳阳（1983— ）男，河南驻马店人，文学博士，河南大学黄河文明与可持续发展研究中心、黄河文明省部共建协同创新中心博士后，讲师，主要从事鲁迅与中国近现代文学史、思想史研究。

① 尚晓岚：《日本人怎样阅读鲁迅》，《北京青年报》2016 年 10 月 14 日。

指出，在这当中出现过两个高峰期，一是"由竹内好所开创并以丸山升、木山英雄和伊藤虎丸为代表"的五六十年代，二是"以北冈正子、丸尾常喜和藤井省三、代田智明等为代表"①的八九十年代。可见，代田智明的鲁迅研究已引起国内学者的注意，并获得高度评价。但据笔者目力所及，目前仅有赵京华《周氏兄弟与日本》中有一章涉及代田智明的鲁迅研究，尚未有人以专题论文形式对其鲁迅研究予以总结、评论。

如果说竹内好等研究者思考的是日本如何在近代西方强势话语下建构自身的主体性，代田智明则是思考全球化背景下如何建构主体性的问题。可见他们都是以鲁迅作为思想资源思考自身国家的问题，但由于所处的语境不同，其提问、解答方式也就产生了差异，在研究中所表现出的品格也是迥异的。下引一语恰可用来概括代田智明的研究："对于鲁迅思想文学的'政治性'品格的关注逐渐让位于在更广泛的社会历史文化关系中或更为专业的文本结构方面的考察。"② 他不仅在文本解读上能提出颇富启发性的新观点，在对鲁迅思想的阐发上也有其明确的问题意识。

一 鲁迅思想解读

（一）全球化·相互主体性

全球化是当今时代所面临的最大现实问题，在此背景下如何重新定位国与国、人与人的关系，文学研究界同样贡献出了自己的智慧。如在2003年10月21日在南京召开的"全球化格局下的现代文学：中国与东亚"国际学术研讨会上，董健指出：全球化并非简单的同化，"谁是'主体'？谁是'他者'？这是不能只从一种文化的角度来确定的"，因此，文化上的"部落主义""霸权主义"都不可取。③

将鲁迅思想与全球化勾连起来，看似"六经注我"式研究，但这一

---

① 赵京华：《活在日本的鲁迅》，《读书》2011年第9期。
② 赵京华：《周氏兄弟与日本》，人民文学出版社2011年版，第69页。
③ 参见周红《"全球化格局下的现代文学：中国与东亚"国际学术研讨会综述》，《文艺争鸣》2004年第2期。

思考并非完全是臆想，充当二者桥梁的是"相互主体性"思想。在国内研究界，高远东较早关注鲁迅的"相互主体性"思想，他以《破恶声论》为切入点来展开论述。代田智明则主要立足于全球化的现实语境，深入发掘鲁迅"相互主体性"的思想史意义、当下价值。的确，全球化与"近代化"的相同之处在于将发达国家的标准或价值普适化，在建构其"主体性"的同时，在事实上抑制了后发达国家的"主体性"。代田智明《全球化·鲁迅·相互主体性》一文指出："现在，全球化正在企图强化主从关系，从日常性中反复理解领会这些现象并进行现实性的实践对'进行自省的奴子之性者'来说，难道不是极其重要的事情吗？而且此时，我认为，鲁迅的经验是提供给我们的丰富的资源。"

该论文将这一问题提出，只做了简单的论述，并未详细展开，更像是"发凡起例"之作。作者首先引用《帝国》一书的观点：随着资本全球化的进程，"现代的主权（国民国家的权利）将要衰退"，现代社会的价值体系也将随之烟消云散。全球化使得日常生活的方方面面"都将被政治性支配"①，同时，时空的唯一性、确定性被解构，"世界的时间性和空间性大概就成为程度相当暧昧的东西了"。② 代田智明以此为立论依据，把"政治性"和"日常性"这两个关键词作为视角来考察鲁迅后期杂文创作情况，指出：鲁迅从报纸上所看到的新闻报道中的日常信息，通过杂文这种"极富政治性的文体"，"在日常性现象和政治性现实之间做着惊险的往复运动"。即鲁迅常常因小见大，从微观的日常事件、现象上升到政治层面的批评。③ 同时，鲁迅又往往通过古今对比、借古讽今等手法，使得"过去通过现在而被赋予新的实在感；现在通过过去而被重新检验证实"。如他写于1933年的《踢》，由现实中几个人在租界被警察踢

---

① ［日］代田智明：《全球化·鲁迅·相互主体性》，李明军译，《内蒙古民族大学学报》（社会科学版）2008年第1期。

② ［日］代田智明：《全球化·鲁迅·相互主体性》，李明军译，《内蒙古民族大学学报》（社会科学版）2008年第1期。

③ ［日］代田智明：《全球化·鲁迅·相互主体性》，李明军译，《内蒙古民族大学学报》（社会科学版）2008年第1期。

进河里，联想到宋、明历史。这在代田看来，无疑符合全球化语境中时间模糊化的特点。以此推论，则《故事新编》中的这一特点更为突出。在小说营造的话语结构中，"现在和过去常常是激烈地进行着往复运动的"。①

代田更进一步指出：全球化时代时间、空间均呈现出"暧昧"或曰模糊化的状况，个人身份面临着无法确证的难题。他认为"创造出像《故事新编》所讲述的认识主体的应有状态，进一步规定了30年代鲁迅的言行的主体状态。我曾经把这点解释为主体'主观间'的生成。主体决不是自律地、超越论式地存在的"。② 即主体无法确证自己的身份，而需要通过别的人或事来证明。《起死》中的庄子就面临这种困境，虽然他使男子复活，自以为"处于全知的位置"而抱有优越性，但男子并不认可他的说法，反而质疑他是贼。庄子出于无奈，只得借用楚王的邀请（权力话语）确证自己的身份。

在西方现代哲学中，"相互主体性"本指不同主体之间通过相互沟通、协商而达成的互相承认与认同、尊重，而代田则赋予该词以消极内涵，"主体是由他者创造出来的，可以把这种主体的理解领会方法称之为主观间性或相互主体性"。③ 代田智明由此赋予了鲁迅思想以当下的启示意义。

（二）逆向的"终末论"

代田在追溯对"终末论"这一话题的研究史时，认为竹内好曾暗示过此点，他说："鲁迅把握的信条形式是无宗教性的，甚至可以说是反宗教性，可是把握的方法则是宗教性的。"④ 伊藤虎丸在此基础上引入基督教

---

① ［日］代田智明：《全球化·鲁迅·相互主体性》，李明军译，《内蒙古民族大学学报》（社会科学版）2008年第1期。
② ［日］代田智明：《全球化·鲁迅·相互主体性》，李明军译，《内蒙古民族大学学报》（社会科学版）2008年第1期。
③ ［日］代田智明：《全球化·鲁迅·相互主体性》，李明军译，《内蒙古民族大学学报》（社会科学版）2008年第1期。
④ ［日］代田智明：《鲁迅对于改革与革命的立场——终末论与同路人》，《东岳论丛》2014年第1期。

的"终末论"观念,对其观点作了进一步发挥。他所谓的"终末论"是指"此时(kaiosu)""迫使每个人都做出主体性决断",每个"个体"此时"才会被从自然有机体秩序的埋没当中拉将出来,获得自由(主体性)"①。

代田智明将该话题与鲁迅对知识分子命运的思考联系起来,修正和发展了伊藤虎丸的观点。他认为:鲁迅在留学时期的"终末论性的主体意识还仅是露出萌芽",在20世纪20年代中期之后才发展成形②;"四一二政变"之后,鲁迅赋予"末日"一词以"国民党政权的崩溃"的内涵,他的态度是"一面迎接着自己诚心热望的那一崩溃=终末时代的到来,一面对于自己在那时代的命运,却抱着悲观的预感"。可以说,"鲁迅的终末论应该称为没有救世主的终末论。"③ 这一观点,也可从鲁迅不承认未来有"黄金世界"得到印证。如果对照伊藤虎丸的观点,可见代田并不同意伊藤虎丸的正面化解读,而是更看重其中的悲剧性意味,因此可称为逆向的"终末论"。

代田继而指出,由于受到托洛茨基《文学与革命》中的"革命人"概念的影响,"终末与灭亡的心理,在1930年代鲁迅的思想里一直萦绕不止"。④ 代田智明引用日本学者长堀祐造"同路人鲁迅"的概念,指出"革命=在终末时灭亡的心理才是同路人的立场与终末论结合的地方"。⑤ 代田认为将终末论和"同路人"结合起来,"可以涵盖1923年到1936年的完整的鲁迅精神形象"。⑥ 他有意识地将伊藤虎丸、长堀祐造的概念结

---

① 参见[日]代田智明《鲁迅对于改革与革命的立场——终末论与同路人》,《东岳论丛》2014年第1期。
② [日]代田智明:《鲁迅对于改革与革命的立场——终末论与同路人》,《东岳论丛》2014年第1期。
③ [日]代田智明:《鲁迅对于改革与革命的立场——终末论与同路人》,《东岳论丛》2014年第1期。
④ [日]代田智明:《鲁迅对于改革与革命的立场——终末论与同路人》,《东岳论丛》2014年第1期。
⑤ [日]代田智明:《鲁迅对于改革与革命的立场——终末论与同路人》,《东岳论丛》2014年第1期。
⑥ [日]代田智明:《鲁迅对于改革与革命的立场——终末论与同路人》,《东岳论丛》2014年第1期。

合起来，力求更为全面地概括鲁迅中后期思想，可视为在既有研究基础上的推进。

在《基于鲁迅思考之上的"复仇"与"末日"》一文中，他又将对该问题的思考与鲁迅的"复仇观"联系起来，指出鲁迅早年受进化论影响，"将自己的世代规定为中介者"，而且其作品中都有"大同世界"的影子，如早期文章所说"真的人"的出现、《狂人日记》中"放心做事走路吃饭睡觉，何等舒服"、《女吊》中的"好人升天，恶人落地狱"的结局等。①在此意义上，代田将鲁迅对未来理想世界的设想，与"末日"概念勾连起来，认为《铸剑》表达的是复仇成为实现"大同世界"的方式。他又将考察重点放在鲁迅20世纪30年代的思想，在文中"将必将到来的'革命'假设作为'末日'"，以此反思鲁迅如何设定知识分子在此语境中的处境和结局。他指出：鲁迅认为有两种可能性，一是追赶不上革命潮流而被淘汰，乃至灭亡的命运，如他多次提到的俄国作家叶赛宁、梭波里在革命成功后自杀的事例。代田推断鲁迅本人会是第一种情况。二是世界回到"人吃人"的状态，而非"黄金世界"，知识分子仍被压迫，"1934年以后鲁迅从上海共产党文化官僚中也看出了同样的倾向"。②

由上可见，代田围绕"终末论"这一话题，在既有研究的基础上，将鲁迅作品纳入考察视野，通过重新解读，构建起不同作品之间的关联性，最终推进了对这一问题的探究。

二 鲁迅作品解读

代田智明对鲁迅作品的解读倾向于发掘其思想意义，其阐释常带有一定的抽象性和哲学意味。他能够将看似无关的作品勾连起来，剖析其内在的关联性。如关于鲁迅的"复仇"观及其作品中的"复仇"主题，

---

① ［日］代田智明：《基于鲁迅思考之上的"复仇"与"末日"》，《鲁迅研究月刊》2007年第10期。
② ［日］代田智明：《基于鲁迅思考之上的"复仇"与"末日"》，《鲁迅研究月刊》2007年第10期。

相关研究已不鲜见,但代田的《基于鲁迅思考之上的"复仇"与"末日"》一文将鲁迅的思想发展历程贯穿起来做整体性观照,并辨析其思想变化的轨迹,从而拓展了对这一问题的思考。

他首先指出,"与'复仇'相关的鲁迅终生的本原的形象就存在于其绍兴故乡的民间艺术里。"① 他从内在关联角度建构起鲁迅作品人物的形象"系谱",如作为正面人物的"精神界之战士"、狂人、女吊、黑色人等。在鲁迅关于"复仇"主题的作品中,《狂人日记》《铸剑》等主人公的"复仇"都是对"人吃人"的社会进行反抗。在结局的设定上,早期作品表现了经由"中介者的死亡"而产生"真的人(超人)"的过程。《狂人日记》中狂人所向往的"放心做事走路吃饭睡觉,何等舒服",《女吊》是善恶各得其报、"大团圆"式的,晚期则是"真的革命"。概括地说,都可视为好的结局。②

上述形象或概念,看似缺乏直接关系,抑或相去甚远,但代田却能透过表象看到其中所蕴含的关联性,并由这种关联性深入探究鲁迅的深层思考,或曰结构性关联。这种对鲁迅作品的"结构主义"式的解读,确能发现此前被遮蔽的问题。比如代田在该文中有意突出"中介者"这一概念,认为"在年轻的鲁迅心里,也许有个因报仇而升天的'超人'与另一个因没落、牺牲而'做桥梁'的人"。《铸剑》中的黑色人也可以被理解为"'从旧营垒来的''中间物'""灵魂上伤痕累累的知识人"。③ 他还富有创见性地用"中间物"意识来观照鲁迅后期的"革命观"。在他看来,鲁迅预料到自己也会承担像叶赛宁等无法追赶上革命潮流者的命运。可见,在鲁迅整个思考过程中,都有"中介者""媒介者"的形象。"媒介者"无法阻挡历史的循环、重演,所以"作为媒介者的战士只有成为'永远

---

① [日]代田智明:《基于鲁迅思考之上的"复仇"与"末日"》,《鲁迅研究月刊》2007年第10期。

② [日]代田智明:《基于鲁迅思考之上的"复仇"与"末日"》,《鲁迅研究月刊》2007年第10期。

③ [日]代田智明:《基于鲁迅思考之上的"复仇"与"末日"》,《鲁迅研究月刊》2007年第10期。

的革命者'"①，即永远处于非本质化的状态。这或许也可理解为鲁迅害怕自己落后于时代而时时自我警醒的焦虑心态。同时，代田也不乏洞幽烛微式的细部探究，如他将《女吊》中的"无常鬼"也归入"中介者"序列，认为"其实也非常适于形容鲁迅自己的心态"。他还在另一篇文章中表达同样观点，即"在鲁迅的书写中，赞扬'战士'的微乎其微，更多描写的是'战士'的破灭，因此，无常鬼的形象才最切合鲁迅的思想"。②

他注重比较作品间的微妙差异，并从这种差异性中寻找作者写作的深层动机。如解读《孤独者》时，代田首先将其定位为"描写了鲁迅的精神矛盾和纠葛的文本"③，通过建立起人物形象内部、外部的关联性，为解读魏连殳这一形象搭建了多重"参照系"，从而在纵横两个维度使该形象的意义更加立体化。

所谓形象的外部比较，这里是指将魏连殳与鲁迅自身经历联系起来，这一点在之前研究中早已为研究者——如李欧梵、林非、李允经、王晓明等——所注意，因为魏连殳幼时与祖母的感情、在祖母葬礼上的表现，完全可认为是鲁迅自身经历的"再现"。再如魏连殳与鲁迅在外表上的相似性等。"如果把这些作为作者的自画像反复阅读，那么就可以作为鲁迅的自我意识来理解而感觉意味深长。"④ 代田将鲁迅个人生活史、思想发展历程等也一并纳入考察视野，指出：魏连殳回忆祖母的一生是"亲手造成孤独，又放在嘴里去咀嚼的人的一生"，与鲁迅在写给许广平的通信所表达的一方面"与黑暗斗争的意志很明确"，同时"表明其姿态只能是裹在'独头茧'里面似的应有姿态"不乏相似性。⑤ 这一点确是此前研

---

① ［日］代田智明：《基于鲁迅思考之上的"复仇"与"末日"》，《鲁迅研究月刊》2007年第10期。
② 陈珂敏等：《哈佛论坛与首尔、丽水论坛》，《文艺报》2013年9月11日第10版。
③ ［日］代田智明：《危机的葬送——鲁迅〈孤独者〉论》，李明军译，《上海鲁迅研究》2011年第4期。
④ ［日］代田智明：《危机的葬送——鲁迅〈孤独者〉论》，李明军译，《上海鲁迅研究》2011年第4期。
⑤ ［日］代田智明：《危机的葬送——鲁迅〈孤独者〉论》，李明军译，《上海鲁迅研究》2011年第4期。

究者所未注意到的。

所谓形象的内部比较，是指代田注重辨析鲁迅作品人物形象的系谱，并进而由其彼此间的差异性探究鲁迅思想的变化轨迹。以往确有不少论者将《孤独者》与《在酒楼上》放在一起进行研究的做法，代田也是如此。他首先指出"魏连殳并不仅仅是吕纬甫的再生，吕纬甫拥有的危机和矛盾，于魏连殳是发生了变形或者质的变化的"，他进而将二者的关系定位为"消极和积极的关系，在某种意义上也可以说是反转"。① 比如二人都是反传统的先觉者，但文中所表达的他们与传统文化（礼俗等）的矛盾关系并不一样，在吕那里是清晰表露出来，魏则"常说家庭应该破坏，一领薪水却一定立即寄给他的祖母"，因此矛盾"反而是被回避的"。② 代田更在此基础上扩大比较的视野，看出魏连殳与鲁迅早期、晚期所塑造形象的一贯性、延续性，如魏连殳不被周围人理解，反而成为"怪人"，与《摩罗诗力说》等中的形象不乏相似性。③ 他更将此与鲁迅晚年所说"中国的脊梁"联系起来，认为二者的共同点在于从事改革事业的同时"被摧残，被抹杀"。因此，早期文本中的"英雄"形象——"孤独者"——"中国的脊梁"存在延续性。④ 可见，代田通过建立对鲁迅作品形象的创造性关联，开拓了对其形象意义的阐释空间。

对于《一件小事》的解读，代田着眼于二者共同体现出的"我"的羞愧，将其与鲁迅收入《热风》的《无题》联系起来，认为两个叙事主人公都遭遇到了意外事件，"都引起了'耻辱'，都使人反省'意识'，并最终引向'希望'。"⑤ 的确，这二者的相似之处确在于"我"一开始对车夫、

---

① ［日］代田智明：《危机的葬送——鲁迅〈孤独者〉论》，李明军译，《上海鲁迅研究》2011年第4期。
② ［日］代田智明：《危机的葬送——鲁迅〈孤独者〉论》，李明军译，《上海鲁迅研究》2011年第4期。
③ ［日］代田智明：《危机的葬送——鲁迅〈孤独者〉论》，李明军译，《上海鲁迅研究》2011年第4期。
④ ［日］代田智明：《危机的葬送——鲁迅〈孤独者〉论》，李明军译，《上海鲁迅研究》2011年第4期。
⑤ ［日］代田智明：《叙述人的位相——有关〈一件小事〉和〈无题〉的略有夸大的备忘录》，李明军、宫原洋子译，《上海鲁迅研究》2018年第4期。

药店伙计的行为作"恶意的揣测",但后来一旦意识到自己误解对方后,立刻产生羞愧感。在论文中,代田还将日文译本、研究著述都作为"辅助文本",另辟蹊径地参照已有日译本的翻译,通过辨析同一词的不同翻译及其是否为原意,力图更为细腻地探究作者的创作动机。代田不放过任何会产生不同理解的地方,以至于给人以发掘词语背后的"微言大义"之感。如《一件小事》开头的"便是教我一天比一天的看不起人"一句,体现出"我""并不是对政治毫不关心的人,而是非常不满、感到厌烦"[1]。但这种解读方式的不足在于过分注重对细节的正确把握,而忽视了从整体上理解作者用意,或曰对细部的关注遮蔽了对作品的总体把握。同时,代田过度拘泥于丸尾常喜的"耻辱""恢复"的论述框架,认为作品经由恶意揣测——误解——羞愧,最终实现了"恢复"。实则这两部作品从侧面呈现出鲁迅思想的内在矛盾,其深层原因在于:在抽象层面批评"国民性"对鲁迅而言并非难事,而一旦以这种"先见之明"去看待现实中发生的事,却往往以"恶意"预估对方的动机,随之采取极端的方式来应对,而一旦发现现实中的人并没有恶意,甚至有使自己仰视的闪光点,便会立刻羞愧于自己的假想,甚或一定程度上动摇他自己对"国民性"的理解。

三　日本鲁研评议

代田智明有多篇文章自觉地对日本鲁迅研究代表人物的成就进行评述,显示出学术史的自觉。

竹内好在"二战"结束后开启了日本的鲁迅研究,其影响至今不消。代田《论竹内好:关于他的思想、方法、态度》一文首先指出:竹内好并非书斋中的学者,而是积极参与到现实中来。对中国现代作家的研究,"他的名字必定出现在开拓者的位置上"[2]。竹内好主要是从日本战败以及"二战"后被美国"奴役化"的现实出发,反思日本近代化道路。他首先

---

[1] [日]代田智明:《叙述人的位相——有关〈一件小事〉和〈无题〉的略有夸大的备忘录》,李明军、宫原洋子译,《上海鲁迅研究》2018年第4期。
[2] [日]代田智明:《论竹内好:关于他的思想、方法、态度》,《世界汉学》1998年第1期。

预设了"亚洲""欧洲"这两个动态的、"建设性的和假设性的概念",在此基础上展开自己的反思。在竹内好看来,欧洲近代化的根本是"自我扩张运动",并在这一过程中将自身普遍化。代田指出,竹内好"能运用这种不固定而是动态地把握欧洲文化的方法"有其深刻性。的确,竹内好既没有将欧洲本质化,也否定其普适意义。竹内好又引入"回心"这一概念,用以定性中国的近代化,"通过以抵抗为媒介的近代化过程,把自己重新组织成近代国家共同体"。①

竹内好着眼于近代化道路比较,关注鲁迅的"抵抗"姿态、"挣扎",但相对忽视了其内在的思想矛盾。代田则结合鲁迅的"中间物"意识,指出"鲁迅深刻地了解欧洲近代价值的含义,因而才导致了自身内部的矛盾与分裂"。他进而对竹内好的观点作进一步阐释和补充:"成为自己,就是容忍自己的内部的前近代性成分,成为自己以外之物,就是放弃抱定前近代部分的自己,同特也放弃自觉到这一点的契机"②,可以说是丰富了竹内好的观点。

竹内好主要关注鲁迅的"十年沉默期"以发掘其"回心"的契机,代田则更为关注鲁迅后期思想,认为在鲁迅后期通过与革命文学的论争,逐渐掌握了无产阶级革命文学理论。"这可以说是中国文坛本身的'回心',也是鲁迅的一个'回心'吧。"可见,代田用"回心"说统摄鲁迅一生的思想历程,认为"回心"并非一次性完成。③ 代田不能同意竹内好之处则在于,后者将"回心"普泛化,用以概括中国革命,代田则明确指出那是"一个宏大的假说"④。丸山升曾指出竹内好过度将中日近代化道路异质化⑤,代田更进一步指出其影响及于之后的学人,"有相当多的学者致力于将这一图式和框架固定化,然后把它应用于学术研究"⑥。在

---

① [日]代田智明:《论竹内好:关于他的思想、方法、态度》,《世界汉学》1998 年第 1 期。
② [日]代田智明:《论竹内好:关于他的思想、方法、态度》,《世界汉学》1998 年第 1 期。
③ 参见[日]代田智明《论竹内好:关于他的思想、方法、态度》,《世界汉学》1998 年第 1 期。
④ [日]代田智明:《论竹内好:关于他的思想、方法、态度》,《世界汉学》1998 年第 1 期。
⑤ 赵京华:《周氏兄弟与日本》,人民文学出版社 2011 年版,第 27 页。
⑥ [日]代田智明:《论竹内好:关于他的思想、方法、态度》,《世界汉学》1998 年第 1 期。

日本很多学者那里，的确可以看到这种思路的延续。

《谈鲁迅论与"个"的自由主体性——由伊藤虎丸论起》一文从伊藤虎丸的病痛经历来探究其研究的起点，认为这促成了他思考"'个'的自由能动性主体"的问题，因此可称为伊藤虎丸对基督教的"回心"经历。对伊藤虎丸而言，重要的时间点有两个：1945 年日本战败、1969 年的大学纠纷。经由此，"伊藤虎丸把包括基督教在内的自己的思想基础以略带一般化的形式为媒介，实现了对竹内所著的《鲁迅》以及鲁迅本人的'相遇'。"伊藤虎丸进而将竹内好的"文学家的自觉"阐释为"自由的能动性主体的形成"①。代田接着比较竹内好与伊藤虎丸观点的异同，认为两人的共同点在于"在中国看到其典范"，但在"视线上存在着微妙的差异"。比如，"竹内《鲁迅》的赎罪文学是伊藤虎丸所说的近乎原罪"，因此"伊藤虎丸并非竹内的'追随者'"②。竹内好侧重比较中日近代化道路的不同，伊藤虎丸则"把中国的'现代化'是作为'西欧化'的等价物来理解的。"③ 可见二人对中国近代化道路的认知存在本质性差异。

再具体到竹内好、伊藤虎丸所提出的具体概念如"抵抗""终末论"等，代田认为伊藤虎丸将"确立了鲁迅实存形态的'回心'"，重新理解为"近代式的自由能动性主体的确立"④。的确，伊藤虎丸更加强调鲁迅对西方"精髓"的准确把握，对西方近代精神的深刻理解。但代田又指出这一观点预设存在自相矛盾之处，即无法解释鲁迅在 20 世纪 20 年代的困惑甚或精神危机。⑤ 代田在这里所揭示的，其实是本质主义式的研究所无法解决的问题。竹内好、伊藤虎丸的鲁迅研究，有时轻视了外因的作

---

① ［日］代田智明：《谈鲁迅论与"个"的自由主体性——由伊藤虎丸论起》，赵晖译，《现代中文学刊》2011 年第 3 期。
② ［日］代田智明：《谈鲁迅论与"个"的自由主体性——由伊藤虎丸论起》，赵晖译，《现代中文学刊》2011 年第 3 期。
③ ［日］代田智明：《谈鲁迅论与"个"的自由主体性——由伊藤虎丸论起》，赵晖译，《现代中文学刊》2011 年第 3 期。
④ ［日］代田智明：《谈鲁迅论与"个"的自由主体性——由伊藤虎丸论起》，赵晖译，《现代中文学刊》2011 年第 3 期。
⑤ 参见［日］代田智明《谈鲁迅论与"个"的自由主体性——由伊藤虎丸论起》，赵晖译，《现代中文学刊》2011 年第 3 期。

用，过于强调鲁迅思想变化的内因，近似于将其视为纯粹的思想观念的运动。

同时，代田又将伊藤虎丸的思考推向更深处，借用"后现代"的理论来观照伊藤虎丸关于"欧洲近代精神"的言说，指出后现代社会解构了被竹内好、伊藤虎丸等人竭力高扬和肯定的现代性主体。① 代田此语，当然不是要否定二人研究的意义，而是试图回答"在资本系统覆盖全球的背景下，主体性这一主题如何才能避免无力化的命运呢？"② 这的确是值得认真对待的问题，如何继续将鲁迅作为方法，同样是值得学界深思的问题。

《日本的现代批判与鲁迅》一文更近似于关于日本鲁迅研究的时代背景介绍。作者围绕不同时期学者对"现代"的界定，简明扼要地描绘出战后不同时期的语境，有助于了解各时期研究者的问题意识。竹内好、丸山真男、大塚久雄、梅本克己等人在战后反思和追问的是"关于国家和人权的均衡、协调方式"，即"战后民主主义"，但他们"并没有批判现代和现代性本身"。③ 到了20世纪60年代，学生运动中产生对"战后民主主义"的质疑之声，"一部分还发生了不同于现代、认同植根于传统共同体价值的'反现代'思想运动"。④ 伊藤虎丸等学者正是立足于这一现实，开始进行反思性研究，进而形成了"伊藤鲁迅"。之后，"从1970年代后半期至80年代，国民国家和人权或者个体的主体性这一现代构图开始受到彻底的怀疑"。⑤ 北冈正子等人的实证性研究之兴起，显然与这种思潮有关。有论者指出："将鲁迅作为民族自我反省和思想抵抗的资源

---

① ［日］代田智明：《谈鲁迅论与"个"的自由主体性——由伊藤虎丸论起》，赵晖译，《现代中文学刊》2011年第3期。
② ［日］代田智明：《谈鲁迅论与"个"的自由主体性——由伊藤虎丸论起》，赵晖译，《现代中文学刊》2011年第3期。
③ ［日］代田智明：《日本的现代批判与鲁迅》，李明军译，《海南师范大学学报》（社会科学版）2011年第6期。
④ ［日］代田智明：《日本的现代批判与鲁迅》，李明军译，《海南师范大学学报》（社会科学版）2011年第6期。
⑤ ［日］代田智明：《日本的现代批判与鲁迅》，李明军译，《海南师范大学学报》（社会科学版）2011年第6期。

予以深度开掘的研究意图与动力渐渐弱化,'去政治化'和学术规范化成为代之而起的发展趋向。"①

代田最后将问题由历史引申到现在,乃至未来,认为"尽管有关现代的思想被宣告破产,但'现代'留下的课题并没有结束",比如"国民国家和个体的主体问题至今未能找到新的解决途径,仍旧在加深着裂痕和混乱"②,并在此意义上重申鲁迅的意义。这里,仍可见他对鲁迅"中介者"的强调:"自己和他者相互媒介性地互相关联,通过这种关系性,在社会的网络中游动性地发挥作用。"③

可以说,代田智明在对前人研究进行总结的基础上,将关注点始终落在现实层面,为今后的研究积极探寻方向。

结　语

有论者指出,代田智明的鲁迅研究沿着两个方向展开:一方面是用叙事学理论分析鲁迅的作品尤其是小说;另一方面是从现代性角度开掘其思想的价值。④ 在其文章中可见运用理论的自觉,但需要指出的是,代田所做的研究,并非书斋式的学理探寻,而是有其深切的现实感和关怀。"他最终要获得的是对文学家鲁迅观察和了解世界的'根本态度'的把握。"⑤ 而这又体现出对日本战后鲁迅研究传统的承续。正如有论者所指出的:"代田智明实际上和竹内好以来的战后鲁迅研究传统依然有着内在的联系。"⑥ 代田所关注的问题,比如如何在全球化语境下重构自我与他者的关系,他虽未给出明确答案,但对研究者而言,确是有启发意义的。从这个意义上而言,其鲁迅研究的启示性意义,仍值得给予关注。

---

① 赵京华:《周氏兄弟与日本》,人民文学出版社2011年版,第65页。
② [日]代田智明:《日本的现代批判与鲁迅》,李明军译,《海南师范大学学报》(社会科学版)2011年第6期。
③ [日]代田智明:《日本的现代批判与鲁迅》,李明军译,《海南师范大学学报》(社会科学版)2011年第6期。
④ 参见赵京华《周氏兄弟与日本》,人民文学出版社2011年版,第117页。
⑤ 赵京华:《周氏兄弟与日本》,人民文学出版社2011年版,第122页。
⑥ 赵京华:《周氏兄弟与日本》,人民文学出版社2011年版,第131页。

国内六家鲁迅纪念馆业务工作的回顾与前瞻（1951—2016）*

葛　涛**

内容提要：本文在对国内六家鲁迅纪念馆的业务工作进行系统回顾之后，指出六家鲁迅纪念馆一方面在保存鲁迅文化遗产、弘扬鲁迅精神、推动鲁迅研究、促进中外文化交流、对观众特别是青少年进行爱国主义教育和社会主义教育等方面做出了重要的贡献；另一方面也存在一些问题和不足，如在一定程度上遮蔽关于鲁迅的史实，对藏品研究不足，对外文化交流缺乏规划等。在此基础上，本文对六家鲁迅纪念馆未来的业务工作提出了建议，如加强展览的策划能力和展示手段，促使藏品"活"起来；以鲁迅为媒介加强中外文化交流；顺应国际博物馆发展潮流，构建"智慧鲁迅纪念馆"；北京和上海两家鲁迅纪念馆作为首批国家一级博物馆，应当把发展目标设定为国内一流的人物类纪念馆。

关键词：鲁迅纪念馆；业务工作；回顾；前瞻

一　国内六家鲁迅纪念馆的性质、使命和任务

中华人民共和国成立之后，国家开始把纪念鲁迅纳入社会主义文化

＊ ［基金项目］国家社科基金项目"国内六家鲁迅纪念馆的历史和现状研究（1951—2016）"（编号 14BZW104）。

＊＊ ［作者简介］葛涛（1971—　）男，文学博士，现为北京鲁迅博物馆研究馆员，主要从事鲁迅研究。

建设的整体工程之中，陆续在鲁迅生活过的城市建立了上海鲁迅纪念馆（1951年）、绍兴鲁迅纪念馆（1953年）、北京鲁迅博物馆（1956年）、广州鲁迅纪念馆（1959年）、厦门鲁迅纪念馆（1976年建立，是厦门大学中文系下属机构）、南京鲁迅纪念馆（2006年建立，是南京师范大学附属中学下属机构），其中四家具有独立法人地位的鲁迅纪念馆作为国家设立的公益性事业单位，和行政机关相似，不仅单位分别具有正局级、正处级、正科级的行政级别，而且也都设立了党组织，各项工作均在党组织的领导之下进行，这既是六家鲁迅纪念馆的政治属性，也是六家纪念馆区别于资本主义国家纪念馆的根本特点。因此从政治角度来说，这六家鲁迅纪念馆是中华人民共和国上层建筑的一部分，必然要承担国家赋予的使命和任务：不仅要承担保存鲁迅文化遗产、弘扬鲁迅精神、宣传鲁迅生平事迹和重要成就、推动鲁迅研究、促进中外文化交流的基本任务，而且也要承担起对观众特别是青少年进行爱国主义教育和社会主义教育，提高整个中华民族的思想道德素质和科学文化素质，促进社会主义精神文明建设，为社会主义现代化建设服务的使命。上述业务工作，既是六家鲁迅纪念馆的使命和任务，也是衡量六家鲁迅纪念馆发展水平的标准。

二 国内六家鲁迅纪念馆业务工作的回顾与总结

上海鲁迅纪念馆、绍兴鲁迅纪念馆、北京鲁迅博物馆都是在20世纪50年代建立的，不仅建馆的历史较长，收藏的鲁迅文物也较丰富，而且单位的工作人员也较多（50人左右），因此下文简称这三个馆为"三大"鲁迅纪念馆。广州鲁迅纪念馆、厦门鲁迅纪念馆，虽然分别在20世纪50年代和70年代建馆，但是收藏的鲁迅文物较少，单位的工作人员也很少，其中广州鲁迅纪念馆只有8位正式编制的工作人员，而厦门鲁迅纪念馆和南京鲁迅纪念馆甚至没有专职的工作人员，只有一位兼职的工作人员负责纪念馆的各项业务；另外，广州鲁迅纪念馆和厦门鲁迅纪念馆收藏的鲁迅文物的数量较少，南京鲁迅纪念馆因为建馆较晚，甚至没有鲁迅文物，因此下文简称这三个馆为"三小"鲁迅纪念馆。

六家鲁迅纪念馆从各自建馆以来到2016年的各项业务工作都取得了一些成绩，其中以"三大"鲁迅纪念馆所取得的业务成果成最为突出，概括如下：

（一）五家鲁迅纪念馆为征集和保护鲁迅文物做出了重要的贡献

藏品是一个博物馆各项业务的基础。五家鲁迅纪念馆从建馆以来就重视征集有关鲁迅的文物，鲁迅家人、亲友以及社会各界人士也向几家鲁迅纪念馆捐赠了大量的鲁迅文物。可以说，经过几十年的努力，国内已知的有关鲁迅的文物基本都被妥善地收藏在五家鲁迅纪念馆、国家图书馆（文化部将大量的鲁迅手稿交给国家图书馆收藏），以及少量的博物馆（如广西壮族自治区博物馆收藏着鲁迅书写的一幅书法作品）、档案馆（如中央档案馆收藏了鲁迅的3封书信）之中，保存在个人手中的有关鲁迅的文物已经非常少了。随着国家经济的快速发展，五家鲁迅纪念馆获得了稳定的文物保护经费，陆续都拥有了专业化的文物库房或保护文物的恒温恒湿的设备，使收藏在五家鲁迅纪念馆之中的鲁迅文物都得到了较好的保护。如果没有五家鲁迅纪念馆对鲁迅文物的征集和保护，鲁迅文物就很可能会散佚、损坏，因此，可以说五家鲁迅纪念馆为征集和保护鲁迅文物做出了重要的贡献。

此外，在鲁迅文物已经基本征集完毕的背景下，五家鲁迅纪念馆的征集和保管工作发生了一些变化：在做好保护馆藏鲁迅文物的前提下，陆续将征集鲁迅文物的工作扩大到征集鲁迅友人以及鲁迅同时代人的文物，如绍兴鲁迅纪念馆在1997年筹备建立"许钦文文库"，收藏许钦文家属捐献的关于许钦文的文献资料，上海鲁迅纪念馆在1999年设立了"朝华文库"，征集与鲁迅有过交往人士的文物，北京鲁迅博物馆在2007年建立了"胡风文库"，收藏胡风家属捐献的关于胡风文献资料。这些文献资料对于研究鲁迅的生平交往以及鲁迅的传播都具有重要的学术价值。

(二) 六家鲁迅纪念馆在不同时期制作的鲁迅展览和巡回展览为促进鲁迅在全国各地的传播做出了重要的贡献

博物馆是宣传教育机构，举办展览是博物馆面向观众进行宣传教育的重要方式。六家鲁迅纪念馆建馆以来都制作了一些关于鲁迅的展览，其中"三大"鲁迅纪念馆制作的鲁迅展览比较多，"三小"鲁迅纪念馆制作的鲁迅展览相对来说比较少。这些鲁迅展览虽然受到政治意识形态的影响，展览主题经常随着时代的变化而变化，在不同的历史时期塑造出不同的鲁迅形象，但是都可以帮助观众通过实物、手稿、图片等展品增加对鲁迅的认识与了解，从而促进了鲁迅的传播。

毋庸讳言，"三大"鲁迅纪念馆在"文化大革命"期间制作的鲁迅生平展览，受到"文化大革命"时期极"左"思潮的影响，把鲁迅塑造为"无产阶级文化大革命"的伟大旗手，"党的一个小兵"，这不仅极大地歪曲了鲁迅的真实形象，而且也把鲁迅作为阶级斗争、路线斗争的政治工具，对鲁迅的传播造成了极大的负面影响。

另外，需要指出的是，"三大"鲁迅纪念馆在20世纪80年代中期之前制作的鲁迅展览都不同程度地存在着一些遮蔽鲁迅的现象，如刻意遮蔽鲁迅与朱安的婚姻史实，在展览中既不展出朱安的形象，也不提到鲁迅与朱安结婚的史实；将鲁迅、林语堂与厦门大学"泱泱"社成员合影中的林语堂修成两块大石头；将鲁迅与萧伯纳等7人在宋庆龄家的合影照片修掉在当时被视为负面人物的伊罗生、林语堂两人，变成5人合影；将鲁迅葬礼照片上站在宋庆龄身边的胡风修掉等。"三大"鲁迅纪念馆在恢复鲁迅在绍兴、北京、上海故居的原貌时，也存在遮蔽鲁迅的现象，如北京鲁迅博物馆不仅撤下鲁迅书桌上曾经摆放的俄国作家安特莱夫的照片，甚至把鲁迅故居中的朱安卧室改成鲁迅藏书室；上海鲁迅纪念馆也将鲁迅故居中原来挂着的两幅带有裸女图像的版画撤下，另外还一度撤下瞿秋白送给鲁迅的书桌；绍兴鲁迅纪念馆在80年代以前则将鲁迅故居原来五楼五底的房子改为两楼两底的房子，以免观众认为鲁迅出身地主家庭。应当说，随着时代的发展，"三大"鲁迅纪念馆制作的鲁迅展览中遮蔽鲁迅的现象逐渐减少,但是依然存在着遮蔽鲁迅的现象,如虽然作为历史见证者的许羡苏和鲁迅研究专家陈漱渝等人分别撰文呼吁在鲁迅故居的鲁迅书桌上重新摆放安特莱夫的照片,但北京鲁迅博物馆至今仍未恢复鲁迅书桌上摆放的俄国作家安特莱夫的照片。如果说"三大"鲁迅纪念馆在20世纪80年代中期之前制作的鲁迅展览中存在着一些遮蔽鲁迅的现象,主要是是受到当时政治环境的影响,鲁迅纪念馆为了塑造鲁迅的崇高形象,不得不故意遮蔽鲁迅的某些历史细节,那么在80年代中期之后的鲁迅展览中存在的遮蔽鲁迅的现象,很大原因在于鲁迅纪念馆的一些领导存在疏于研究、疏于管理的行为,没有能够响应一些学者的呼吁,纠正展览中存在的史实错误,恢复鲁迅故居的真实原貌。

此外,"三大"鲁迅纪念馆制作的鲁迅展览中还存在一些史实错误,最离谱的错误是将鲁迅在1936年1月9日与日本记者原胜(浅野要)的合影及鲁迅同时拍摄的单人照片误标为"大病初愈后在大陆新邨寓所门前所摄之二,1936年3月23日摄于上海。史沫特莱摄"。"大病初愈后在大陆新邨寓所门前所摄之一,1936年3月23日摄于上海。史沫特莱摄。"[1] 这一错误从北京鲁迅博物馆在1976年编辑的《鲁迅1881—1936》相册就开始了,此后包括北京鲁迅博物馆的一些研究人员出版的鲁迅著作中,乃至在2006年制作的鲁迅生平陈列中,仍然沿袭这一错误说法,直到2016年仍然没有纠正这一错误。其实这两张照片都是原胜(浅野要)在1936年1月9日拍摄的,而且鲁迅当时也没有生病。需要指出的是,北京鲁迅博物馆展览部的工作人员陆晓燕以"晓燕"为名在1982年7月27日出版的《人民日报》上发表了《鲁迅与浅野要》[2] 一文就已经指出了这一错误,此后陆晓燕在1984年11月又在北京鲁迅博物馆编辑的《鲁迅研究资料》第14辑上发表了译文《紧邻鲁迅先生》,并在这篇译文

---

[1] 北京鲁迅博物馆编:《鲁迅1881—1936》,文物出版社1976年版,第100、102页。另外,合影还修掉了原胜,只剩下鲁迅一人。

[2] 晓燕(陆晓燕):《鲁迅与浅野要》,《人民日报》1982年7月27日。

后面附录的"译者后记"① 中介绍了这篇文章的原作者日本人原胜和鲁迅交往的情况,特别指出《鲁迅》照片集中第 100 幅照片和第 102 幅照片都注错了拍摄时间和拍摄者。但是陆晓燕的上述文章没有引起有关研究者的重视,导致这一错误延续了 40 年。

从北京鲁迅博物馆编辑的《鲁迅》照片集,到林贤治等一些鲁迅研究者和赵瑜等一些作家撰写的关于鲁迅的著作,再到几家鲁迅纪念馆的鲁迅生平基本陈列,都注错了这两张鲁迅照片的时间,并导致了对照片的错误解读,由此也可以看出不仅鲁迅研究工作需要严肃认真的研究态度,而且鲁迅纪念馆的业务人员在从事普及鲁迅、宣传鲁迅的工作时,更需要严肃认真的工作态度,这样才能避免一些完全可以避免的错误,把较为真实的鲁迅传播给大众。

(三)"三大"鲁迅纪念馆的学术研究成果和学术组织工作推动了鲁迅研究的深入发展

学术研究工作是博物馆的重要职能之一,而博物馆的学术研究通常是以对藏品的研究为主。著名博物馆学专家苏东海研究员指出中国人物类纪念馆的首要工作是学术研究:

> 人物类纪念馆和一般博物馆、纪念馆的不同点,首先是它以社会精英为主体的、以社会精英作为传主而建立的博物馆、纪念馆。
>
> 人物类纪念馆在功能上与一般博物馆、纪念馆也应有所不同。一般博物馆的功能是收藏、科研和传播,但在人物类纪念馆里,它们的基础是科研,这与一般博物馆、纪念馆以文物为基础的情况不同。人物类纪念馆应该把科研放在第一位,只有这样才能够使人物类纪念馆的精英性体现出来。没有科学研究,人物类纪念馆是不可

---

① 陆晓燕:《紧邻鲁迅先生·译者后记》,载北京鲁迅博物馆编《鲁迅研究资料》第 14 辑,天津人民出版社 1984 年版,第 259—260 页。

能办下去的。①

"三大"鲁迅纪念馆都收藏了一些鲁迅文物和相关文献资料，所以，"三大"鲁迅纪念馆的业务人员从20世纪50年代建馆以后，就开始征集鲁迅文物，并对这些文物进行研究，此外，如绍兴鲁迅纪念馆、北京鲁迅博物馆还访问了一些与鲁迅有过交往的人士，整理了一些回忆鲁迅的资料。进入80年代之后，随着国家对鲁迅的高度重视，"三大"鲁迅纪念馆的业务人员在鲁迅研究领域取得了丰硕的学术成果，如北京鲁迅博物馆编辑出版了《鲁迅手稿全集》、《鲁迅年谱》（四卷本）、《鲁迅辑校古籍手稿》、《鲁迅辑校石刻手稿》（后两种与上海鲁迅纪念馆合编）等大型的鲁迅研究文献资料，编辑出版了《鲁迅研究资料》、《鲁迅研究动态》（后来改名为《鲁迅研究月刊》）等学术刊物；上海鲁迅纪念馆编辑了《版画纪程——鲁迅收藏的木刻全集》《鲁迅著作初版本影印丛书》，出版了学术刊物《纪念与研究》（后来改名为《上海鲁迅研究》）；绍兴鲁迅纪念馆出版了学术刊物《绍兴鲁迅研究》等。总的来说，"三大"鲁迅纪念馆的学术研究以鲁迅文献的整理和鲁迅史料研究为主，涌现出李何林、叶淑穗、王德厚、陈漱渝、裘世雄、周国伟、王锡荣等著名的鲁迅研究专家，成为中国鲁迅研究领域的一支重要的研究力量，其中李何林还被誉为鲁迅研究领域的"实证"学派的旗帜。②

除了为鲁迅研究界提供丰富的鲁迅研究史料之外，"三大"鲁迅纪念馆对鲁迅研究的贡献还在于提供学术研究成果的发表阵地，组织学术会议等。"三大"鲁迅纪念馆创办的《鲁迅研究月刊》《上海鲁迅研究》《绍兴鲁迅研究》（后两种是"以书代刊"的连续出版物，实际上起到馆刊的作用），克服种种困难，一直坚持出版，目前是国内仅存的三个鲁迅研究学术刊物，不仅为国内外的鲁迅研究学者和青年研究生提供发表鲁

---

① 苏东海：《人物类纪念馆的基本特征是什么?》，载上海鲁迅纪念馆编《人物类博物馆、纪念馆现状与发展前瞻学术研讨会论文集》，百家出版社2002年版，第9—10页。
② 张铁荣：《鲁迅研究史上"实证"派的旗帜》，《鲁迅研究月刊》2005年第2期。

迅研究文章的平台，而且这些杂志还通过设立有关的鲁迅研究专栏和鲁迅研究专辑，来引导鲁迅研究的发展方向。此外，"三大"鲁迅纪念馆还多次结合鲁迅的纪念年份，举办鲁迅研讨会，不仅通过学术研讨的形式表达出对鲁迅的纪念，而且也通过设计学术研讨会的主题和议题来引导国内鲁迅研究的发展方向。总的来说，"三大"鲁迅纪念馆的学术研究工作不仅取得了丰硕的研究成果，而且也在较大程度上推动中国鲁迅研究的深入发展，为80年代鲁迅研究范式从政治研究到文化研究的转变做出了重要的贡献。如北京鲁迅博物馆首任馆长李何林作为我国新时期实行学位制度以来首批中国现代文学研究专业的三位博士生导师之一，指导了新时期以来第一批鲁迅研究方向的博士生王富仁、金宏达，其中王富仁的博士学位论文产生了重要的社会影响，标志着80年代鲁迅研究范式的转变。

但是，"三大"鲁迅纪念馆的学术研究工作还存在一些不足。仅以六家鲁迅纪念馆中科研人员数量最多的北京鲁迅博物馆来说，北京鲁迅博物馆收藏了大量的鲁迅及与鲁迅有关的同时代人的遗物，总数7万多件，但是因为种种原因（特别是对研究者查阅资料有一些限制条件），许多有价值的藏品没有得到充分的利用和研究，在一定程度上造成了这些藏品的价值被湮没和浪费，从而使人们包括鲁迅研究者对鲁迅生平和创作中的一些问题缺乏正确的认识。

例如，现在鲁迅研究界认为现存鲁迅留下来的最早的手迹是鲁迅在1897年7月手抄的《二树山人写梅歌》（这幅手迹收藏在绍兴鲁迅纪念馆），但是北京鲁迅博物馆的文物库房中保存着一个鲁迅手写的《拟购书目》，这幅鲁迅手迹是周作人在60年代捐献给北京鲁迅博物馆的。从周作人为这个《拟购书目》所写的说明文字中可以看出这幅手迹是鲁迅在1897年以前撰写的。通过对《拟购书目》中的这些书籍的出版时间的考证，可以大致确定这个《拟购书目》应当写在1894年4月鲁迅从亲戚家避难回到家中之后到1896年12月之间，因此也应当是现存最早的鲁迅手迹了，从中可以看出少年鲁迅对美术的热爱。遗憾的是，鲁迅的这幅手迹在周作人捐给北京鲁迅博物馆之后，并没有得到北京鲁迅博物馆和鲁迅研究者的重视，以至于关于鲁迅留下来的年代最早的手迹是鲁迅手抄的《二树山人写梅歌》的说法一直没有得到更正。

总的来说，虽然五家鲁迅纪念馆的业务人员和国内外的一些鲁迅研究者在鲁迅藏品研究方面取得了一些有价值的研究成果，但是因为种种原因，五家鲁迅纪念馆收藏的大量藏品还有进一步深入研究的价值。通过研究这些保存下来的和鲁迅有关的藏品，可以了解鲁迅生平和创作中的一些历史细节，从而有助于人们准确地理解和认识鲁迅的生平和创作。

（四）六家鲁迅纪念馆在不同时期举办的社会教育活动为普及鲁迅做出了重要的贡献

对观众进行宣传教育是博物馆业务工作的一个重要组成部分。"博物馆的活动和社会教育职能，不能不受到社会一定的政治、经济、科学文化教育等因素的制约和影响，中国的博物馆是为社会主义、为人民服务的。它的基本任务是促进人民群众文化和科学素质的提高，促进我国社会主义精神文明的建设。"[①] 在六家鲁迅纪念馆中，有五家鲁迅纪念馆作为政府认定的爱国主义教育基地和青少年教育基地（其中绍兴鲁迅纪念馆和上海鲁迅纪念馆是全国爱国主义教育基地，北京鲁迅博物馆是北京市爱国主义教育基地，厦门鲁迅纪念馆是厦门市爱国主义教育基地，广州鲁迅纪念馆是广州市爱国主义教育基地），承担着对观众，特别是青少年进行爱国主义教育和社会主义教育的任务。

六家鲁迅纪念馆分别位于北京、上海、绍兴、广州、厦门、南京，除了厦门纪念馆和南京鲁迅纪念馆因为分别位于厦门大学校园内和南京师范大学附属中学校园内，为了不影响正常的教学秩序，限制对外开放之外，其余四家鲁迅纪念馆在正常情况下（在"文化大革命"期间和维修建筑期间，曾经停止对外开放）都会对外开放。在20世纪80年代之

[①] 王宏钧主编：《中国博物馆学基础》（修订本），上海古籍出版社2001年版，第44页。

前，四家鲁迅纪念馆主要通过讲解的形式对观众进行宣传教育，此外，还举办过巡回展览，如北京鲁迅博物馆在1958年到1960年，曾经制作鲁迅流动展览到北京郊区，以及十多个省市进行巡回展览，使外地的观众也可以观看到鲁迅展览，从而促进了鲁迅在全国各地的传播。在80年代中期之后，"三大"鲁迅纪念馆在讲解和巡回展览之外，开始结合纪念鲁迅的年份，组织了一些征文、知识竞赛、演讲会等丰富多彩的社会教育活动，进一步促进了鲁迅的传播。另外，北京鲁迅博物馆通过在全国各地特别是边疆省份举办巡回展览，促进了鲁迅在全国各地的传播。进入21世纪之后，六家鲁迅纪念馆，特别是"三大"鲁迅纪念馆发挥出爱国主义教育基地和青少年教育基地的功能，借鉴国内外博物馆的先进经验，并结合青少年的特点，策划了一批体验型、实践型、探究学习型的社会教育活动，使广大青少年通过亲身参与活动，不仅增加对鲁迅的了解和认识，还受到爱国主义教育和社会主义教育。其中绍兴鲁迅纪念馆的社会教育活动较为突出，不仅观众数量巨大，从2010年开始，基本上每年都有200万名观众（在国内的纪念馆、名人故居中，只有曲阜的孔府和韶山的毛泽东故居的每年观众数量和绍兴鲁迅纪念馆差不多），而且面向青少年开发的"鲁迅故里研学游""三味书屋研学游"等社会教育活动非常成功，受到国内外观众的欢迎。绍兴鲁迅纪念馆也因为在举办社会教育活动方面取得了突出的成绩，先后在1994年被国家文物局评为"全国优秀社会教育基地"，在1996年11月被国家教委、民政部、文化部、国家文物局、共青团中央、解放军总政治部评为"全国百个中小学爱国主义教育基地"，在1997年6月，被中央宣传部评为"全国百个爱国主义教育示范基地"，在2011年6月，被全国红色旅游工作协调小组评为"全国红色旅游工作先进集体"，在2009年6月，被国家文物局评为国家二级博物馆，成为国内纪念馆举办社会教育活动的一面旗帜，引领了国内纪念馆社会教育活动的发展方向。

总的来说，六家鲁迅纪念馆通过举办多种形式的鲁迅展览，与中小学密切配合进行校外教育，与所在城市、街道、社区及有关机构的共建精神文明工作，很好地承担起在国内宣传鲁迅、普及鲁迅，对观众进行爱国主义教育和社会主义教育的使命和任务。

（五）"三大"鲁迅纪念馆在国外举办的鲁迅展览促进鲁迅在世界各地的传播

鲁迅在日本、韩国、新加坡、马来西亚、印度、尼泊尔等周边国家具有重要的影响力，"三大"鲁迅纪念馆不仅在国内举办了一些以鲁迅为主题的中外学术交流和展览交流的工作，也通过与国外有关机构合作，在国外举办了一些鲁迅题材的展览和鲁迅学术研讨会，不仅促进了鲁迅在国外的传播，而且也促进了中外文化交流，为推动中华文化走出去，增强中华文化的"软实力"的国家战略做出了重要的贡献。但是，相对于"三大"鲁迅纪念馆的收藏、展览、研究、社会教育等方面的工作来说，目前"三大"鲁迅纪念馆的对外文化交流工作还比较薄弱，呈现出零散化、随机性的特点，缺乏长远地系统地规划，加之，"三大"鲁迅纪念馆缺乏对外文化交流的专业人才，所以，"三大"鲁迅纪念馆的对外文化交流工作在短时期内很难有一个明显的提升。

此外，进入21世纪之后，随着国际政治形势的不断变化，鲁迅在国外的传播与研究工作处于较为冷清的状态，国外的鲁迅研究队伍也已经处于青黄不接的状态。例如，苏联曾经翻译出版过大量的鲁迅作品，但是在苏联解体之后，俄罗斯从1992年到2006年都没有在出版过鲁迅的作品选和鲁迅研究著作。即使是在把鲁迅视为国民作家的日本，能称为鲁迅研究专家的学者还不到10位，而且这些学者的年龄大多已经退休或接近退休，中青年的鲁迅研究学者较少。鲁迅是中国作家，推动鲁迅在国外的传播与研究，毫无疑问应当是中国的六家鲁迅纪念馆的责任和义务。为了从根本上解决鲁迅在国外传播与研究所存在的上述问题，需要国家有关部门把推动鲁迅在国外的传播与研究工作纳入国家的对外文化战略之中，提供相关的政策和经费的支持，以国内"三大"鲁迅纪念馆为依托机构，与国外的大学，以及中国驻外的文化中心和孔子学院密切合作，有计划地安排在国外举办鲁迅研讨会和鲁迅展览,从而推动鲁迅在国外的传播与研究工作。

三 国内六家鲁迅纪念馆业务工作的前瞻

21世纪是全球化的时代、网络化的时代,也是中华文化全面复兴、中华民族实现伟大复兴的"中国梦"的时代,在这样的时代背景下,国内六家鲁迅纪念馆的业务工作也面临着一些机遇和挑战。六家鲁迅纪念馆要适应网络时代的变化,积极创新传播鲁迅的手段,使鲁迅在21世纪的中国产生出更大的影响,从而助力中华民族伟大复兴的"中国梦"的早日实现。

(一)进一步提升研究和展览水平,让藏品"活"起来

2013年12月30日,习近平总书记在主持中共中央政治局第十二次集体学习时发表讲话时指出:"要系统梳理传统文化资源,让收藏在禁宫里的文物、陈列在广阔大地上的遗产、书写在古籍里的文字都活起来。"[1]习近平总书记的这个讲话为国内博物馆今后的业务工作指明了方向。另外,国际博物馆协会在2007年8月24日通过的新修订的《国际博物馆协会章程》对博物馆作了如下的定义:"博物馆是一个为社会及其发展服务的、向公众开放的非营利性常设机构,为教育、研究、欣赏的目的征集、保护、研究、传播并展出人类及人类环境的物质及非物质遗产。"[2] 结合这个定义,可以说六家鲁迅纪念馆的目标定位就是"为教育、研究、欣赏的目的征集、保护、研究、传播并展示"鲁迅文化遗产的一个向公众开放的非营利性常设机构。鉴于鲁迅的遗物基本上都已经被收藏在国内六家鲁迅纪念馆及国家图书馆之中,征集鲁迅遗物的工作已经越来越少了,所以,六家鲁迅纪念馆的主要任务就是"为教育、研究、欣赏的目的保护、研究、传播并展示"鲁迅的文化遗产(包括物质及非物质遗

---

[1] 《习近平谈治国理政》(第一卷),外文出版社2014年版,第161页。
[2] 陈刚:《智慧博物馆——数字博物馆发展新趋势》,《中国博物馆》2013年第4期。

产）。六家鲁迅纪念馆要按照国际博物馆协会对博物馆的定义来回顾并总结各自建馆以来的经验和教训，要充分利用好收藏的大量的鲁迅藏品：首先，通过对这些藏品的全面深入地研究，不仅可以更好地认识并保护这些藏品，而且也可以更好地传播并展示这些藏品，真正地让这些藏品"活"起来；其次，通过对这些藏品的客观展示，不仅可以用带有鲁迅生活信息的实物来还原历史场景，增强展览的吸引力，而且也可以使观众通过藏品来直观地、形象地感知鲁迅，拉近观众与鲁迅之间的距离，从而深化对鲁迅的传播，真正地让真实的鲁迅在观众中"活"起来；最后，国内六家鲁迅纪念馆在今后的发展过程中，要吸收各自建馆以来在各项业务工作方面的经验和教训，聚焦主业，真正地把工作重心放在与鲁迅有关的藏品的征集、保护、传播与展示等方面，充分地利用好藏品，让藏品真正地"活"起来，用藏品来形象地展示出鲁迅生活和创作过程中的一些历史细节，从而发挥出六家鲁迅纪念馆在传播所鲁迅的文化遗产方面的不可替代的核心作用。总之，六家鲁迅纪念馆只有让藏品"活"起来，才能让鲁迅在观众中"活"起来。

另外，对于收藏着丰富藏品的"三大"鲁迅纪念馆来说，藏品还有很大的研究空间。借着习近平总书记关于保存和传承文化遗产的讲话的东风，包括"三大"鲁迅纪念馆在内的众多的中国现代作家纪念馆也加强了对现代作家藏品的研究和展览工作，这不仅有助于研究者把此前沉睡在文物库房之中的一些作家的文章和书信挖掘并整理出来，从而促进中国现代作家的研究工作，而且也有助于现代作家全集的编纂和出版工作，从而出版多部可以说得上是收录文章最全的现代作家全集。对于南京鲁迅纪念馆、厦门鲁迅纪念馆这两家藏品较少的鲁迅纪念馆来说，可以发挥出依托中学和大学的优势，将对学生的爱国主义教育和校园文化建设紧密结合起来，积极引进"三大"鲁迅纪念馆制作的带有文物藏品的鲁迅展览，从而使中学生和大学生可以更好地通过藏品来增加对把鲁迅的了解。

(二) 推动鲁迅文化走出去，促进中外文化交流

1936年7月21日，鲁迅在得知他的小说集《呐喊》即将翻译成捷克文在捷克出版的消息之后，很高兴地撰写了《〈呐喊〉捷克译本序言》一文，指出："自然，人类最好是彼此不隔膜，相关心。然而最平正的道路，却只有用文艺来沟通，可惜走这条道路的人又少得很。"[①] 从这一段话也可以看出鲁迅对中外文化交流的一个重要观点，即重视各国之间的"文字之交"，就是希望通过文学作品的翻译来促进不同国家人民之间的交流和理解。可以说，鲁迅本人也是身体力行了这一观点。回顾鲁迅的文学活动的经历，可以看出他的文学翻译活动从1903年就开始了直到1936年逝世前夕，翻译了15个国家的110位作者的244种作品，共留下了大约239万字的翻译作品。

需要指出的是，鲁迅花费了大量心血所翻译的外国作家和学者的著作及文章不仅为现代中国的文坛输入了异国的文学作品，对现代中国文学和文化产生了一些影响，而且也为中国和这些国家的文化交流奠定了坚实的基础，在某种程度上也可以说是促进了中国与一些国家的"文字之交"。但是，随着"冷战"的结束，特别是20世纪90年代以来，世界局势发生了巨大的变化，曾经作为中国和苏联以及中东欧国家文化交流重要媒介之一的鲁迅，已经逐渐淡出了中外文化交流的舞台。

进入21世纪，文化建设再次上升为国家战略层面，特别是中共十八大的报告首次提出了"扎实推进社会主义文化强国建设"的号召，要求切实增强国家"软实力"和中华文化的国际影响力。中共十八届三中全会的报告又进一步提出了"扩大对外文化交流，加强国际传播能力和对外话语体系建设，推动中华文化走向世界"[②]的要求。2013年9月和10月，习近平主席分别在访问哈萨克斯坦和印度尼西亚时提出了共同建设"丝绸之路经济带"和"21世纪海上丝绸之路"（以下简称"一带一

[①] 鲁迅：《鲁迅全集》第6卷，人民文学出版社2005年版，第533页。
[②] 《十八届三中全会公报》，2013年11月12日人民网（http://cpc.people.com.cn）。

路")的倡议，2014年12月，中央经济工作会议把"一带一路"确定为优化经济发展格局的三大战略之一。在这样的国家战略的背景下，面对如何扩大中外文化交流，如何增加中华文化的国际影响力等问题，六家鲁迅纪念馆可以从鲁迅先生的翻译实践以及他对中外文化交流的观点中得到一些启示。

首先，"推动中华文化走向世界"，增强国家"软实力"和中华文化的国际影响力，需要重视鲁迅在中外文化交流中所倡导的"文字之交"的观点。在某种程度上也可以说，鲁迅也是现代中国与世界各国"文字之交"的先驱和杰出代表：他通过文学创作来表现现代中国，通过翻译把世界各国的文学作品介绍给中国的读者；而世界各国的汉学家通过翻译鲁迅的作品和研究鲁迅，从而帮助世界各国的读者通过鲁迅的作品来了解现代中国。因此，鲁迅所倡导的"文字之交"，不是单向的，而是双向的，重点在于世界各国之间通过文学作品的相互引进和输出，逐渐形成不同国家之间的文化交流，从而促使各国人民"彼此不隔膜，相关心"。就政府提出的增强国家"软实力"和中华文化的国际影响力的战略而言，其最终目的还是希望通过推动中华文化走出国门来促进世界各国人民对中华文化的理解，而要达到这一目的，就不能单纯采用政府输出文化的办法，一味地把中华文化送出去，而应当采用政府之间的文化交流和民间的文化交流相结合的办法，在通过政府和民间的合力把中华文化传播出去的同时，也应当通过政府和民间的共同努力把一些优秀的外国文化请进来，通过不同层面的中外文化交流，逐渐加深中国人民和世界各国人民之间的相互理解。

其次，推动"一带一路"建设，需要重视鲁迅在"一带一路"国家和地区的历史上的影响。需要指出的是，当前的"一带一路"建设虽然主要是指中国与"一带一路"国家之间的经济交流，但是也不能忽视中国与"一带一路"国家之间的文化交流，可以说，中国与世界各国的文化交流是和经济交流相辅相成的，没有很好的文化交流也很难有很好的经济交流。鲁迅是中国文化"软实力"的杰出代表，他的文学创作和翻译与现在的"一带一路"国家和地区有着一定的联系：鲁迅生前对中东欧弱小民族文学的翻译，为中国与中东欧各国的文化交流奠定了基础，而中东欧国家就是现在"丝绸之路"经济带的主要国家；鲁迅的文学创作对东南亚、南亚乃至非洲的一些国家的左翼文学产生了重要的影响，而这些国家就是"21世纪海上丝绸之路"沿途的主要国家。因此，六家鲁迅纪念馆要延续鲁迅与"一带一路"国家和地区的"文字之交"，继续推动鲁迅在世界的传播和研究，从而促进中国与世界各国特别是"一带一路"国家和地区的经济交流，最终实现增强国家"软实力"和中华文化国际影响力的战略目标。

（三）顺应博物馆界的潮流，构建"智慧鲁迅纪念馆"

目前六家鲁迅纪念馆的鲁迅基本陈列，除广州鲁迅纪念馆现在展出的鲁迅展览是2016年设计制作的之外，其余的都接近或超过10年了，如绍兴鲁迅纪念馆现在展出的鲁迅展览是在2004年设计制作的，北京鲁迅博物馆和厦门鲁迅纪念馆现在展出的鲁迅展览都是在2006年设计制作的，上海鲁迅纪念馆和南京鲁迅纪念馆现在展出的鲁迅展览分别是在2011年、2012年设计制作的，按照国内博物馆的基本陈列大致每隔10年就要重新设计一次的惯例，五家鲁迅纪念馆都面临着重新设计新的鲁迅基本陈列的问题。如何在当前的社会、政治、文化的背景下，面向广大观众，特别是青少年观众，设计出一个可以展示10年左右的新的鲁迅基本陈列？解决这个难题，可以借鉴"智慧博物馆"的理论，建构"智慧鲁迅纪念馆"。

信息技术专家陈刚在国内较早对"智慧博物馆"理论进行研究，并在2013年对"智慧博物馆"的概念进行阐释：

> 智慧博物馆是以数字博物馆为基础，充分利用物联网、云计算技术，构建的以全面透彻的感知、宽带泛在的互联、智能融合的应用为特征的新型博物馆形态。从技术角度来看，智慧博物馆可以表

示如下：智慧博物馆＝数字博物馆＋物联网＋云计算。①

此后，《中国博物馆》杂志在 2015 年第 2 期推出了"智慧博物馆"专栏，邀请政府主管官员和博物馆界学者共同探讨在国内博物馆中建设智慧博物馆的问题。国家文物局副局长宋新潮提出了"智慧博物馆"的建设途径：

> 狭义地说，智慧博物馆是基于博物馆核心业务需求的智能化系统；广义地说，智慧博物馆是基于一个或多个实体博物馆（博物馆群），甚至是在文物尺度、建筑尺度、遗址尺度、城市尺度和无限尺度等不同尺度范围内，搭建的一个完整的博物馆智能生态系统。智慧博物馆以多模态感知"数据"替代数字博物馆的集中式静态采集的"数字"，并以此为基础，建立更加全面、深入和泛在的互联互通，消除信息孤岛，使人与人、人与物、物与物之间形成系统化的协同工作方式，从而形成更为深入的智能化博物馆运作体系。智慧博物馆淡化了实体博物馆相互之间以及实体博物馆与数字博物馆之间的界限，形成了以不断创新的技术手段为支撑，线上线下相结合的新型博物馆发展模式。②

结合上述观点，六家鲁迅纪念馆可以协商共同构建"智慧鲁迅纪念馆"的问题，通过在线下建立实体鲁迅纪念馆和在线上建立网上鲁迅纪念馆、鲁迅文物及文献资料数据库的形式，建立统一规划、协同利用的"智慧鲁迅纪念馆"。概括来说，建立"智慧鲁迅纪念馆"有如下的优点：

首先可以打破时空界限。如六家鲁迅纪念馆分别位于六个城市，各有特色，有机会参观六家鲁迅纪念馆的观众不多，而建立"智慧鲁迅纪念馆"之后，全世界的观众都可以通过网络欣赏鲁迅文物数据库中的藏

---

① 陈刚：《智慧博物馆——数字博物馆发展新趋势》，《中国博物馆》2013 年第 4 期。
② 宋新潮：《关于智慧博物馆体系建设的思考》，《中国博物馆》2015 年第 2 期。

品、参观网上鲁迅纪念馆。

其次可以打破馆藏文物的使用界限。如"三大"鲁迅纪念馆拥有较多的藏品,"三小"鲁迅纪念馆的藏品较少,从而只能在展厅中使用一些文物的复制品进行展示;而"三大"鲁迅纪念馆也因为展览场地面积、空间的限制,只能展出不多的藏品,大量的鲁迅文物只能保存在文物库房之中,观众也无法欣赏到。如果把六家鲁迅纪念馆所有的鲁迅文物、文献资料、图片等藏品通过数字化技术建立全国乃至全世界鲁迅文物的数据库(目前日本、美国,以及中国台湾地区的一些图书馆、私人藏家还保存一些鲁迅手稿)和网上鲁迅展览厅,不仅到鲁迅纪念馆参观的观众在参观鲁迅展览时可以通过移动设备或多媒体设备进入鲁迅文物数据库欣赏藏品,而且全国乃至全世界的感兴趣的网民都可以通过网络进入鲁迅文物数据库欣赏藏品,进入网上鲁迅展览厅观看鲁迅展览。另外观众即使不到现场参观,也可以通过虚拟技术参观网上鲁迅展厅时产生身临其境的感受。

最后可以促进六家鲁迅纪念馆的共同发展。六家鲁迅纪念馆位于六个城市,分别归属于不同的业务系统,各馆的规模和发展水平也有明显的差异,虽然上海鲁迅纪念馆、北京鲁迅博物馆(两馆均是国家首批一级博物馆)、绍兴鲁迅纪念馆(国家首批二级博物馆)、广州鲁迅纪念馆从1993年每年轮流举办一次全国鲁迅纪念馆馆际交流会(厦门鲁迅纪念馆、南京鲁迅纪念馆后来也加入),交流各馆本年度的业务工作,协商下一年度的业务工作,但是六家鲁迅纪念馆目前的业务合作实际上只是联谊性的,联合举办展览、举办研讨会、举办征文活动、交换文物复制品、互相代售文创产品等相关业务合作在数量上显得比较少。通过共同建立"智慧鲁迅纪念馆",就可以把六家鲁迅纪念馆凝聚起来,形成一股合力,发挥出各馆的资源优势,互通有无,共同做好宣传鲁迅、普及鲁迅的工作,从而更好地发挥出六家鲁迅纪念馆所承担的使命和任务。

(四)增强文化自信,创建国内一流的人物类纪念馆

随着国际交流的日益增多,特别是国际博物馆协会第22届大会于

2010年11月在上海举行，中国博物馆界开始思考中国著名的博物馆与世界著名的博物馆之间的差异以及中国著名的博物馆如何发挥出国际影响力成为世界著名博物馆的问题。具体到国家文物局在2008年评出的首批国家一级博物馆中的10家人物类纪念馆，其中有6家是政治伟人纪念馆（5家是革命领袖纪念馆，1家是古代政治人物诸葛亮的纪念馆），3家是文化名人纪念馆（2家是鲁迅纪念馆，1家是古代诗人杜甫的纪念馆），1家是工人代表王进喜的纪念馆。这10家人物类纪念馆是中国的一流的人物类纪念馆，其发展水平也代表了当代中国博物馆中人物类纪念馆的发展水平。中国创建世界一流人物类纪念馆的任务也应当由这10家人物类纪念馆来承担。但是，相对来说，上述10位人物不一定在世界范围内具有一定的知名度，如鲁迅在国外汉学界具有一定的知名度，但是王进喜可能就很少有外国人知道。因此，创建世界一流的人物类纪念馆还需要所纪念的人物在世界上具有一定的知名度。

关于世界一流博物馆，目前不仅没有一个可以量化的评估指标，甚至还没有一个明确的定义。有的学者认为世界一流博物馆具有如下的特征："馆藏文物的独特性"，"基本陈列的经典性"，"学术研究的创新性"，"管理运营的科学性"，"社会受众的满意度"[①]。很显然，这位学者提出的世界一流博物馆所应当具有的上述特征具有模糊性，缺乏可操作性，也就是缺乏一个国际博物馆界公认的可以量化的评估指标。不过，按照这位学者的观点，北京鲁迅博物馆和上海鲁迅纪念馆已经具有世界一流博物馆的基本特征了。其中上海鲁迅纪念馆在2011年的国家首批82家一级博物馆的评估中取得较好的成绩：总分在82家一级博物馆中排名第22，在国内26家纪念类博物馆中排名第2，在国内10家人物类纪念馆中也排名第2，可以说上海鲁迅纪念馆不仅是中国一流的人物类纪念馆，也已经具有世界一流人物类纪念馆的基本特征了。因为北京鲁迅博物馆在首批82家一级博物馆的评估中的排名51，在26家纪念类博物馆和

---

① 李斌：《试论世界一流博物馆的基本特征》，载中国博物馆学会编《回顾与展望——2005年中国博物馆学会学术研讨会论文集》，紫禁城出版社2005年版，第341—349页。

10家人物类纪念馆中排名均为第10，所以北京鲁迅博物馆作为中国一流的人物类纪念馆，也基本具有世界一流人物类纪念馆的基本特征了。需要指出的是，上海鲁迅纪念馆和北京鲁迅博物馆作为首批国家一级博物馆，在中国博物馆协会组织的国家一级博物馆的运行情况的评估中，虽然取得了较好的名次，但是，通过这次评估，也可以看出两馆在业务工作方面所存在的一些问题和不足，两馆在今后的发展中，需要注意克服业务工作方面存在的短板和不足，进一步提高各项业务工作的水平，从而在今后的国家一级博物馆评估工作中取得更好的名次。相信上海鲁迅纪念馆和北京鲁迅博物馆在成为国内排名靠前的国家一级博物馆之后，也会在不久的将来成为世界一流的博物馆。

最后需要强调的是，鉴于国际博物馆界目前还没有关于世界一流博物馆的权威评价体系，而中国博物馆协会通过对国家一级博物馆的运行情况进行首次评估已经探索出一套符合中国国情的博物馆评价体系，而这个博物馆评价体系是结合中国国情制定的，所以更适合于评估中国的博物馆的运行情况。在当前不断变化的国际形势下，中国的人物类纪念馆最好先不要高谈或空谈创建世界一流博物馆的事情，要有文化自信，坚守中国特色的社会主义制度下的人物类纪念馆的发展方向，承担起国家所赋予的各项使命和任务，注重立足中国大地，加强自身各项业务建设，按照国家一级博物馆的评价体系，把建设目标设定为国内一流的人物类纪念馆。而在建设成为国内一流的人物类纪念馆之后，那么建设成为世界一流的博物馆也就水到渠成了。

鲁迅孤独寂寞的生活方式
与其经验知识的生动性

许祖华*

内容提要：鲁迅孤独与寂寞的生活方式不仅具有"唯鲁"性即个性，而且赋予鲁迅关于生活的经验知识以生动性和个性。鲁迅关于生活的经验知识的生动性，主要来自他关于生活的原型信念的生动性和他在杂文、书信中所呈现的生活"事实"的生动性。

关键词：鲁迅；孤独与寂寞；经验知识；生动性

鲁迅的情感深厚、丰富而又复杂，而在他深厚、丰富而又复杂的情感构成中，孤独与寂寞的情感不仅是他体验最充分的情感，也不仅是他情感世界中最丰富、最深厚、最复杂的内容，也是意义最为深远并伴随他一生的情感内容。而作为鲁迅孤独与寂寞的情感内容形成的生活及其方式，也具有与之完全吻合的形态与性质。正是这种个性化的孤独与寂寞的生活及其方式，赋予了鲁迅经验知识，尤其是关于生活的经验知识的生动性。本文将基于鲁迅的杂文、书信所提供的"事实"展开论述。

一 鲁迅孤寂的生活状况

关于鲁迅孤独与寂寞的生活及其方式，我们既可以从鲁迅在社会、群体中的生活及其方式的层面来论述，也可以从鲁迅个人生活状态的层

---

* [作者简介] 许祖华（1955— ）男，湖北仙桃市人，文学博士，汉口学院、华中师范大学教授，博士生导师，主要从事鲁迅研究。

面来论述。

就鲁迅在社会、群体中的生活来看,"孤独""寂寞",可以说是他基本的生活方式与状态。当代学者黄健先生曾经指出:"鲁迅始终是孤独的,如同爱因斯坦的自我表白一样,自他从来就是一个'孤独者',一个'陌生人',一生都在'陌生人'中间孤独地旅行,而不属于任何一块土地,也不属于任何一方。"① 鲁迅自己在生命的青年时代、中年时代和晚年也有相应的自许与自述。在青年时代,鲁迅在收入自己第一本杂文集《坟》中的《文化偏至论》一文里就曾引尼采的话以自许:"吾行太远,孑然失其侣……吾见放于父母之邦矣!聊可望者,独苗裔耳。"② 在中年时代的1926年,他也在杂文《不是信》中曾经自述:"说起来惭愧煞人,我不赴宴会,很少往来,也不奔走,也不结什么文艺学术的社团"③,这虽然是为了驳斥有人指责鲁迅捏造事实和传播流言而发表的"声明",但所描述的则正是鲁迅在社交等社会生活中的一种"孤独"的方式。到生命晚年的1934年,鲁迅在给别人回信中也仍然如此直率地说:"我交际少,病中更不与人往来了"④。即使在最"热闹"的与同时代人的"笔战"中,他同样是孤独、寂寞的,因为,每次"笔战"的过程虽然十分热闹,但结果是没有一个人是他的对手,他似乎胜利了,却让他仿佛陷入"无物之阵"似的更为孤独与寂寞境地,即如他所提出的"立人"观及关于"众数""庸众"等的观念,不仅在中国这样一个"民本"思想传统极其浓厚的国度里显得非常突兀,而且在以西方人文主义传统为参照的中国新文化倡导时期也显得卓尔不群。朱寿桐先生曾经对此下过如此的判断:"鲁迅的这种既不符合旧传统也有悖于新传统主流话语的英哲文化观,使得他在现代文化史上取得了一种'前不见古人,后不见来

---

① 黄健:《论鲁迅"独异"的文化性格》,载谭桂林、朱晓进、杨洪承主编《文化经典和精神象征——"鲁迅与20世纪中国"国际学术研讨会论文集》,南京师范大学出版社2013年版,第536页。
② 鲁迅:《文化偏至论》,载《鲁迅全集》第1卷,人民文学出版社2005年版,第50页。
③ 鲁迅:《不是信》,载《鲁迅全集》第3卷,人民文学出版社2005年版,第237页。
④ 鲁迅:《致王志之》,载《鲁迅全集》第13卷,人民文学出版社2005年版,第97页。

者'、缺少对话者及缺少承传的孤绝地位"①。

至于进入"左联"这一文学团体后，鲁迅也仍然没有摆脱孤独与寂寞的生活状态。朱寿桐先生曾经有过这样的描述："在'左联'成立的大会上，鲁迅发表了《对于左翼作家联盟的意见》。这篇经典的演说记载着鲁迅一生中也许最受尊重、最没有孤绝寂寞之感的心理状态：当他在侃侃而谈的时候，所有的与会者都全神贯注地，甚至带有某种紧张地注视着他，其中不乏一些曾经批判他、嘲笑他和攻击他的文坛老将和新锐。鲁迅演讲完了当然一定博得了热烈的掌声，同时他也会微笑着深深吁一口气，以为自己身陷孤绝的时代开始结束，自己将融入这些同道中人。然而在并不漫长的停顿和孤寂过后，鲁迅发现自己终还是孤身一人，依旧领略这孤绝的情怀。没有人再邀请他去演讲，没有人来向他征询意见，相反还用假名变着嗓音骂他。鲁迅虽然深以为苦、深以为怪，但他毕竟已经习惯了这样的生存。"② 朱寿桐先生的此段叙述与议论，虽不乏"猜测"甚至"想象"的成分，如"鲁迅演讲完了当然一定博得了热烈的掌声，同时他也会微笑着深深吁一口气，以为自己身陷孤绝的时代开始结束，自己将融入这些同道中"，就是"猜测"加"想象"得出的判断，既没有什么文献作支撑，更没有已经验证了的事实作依据，但对于鲁迅在"左联"中及整个"左联"时期的孤独与寂寞生存状况的叙述与判定，还是较为中肯的，也是能经受得起相关事实检验的，特别是对鲁迅"习惯"了这种孤独与寂寞的生存与生活状态的判定，不仅经受得起检验，而且也是"实获我心"的，也当然是我所赞成的。

就鲁迅个人的生活状况来看，孤独与寂寞也是如影随形的。"鲁迅在其有生之年的人生状态的孤绝实际上很容易被人们认知和把握：寂寞的童年；在家道中落乃至于陷入困顿时所承担的炎凉世态；外出求学遭遇

---

① 朱寿桐：《孤绝的旗帜——论鲁迅传统及其资源意义》，文化艺术出版社2005年版，第4页。
② 朱寿桐：《孤绝的旗帜——论鲁迅传统及其资源意义》，文化艺术出版社2005年版，第300页。

的冷眼;在日本留学领略的孤寂;在北京的会馆里冷漠地抄古碑;在故乡的教师里遭到学童的戏弄;在自己的家中遭受侮辱和驱赶;在教授职场中遭受排挤与嫉恨;在文学领域里常常运交华盖。如此等等,几乎在任何人生阶段,在任何地理空间,鲁迅都充分领受着人生的孤绝。"① 鲁迅自己也曾自述在厦门的时候:"寂静浓到如酒,令人微醺。望后窗外骨立的乱山中许多白点,是丛冢;一粒深黄色火,是南普陀寺的琉璃灯。前面则海天微茫,黑絮一般的夜色简直似乎要扑到心坎里。我靠了石栏远眺,听得自己的心音,四远还仿佛有无量悲哀,苦恼,零落,死灭,都杂入这寂静中,使它变成药酒,加色,加味,加香。"② 其孤独与寂寞力透纸背。即使在创作领域,也是如此,如鲁迅在谈自己创作《阿Q正传》的状况时就曾指出:"我虽然竭力想摸索人们的魂灵,但时时总自憾有些隔膜。在将来,围在高墙里面的一切人众,该会自己觉醒,走出,都来开口的罢,而现在还少见,所以我也只得依了自己的觉察,孤寂地姑且将这些写出,作为在我的眼里所经过的中国的人生。"③ 不仅如此,在阐释自己第一本小说集《呐喊》创造的缘由及相关问题的《呐喊·自序》一文中,短短的三千多字里,竟然十五次地使用了"寂寞"与"悲哀"这两个词语。这当然不是一种单纯的词语使用的问题,也不仅是鲁迅对自己小说所要抒发的情感内容的一种有意识的暗示,甚至也不仅是鲁迅对自己的情感状态,包括创作《呐喊》中的这些小说时候的情感状态的一种表达,而是对自己生活方式的一种描写与表达。而也正是这种习惯的生活方式,给予了鲁迅关于生活的信念及其经验知识以丰富而值得分析的内容。

---

① 朱寿桐:《孤绝的旗帜——论鲁迅传统及其资源意义》,文化艺术出版社2005年版,第299页。
② 鲁迅:《怎么写——夜记之一》,载《鲁迅全集》第4卷,人民文学出版社2005年版,第18页。
③ 鲁迅:《俄文译本〈阿Q正传〉序及著者自序传略》,载《鲁迅全集》第7卷,人民文学出版社2005年版,第84页。

二　原型信念①的生动性与其经验知识的生动性

不错，就鲁迅呈现自己关于生活的信念及其经验知识的文字来看，既不生动，也似乎没有什么象征性或者所谓的"寓意"，完全是直白的表露。如鲁迅在杂文《这也是生活》一文中所呈现的自己关于生活的信念及其经验知识的一段文字：

> 有了转机之后四五天的夜里，我醒来了，喊醒了广平。
> "给我喝一点水。并且去开开电灯，给我看来看去的看一下。"
> "为什么？……"她的声音有些惊慌，大约是以为我在讲昏话。
> "因为我要过活。你懂得么？这也是生活呀。我要看来看去的看一下。"
> "哦……"她走起来，给我喝了几口茶，徘徊了一下，又轻轻的躺下了，不去开电灯。
> 我知道她没有懂得我的话。
> 街灯的光穿窗而入，屋子里显出微明，我大略一看，熟识的墙壁，壁端的棱线，熟识的书堆，堆边的未订的画集，外面的进行着的夜，无穷的远方，无数的人们，都和我有关。我存在着，我在生活，我将生活下去，我开始觉得自己更切实了，我有动作的欲望——但不久我又坠入了睡眠。②

这段文字记录的是鲁迅与许广平的一个生活片段，从手法与文字的角度来看，的确不生动，因为，完全是直白，没有形容、比喻，也

---

① 关于"原型信念"等知识学的概念，请参看拙文《论鲁迅的信念系统与知识系统》，《山东师范大学学报》2016年第1期。
② 鲁迅：《"这也是生活"……》，载《鲁迅全集》第6卷，人民文学出版社2005年版，第623—624页。

没有什么华丽的辞藻,甚至几乎不带抒情性,但从"事实"来看,却又的确是生动的,不仅生动,还由于其中反映了鲁迅孤独与寂寞的生活方式而使鲁迅关于生活的信念与经验知识具有了"唯鲁"的独特性。

从支撑鲁迅"看来看去的看一下""这也是生活"的原型信念的事实来看,这些事实也确乎没有什么特别之处,因为,这些事实所包含的情景与物件,不仅对鲁迅来说是平常或"熟识"的,即使对于一般的人,包括一般的读书人或大众来说,也是司空见惯的,并没有什么新颖性或特别性。但是,就是这些生活的情景与"熟识"的物件等构成的事实,不仅对于鲁迅来说是很有意义的(否则,鲁迅也不会用文字将自己如此的生活情景与熟识的物件等构成的事实呈现出来,他将这样的事实呈现出来本身就说明,这样的事实对他来说是很重要的,也是很有意义的),而且,对于我们研究鲁迅关于生活的原型信念和经验知识以及他孤独、寂寞的生活方式,也是有意义的。

鲁迅"看来看去的看一下""这也是生活"的原型信念是怎么来的呢?从其上下文来看,就是来自鲁迅呈现的生活情景及"熟识"的物件等构成的事实。也就是说,鲁迅呈现的生活情景及熟识的物件等构成的事实,尤其是鲁迅熟识的物件及情景所构成的事实,对于鲁迅最直接的意义之一就是为鲁迅形成自己"看来看去地看一下""这也是生活"的原型信念提供了直接的依据,也为鲁迅用行动来验证这一信念提供了"习惯"的支持。或者,换一句话来说,正是这样的生活情景及熟识的物件等构成的事实,直接帮助鲁迅形成了这样一个极为朴实、极为具体而又极为感人的原型信念,也正是这样的事实,帮助鲁迅"习惯"性地采用了"看"的行动来验证这一信念而使这一信念具有了经验知识的属性。休谟在谈信念的来源时曾经指出:"信念的根源就是习惯。我们习惯于把两个印象结合在一起,并且从一个印象的出现迅速转移到另一个印象的观念。产生信念的过程除了习惯在起作用外,先前印象的存在也是绝对不要的。"① 在休谟看来，信念的形成需要两个必要条件，一个是习惯，另一个则是"先前印象的存在"，而这两个条件都无一例外地与"熟识"这种认知状态有密切的关系，甚至就是由"熟识"这种认知状态所导致或构成的。

所谓"先前印象的存在"，从认知规律来看，很明显，它不是认知的起点，而是认知的结果，这个结果不是别的认知状态，正是对对象"熟识"的认知状态，因为，如果认知者对曾经见过，或听说过，或感知过的对象不熟识，那么就不会形成"印象"，也就根本不会有所谓"先前印象的存在"。所谓习惯，按照金岳霖先生的观点，"习惯有行为方面的与思想方面的"，但不管是哪一方面的"习惯"，都有四种成分，即"重复成分，照旧成分，符号成分，类型成分。"② 在这四个成分中，"重复成分"是最为重要的，"因为它是习惯底必要条件，无此条件也无所谓习惯。""行动不重复，我们不会有行动上的习惯。"③ 推而广之，思想不重复，我们也不会有思想方面的习惯。而无论是行动上的重复，还是思想上的重复，重复的结果，在认知的层面不是别的，就是对对象或问题的"熟识"。从绝对的意义上讲，正是因为鲁迅对曾经伴随过自己生活，或者说本身就是自己生活中的内容的物件，如"书堆"等，太熟悉了，不仅使他对这些对象本身有了深刻的"先前印象"，而且，还由此使他形成了一种生活的"习惯"，并且是包含着浓厚的眷念之情的习惯，所以，当他要回答"生活是什么"的时候，他不仅在思想上"习惯"性地从自己熟识的事实出发，得出了"看来看去的看一下""这也是生活"的信念并认可了这样的信念，而且，还在行动上"习惯"性地验证了自己这样的信念。反过来说，如果鲁迅不是对自己身边的这些物件或情景如此熟识，他自然在思想上也难以认可"这也是生活"，更不可能如此决绝，甚至是执拗地通过自己"看"的行为，来验证自己所认可的这样的原型信念。

---

① ［英］休谟：《人性论》，张晖编译，北京出版社 2007 年版，第 35 页。
② 金岳霖：《知识论》上册，商务印书馆 2003 年版，第 190 页。
③ 金岳霖：《知识论》上册，商务印书馆 2003 年版，第 190 页。

这正是这些事实对鲁迅原型信念形成的重要意义。

不仅如此,这些事实还有一个意义,这就是使鲁迅所形成的关于生活的原型信念具有了生动性。一般来说,原型信念的生动性由两个方面的因素导致,一个方面是逻辑上的"类似关系";另一个方面则是心理上的"印象"。休谟在回答"是什么赋予观念(信念)的活泼性"时曾经指出:"我要在人性科学中确立一个一般的原则:当任何印象呈现于我们面前的时候,可以把心灵转移到与其相关的观念(信念)上,同时把印象的一部分活泼性传给观念(信念)。"① 也就是说,休谟认为,信念的生动性(活泼性),是由印象的生动性"传"予的。他又说:"我们可以说是类似关系使观念(信念)带有了活跃性。"② 而无论是要形成印象,还是要在对象之间构建"类似关系",一个最基本的条件就是必须"熟悉"对象,因为,如果对对象不熟悉,或者说熟悉的程度不够,那么,从心理学上讲,就无法留下"印象",也自然在逻辑上无法构成"类似关系"。而鲁迅关于"这是生活"的原型信念的构成,不仅是在"先前印象的存在"基础上形成的,也不仅这些"先前印象"是他所熟悉的,甚至是十分熟悉的,而且,鲁迅关于生活的这样的信念,还是在鲁迅自己"先前印象的存在"(即对自己熟识的墙壁、书堆等的印象)与现在(即鲁迅大病初愈之时)所见的事实(仍然是熟识的墙壁、书堆等)构成的"类似关系"的框架中形成的,也就是在先前自己熟悉的事实与眼前同样的事实"两者的类似关系"中形成的,这就不仅在"事实上"保证了自己原型信念的"真性"或可信性,而且,也直接地保证了自己原型信念的生动性。

三 原型信念的生动性与事实本身的生动性及个性

当然,我这里认为鲁迅这种关于生活的原型信念的生动性与休谟从哲学的层面所谈论的原型信念的生动性,是有区别的,这种区别就在于,

---

① [英]休谟:《人性论》,张晖编译,北京出版社2007年版,第34页。
② [英]休谟:《人性论》,张晖编译,北京出版社2007年版,第34页。

休谟是从纯粹认识论的层面展开论述并形成相应判断的,他只关注了认知主体最初的认知结果"印象"的生动性与认知主体原型信念生动性之间的"类似关系",并由此推导出了"印象的生动性"赋予了原型信念以生动性的结论,基本上忽视了"事实"本身的生动性。而我这里所认为的鲁迅关于生活的原型信念的生动性,则不仅基于"印象的生动性",也不仅基于"印象"与"现实"的"类似关系",更主要的是基于鲁迅在《这也是生活》这篇杂文中提供的"事实"本身的生动性而得出的。

那么,鲁迅呈现的由自己"熟识"的物件及情景构成的事实的生动性表现在哪里呢?如果进行概括,则可以用一句话:鲁迅用文字呈现的自己生活的一个"横断面"的这一事实,不仅再现了鲁迅"现在"生活的孤独与寂寞的状况,也不仅从一个特殊的方面反射出了鲁迅既往生活的孤独与寂寞的状况,而且,还是用不同的生动的事实展示的。这应该是这一事实的又一个意义。

具体分析鲁迅在杂文中用文字呈现的鲁迅生活的这一事实我们会发现,这一事实实际上包括了两种不同类型的事实,一种类型的事实是在特定的时间、特定的空间与特定的情景中呈现的事实,即鲁迅大病初醒叫起许广平让许广平开灯让自己"看来看去的看一下"而许广平没有理解,更没有按鲁迅的要求做的事实,这一类事实是只具有"这一次"属性的事实,因为,它受特定的时间、空间及情景的制约无法重复或再来;另一种类型的事实是由鲁迅"熟识"的物件及情景构成的事实,这一类型的事实是已经被鲁迅自己重复过了的事实。这两种不同类型的事实,它们在展示鲁迅孤独与寂寞的生活状态的过程中,所发挥的功能是各不相同的。就前一类事实来看,它具有直接展示鲁迅孤独与寂寞的生活方式的功能,即通过展示鲁迅自己的一个再平常不过的愿望没有被自己心爱的女人理解,更没有实现的事实本身,来显示鲁迅在日常的家庭生活中孤独与寂寞的生活状况;就后一类事实来看,则具有间接展示的功能,即通过鲁迅"熟识"的物件及情景构成的事实来展示鲁迅孤独与寂寞的生活状态。这也就决定了,虽然它们都具有展示鲁迅孤独与寂寞的生活状态的功能，也都具有生动性，但生动性的"个性"是不一样的，这也正从一个特殊的方面彰显了鲁迅的原型信念不仅具有一般原型信念生动的属性，更具有"唯鲁"的个性。

第一类事实的生动性就在于它本身就具有艺术性，或者更客观地说，这一类事实呈现的虽然是一个生活的片段，但构成的是一个艺术的片段。之所以如此说，是因为，在这个生活的片段中，艺术，如叙事艺术小说，所需要的各种要素，可以说一应俱全，不仅叙事艺术所需要的时间、地点等基本要素一应俱全，即使属于内容方面的题材、人物和属于艺术形式的艺术手法等也一应俱全。从题材看，该片段的题材属性十分分明——典型的日常生活的题材；从人物来看，该片段有两个人物，所塑造的这两个人物，不仅人物的对话、人物的行动栩栩如生，即使人物的心理活动也明晰可辨；不仅人物对话的内容指向分明，而且还曲折有致；不仅人物行动的过程井然有序而完整，而且人物行动的结果也交代清晰，甚至两个人物不同的性格也昭然若揭。从艺术手法上看，在这类事实所构成的艺术片段中，不仅采用了鲜明的艺术手法，而且，这种艺术手法还是鲁迅一向倾心的"白描"的艺术手法。这就告诉我们，这一类事实虽然呈现的是鲁迅真实的生活状态或片段，其中的人物"我"、许广平也都是实有的人物，几乎完全排除了艺术应有的虚构性，但是，却由于这类事实不是由理性或逻辑呈现的，而是通过活生生的"画面"呈现的，完全具备了艺术所需要的各种重要的因素，并且是优秀的艺术所需要的因素，如人物塑造等，因此，对于这类事实，我们完全可以当作一个审美的对象或一个艺术的片断来进行欣赏，这也正是此类事实生动性的直接体现。

这一类事实的"唯鲁"的个性则表现在，它所展示的不是鲁迅那种由形单影只所构成的孤独与寂寞的生活状况，而是由亲人间无法"心有灵犀一点通"的思想、认知的错位或隔膜所构成的鲁迅孤独与寂寞的生活状况，即所展示的不是鲁迅物质性的孤独与寂寞的生活状态，而是鲁迅精神性的孤独与寂寞的生活状况，体现了鲁迅一贯的注重人（也当然包括他自己）的精神生活与精神状态的思想特点。

正是因为如此，所以，这样的结论应该是经受得起推敲的，即鲁迅建立在这类事实基础上的原型信念，即"看来看去的看一下""这也是生活"，就不仅具有一般原型信念生动的属性，而且具有"唯鲁"的个性；他关于生活的原型信念也就不仅因为能被验证并被他自己验证了而具有了经验知识的属性，而且他的此类经验知识本身还具有了审美性。或者说，他的此类经验知识，不仅呈现了生活事实本身的生动性，而且揭示了生活事实本身所具有的美的属性，这也就使他的此类经验知识不仅具有认知的价值，而且也具有了审美的价值。这也许就是学界认为鲁迅的杂文，至少是此类杂文是艺术的知识学的依据之一。

第二类事实的生动性则不仅表现在其具有艺术的各种要素方面，更表现在以鲁迅"现在"的生活事实展示鲁迅既往生活情状的功能方面，也就是"想象"的功能方面。

鲁迅孤独与寂寞的生活状态，在第一类事实中虽然已经得到了显现，但很明显，由于第一类的事实只具有"这一次"性，在功能上，它也就只能显示"这一个时间段"，即鲁迅在大病后的一个夜晚，孤独与寂寞的生活状态，却无法让人透视鲁迅既往的生活状态。而鲁迅呈现的第二类事实却弥补了这一方面的缺憾，而这第二类事实能弥补这一方面的缺憾，就在于它给人由此及彼的"想象"提供了依据，这个依据就在"熟识"一词的所指。

我们知道，任何物件及情景，如果它们被冠以"熟识"一词，也就表明了两个事实，一个是，它们在时间的不可逆中虽然总会有一些变化，但它们本身的存在形态、构成方式等却没有根本性的变化，还是既往的样子；另一个是它们已不是第一次出现在认知者的感觉或认知中，而是至少又一次出现或又一次被认知者感知了。在这种情况之下，它们的存在虽然是客观的，但当它们被认知者"熟识"之后，它们也就不再是纯客观的存在物了，而是烙印上了认知者经验知识痕迹的对象了，这也就直接地决定了由熟识的物件及情景所构成的事实本身，尽管是客观的，但却总不可避免地刻录着认知主体既往的经验知识，否则，它们也就不可能成为认知主体"熟识"的对象。对鲁迅来说也是如此。他既然给自己大病初愈后眼见的墙壁、书堆等物件以及"外面行进的夜"冠以"熟识"的字样，那么也就表明，这些物件及情景，不仅没有什么变化，而且他也不是第一次看见它们，它们虽然依旧如此，但由它们所构成的事实中却已经刻录了鲁迅既往的经验知识。既然如此，那么，我们从鲁迅熟识的物件及情景所构成的事实中当然也就能"想象"鲁迅既往的生活状况是一种什么状况：他总是在相同的墙壁与书堆等物件构成的空间里活动，总是在夜深人静的时间段做他要做的事情。因为，如果鲁迅不是"总是"或反复地在这样的空间里与时间段活动或做事，他也就不可能对具有空间性的墙壁、书堆等物件和具有时间性的"外面行进的夜"形成"熟识"的感觉与认知，更不可能形成它们都"与我有关"的对生活的"通透感"以及相应的原型信念与经验知识。这也正是这一类事实生动性的一个具体方面，它能激发人的想象，并且是合乎逻辑与情理的想象本身就已经证明了自己的生动性。

区域文化与中国
现当代文学研究

主持人：张武军教授

主持人语：

自传统跨入现代，现代人使用的通信与交通工具随科学技术的不断进步，相较于古人已发生了极大的改变。这也就使得现代人在区域与区域间的移动更为频繁，获取异域文化资源更为便捷，给现代人带来极为丰富的区域经验。从这个意义上看，本组所选的四篇文章，既现出区域文化文学研究的某些共同特征，又对"区域"有不同理解和认知。

熊飞宇的论文主要考察美国小说家威廉·萨洛扬的代表作《人类的喜剧》在民国时期的译介与接受。《人类的喜剧》在美国问世不久便被柳亚子之女柳无垢翻译到中国，这是因为当时译者任职上海美国新闻处，能及时了解与获得美国最新文化动态和成果。抗战及其以后的国内形势变化，国人对该小说的接受与评价也随之改变，这是他们对小说反战主题产生情感共鸣的表征。《人类的喜剧》在中国的译介与接受，既是现代科技加快区域间文化传播的表现，又是异域经验在中国因时而变后在地化的典型。如果说现代通信技术使得《人类的喜剧》在中国及时译介与传播成为可能，那么交通工具的改进则使得人们在区域间的移动更为频繁。区域移动，使人们相较于古人有更为丰富独特的现代体验，由此产生相应的文学表达，旅行书写因此成为现代中国文学一个重要的文学现象和值得予以重视的研究课题。因此，石珠林和赵普光对现代中国文学旅行书写的发生、流变、现代性等研究史进行极为细致的梳理显得极为重要。研究史梳理的目的在于了解研究现状及其问题，指向的乃是未来研究进路，因此我对他们的后续研究成果满怀期待。凌孟华怀着对史料的由衷热爱，仔细翻检了较具北平地域文化状态与特点的非文学期刊《知识与生活》，并发现俞平伯集外长文《"宣传""党"这两个词你怎么看法？》。俞平伯多被视为言不及政治，自觉与政治保持距离的自由知识分子，该集外文的意义在于，提醒我们政治之外的俞平伯或许还有政治的一面。当然，这有待于更多相关史料的钩沉发掘。慈明亮的《防空洞与抒情诗》关注的是穆旦在战时提出"新的抒情"的诗歌理论及其创作实践，而以昆明大轰炸与防空洞为背景，以穆旦所作《防空洞里的抒情诗》为重点进行论析。通过细读，作者关注到该诗对空袭背景下人们精神状况的理性观照，认为该诗对诗人与大众的关系做了深刻反省，从而多层面地展现了战争时期的时代精神。

现代科技的进步已使我们对区域的体验方式悄然改变，将区域从一个静态的概念转而视为以多样方式相交互的移动性场域体验显得尤为重要。这里的四篇文章，可以视作这种转变的有益尝试。

威廉·萨洛扬《人类的喜剧》
在民国时期的译介*

熊飞宇**

内容提要：自抗战以来，威廉·萨洛扬逐渐成为中国关注和译介的重点。其代表作《人类的喜剧》在美国问世不久，旋即被中国介绍、翻译。其中柳无垢的节译，初分五期连载于《半月文萃》，后由文光书店出版单行本，共计三版。而根据小说拍摄的电影，也曾在中国多地上映。《人类的喜剧》因其儿童视角下的反战主题，无论小说还是电影，在中国抗战时期及其后的内战阶段，均能引发深切的同情与强烈的共鸣而备受欢迎。

关键词：民国时期；《人类的喜剧》；译介

1947年，冯亦代曾在上海《时与文》周刊第22期（第20—21页）的"艺文志"，发表《勇敢的年青人：萨洛扬》①。文章开篇即说：

> 在抗战的年月里，大后方曾经有本可以算是畅销的书：柳无垢先生所译威廉·萨洛扬的《人类的喜剧（The Human Comedy）》。这

---

* ［基金项目］国家社科基金重大项目"抗战大后方文学史料数据库建设研究"（编号16ZDA191）。
** ［作者简介］熊飞宇（1974— ）男，四川南江人，文学博士，副研究员，硕士研究生导师，主要从事重庆抗战文化研究。
① 期刊具体出版日期不详。该文后以《"勇敢的年青人"萨洛扬》之名，收入《书人书事》（第88—91页），潮锋出版社1949年8月出版。

本书为孩子们所喜欢，因为优利栖斯和荷默的故事，使他们感到兴趣；为年青人所爱读，因为故事里侵润①着传奇的淡淡的哀愁；为老年人所感喟，那是因为老电报收发员维利葛罗根的暗淡岁月，吐出了他们对于人世共同的叹息。《人类的喜剧》不但受中国人的欢迎，就是在美国，也因为故事所显示的那一种淡漠的感伤情调，对于生活命定的执着，在战争的冗烦中无可奈何的逆来顺受，而赢得了读者的一致欢呼。可也为了这种对于生活被动的消极的忍受，把人类爱淡化为琐碎枝节的小市民的虚伪乐观，遭受批评家的诟病。

威廉·萨洛扬（William Saroyan，1908—1981），美国小说家、戏剧家，或译作萨洛阳、索洛延、沙乐扬等。抗战时期，萨洛扬与欧内斯特·海明威（Ernest Hemingway）、约翰·斯坦贝克（John Steinbeck）一道，开始成为中国文艺界对美国文学关注和译介的重点，其作品风行一时，《人类的喜剧》即是其代表作。书名借用巴尔扎克小说的总称，"作品以第二次世界大战时期大后方的加州小城绮色佳为背景，描写寡居的麦考利太太一家的故事。小城的名字，源出史诗《奥德赛》主角奥德修斯的故乡，其实是萨洛扬本人生于斯长于斯、最后逝于斯的加州中部小城弗雷斯诺。麦考利太太的两个儿子，也分别取名为荷马和尤利西斯（奥德修斯的拉丁文名字）"②。小说以荷马（即柳无垢译本中的荷默）为中心，叙述、探讨其成长过程，是一部"教育成长小说"（bildungsroman）；同时具体而微地表现了一个时代社会的各个层面，绘声绘色地描写了小城的众生百态。论者或将其与《我叫阿拉木》均视作短篇小说合集，或将二者俱判为长篇小说。③ 译者柳无垢（1914—1963），柳亚子次女。1942年1月，随老父、何香凝由港岛西营盘海旁，乘渔船往离岛长洲，再由长洲乘帆船渡海丰，历七昼夜未达，幸得游击队救济，方安抵

---

① 侵润，现多作"浸润"。
② 叶扬：《译后记》，载《人间喜剧》，上海译文出版社2018年版，第273页。
③ 参见叶扬《译后记》，载《人间喜剧》，上海译文出版社2018年版，第274—275页。

旋又离，前往韶关、桂林。在桂林时，任中学英文教员，课余从事翻译，并出版《现代美语会话》。6月，与母郑佩宜、子赵光辽团聚。其后离桂入滇，任职昆明美国新闻处。1944年，印行所译《人类的喜剧》，又译注《敌人》《裘儿》等书。1945年10月11日，曾偕其父、兄柳无忌、嫂高蔼鸿，自重庆南开中学津南村，步行至小龙坎第十八集团军办事处公墓，参加李少石葬礼。是年冬，重返上海，任职上海美国新闻处。①

一 小说《人类的喜剧》

在美国，《人类的喜剧》问世于1943年春，而柳无垢的翻译，同年11月便逐次推出，其反应之速，应是得益于美国新闻处的工作之便。译文最初分五期连载于《半月文萃》②的"文艺之页"，具体包括：

1. 第一部分，刊第2卷第4期（第43—49页），1943年11月出版。除献词"献给塔郭基·萨洛扬"外，包括："攸力栖兹""荷马""伊大卡""假如消息来了"。塔郭基·萨洛扬（Takoohi Saroyan）是威廉·萨洛扬的父亲。

2. "续一"，刊第2卷第5期（第52—61页），1943年12月出版。包括："古代史""低栏赛""捕兽机"。

3. "续二"，刊第2卷第6期（第56—64页），1944年1月出版。包括："笛安娜""街角上的女郎""三个兵士""葛罗根先生论战争""献给母亲、爱""这是你的不幸"（未完）。

4. "续三"，刊第3卷第1期（第51—57页），1944年3月出版。包括："这是你的不幸""一切了不起的错误""机械先生"。

5. "续完"，刊第3卷第2期（第51—60页），1944年4月1日出版。包括："倚托于上帝之怀抱""马卡斯给他弟弟的一封信""树和葡萄树""爱是永生的，恨每分钟都死去""末和始"。

译文是根据1943年6月出版的 *Omnibook* 杂志译出。《人类的喜剧》

---

① 参见刘绍唐主编《民国人物小传》第8册，上海三联书店2015年版，第175—176页。
② 由大时代书局（桂林分局太平路第十四号）印行。

全书共 39 章，而柳译仅 20 章，显然是节译。题下有译者序，"介绍本书及其作者"，指出"《人类的喜剧》描写美国一个平凡的小城中的一个平凡的家庭，全家人怎样的在战争、贫困和不幸中尊严地愉快地生活着。虽然书中人物的个性，都是如此地富于'人性'，而使人难以相信他们会是真实的，而在描写人间以及战争所引起的不幸和苦痛时"，萨洛扬也没有给读者"明白地指出一条道路"，"但是书中每一个故事，每一句话，都激动着我们的心灵，使我们在不幸中决心勇敢愉悦地生活下去，使我们在苦痛中更温暖地更广大地爱着人类"。

1944 年 11 月，《人类的喜剧》收入"世界文学名著译丛"正式出版。其版权页署著者：萨洛扬，译者：柳无垢，发行人：陆梦生，发行所：文光书店（重庆夫子池特二号），印刷者：军事委员会政治部印刷所（重庆磁器口斧头岩五号），实价：国币壹百二拾元整。① 林疑今在《萧伯纳与萨洛扬》一文的"译者按语"中说：《人类的喜剧》"描写美国战时家庭生活，颇为精采，惜译文只及原文三分之一，实为美中不足"②。1946 年 9 月在沪再版，总发行所：文光书店（总店：上海狄思威路天同里十八号，分店：重庆中山一路二一八号），分发行所：联营书店（成都：祠堂街，重庆：林森路，汉口：交通路）。1948 年 6 月，"全译本"在上海出版，发行所：文光书店（总店：上海河南路三二八号，分店：重庆中山路三一八号），分发行所：联营书店（汉口、重庆、成都）与利群书报联合发行所（上海河南路三二八号），定价国币七元正。此版虽名"全译"，内容与初版实无二致。三种版本均有译者作于"一九四四年五月一日"的《后记》，其主要观点则出自连载时的小序。

《人类的喜剧》初版时，其书评并不多见；但在上海再版后，有关评

---

① 此版后收入"民国世界文学经典译著·文献版（第五辑：英国美国小说）"，2018 年 4 月由上海三联书店影印出版。

② 署"威廉·萨洛扬（Saroyan）著，林疑今译"，发表于《一年间》的"文艺之页"。重庆图书馆所藏该刊仅一期，因封面及版权页破损，已无法辨知其具体刊期，但知其社址为民生路一二三号，由国民公报印行。出版时间已知为 1945 年，因其内刊元旦献词，大致可推知出版于 1945 年 1 月 1 日。

论则不时见诸报端。

1947年3月15日,宁波《孩子们》月刊①第二集的"新书介绍"(第20页),即有"瑞"对《人类的喜剧(文光书局发行)》所做的推介:

这是一本描写人类爱的好书,在美国销路很大,并且拍成了电影。在中国看到的是一种节本,也看到了影片。故事的背景是战时美国,一个出征军人的家里。人物以少年们为主体,衬托他们所接近的成人们。在这里,人们看到:母子,弟妹,夫妻间的天伦之爱,同事,同伴,同学间的朋友爱,进而为师生间,老少间,人们彼此间的广大的人类爱。这个画面是非常可贵的。虽说它未免有些和事实不符,但作为陶冶性情,丰富思想的少年读物,仍值得推荐给少年们的。

《人类的喜剧》,用已死的父亲的话告诉我们:精神是永在的:在房间里,所有他接触过的用具里,他爱听的歌曲里,尤其是在你的灵魂里,都有他存在着。这个"他"就是全家怀念的死去了的父亲。其次,爱是联结人类间的桥梁,而且惟有它,人们才能愉快地生活下去。在这种境界里,自私和暴行都被摒于门外。这些道理用着艺术的形式表达出来,感染了读者,无异是一场洗涤心灵的甘霖。

少年人的心都是向善的。大家一定看不惯我们那骚扰着的国家局面,也一定过不惯那种缺乏人性的社会生活,这是中国的好现象,也是人类的新希望。如果你抱着这个心境来看这书,你一定会得到温暖和慰藉,因而增强你向上的好心。

同年8月28日,《申报》第10版的《出版界周刊》,又有施济美②的

---

① 夏风主编,出版者:孩子们社(宁波新马路同安桥22号)。
② 施济美(1920—1968),曾用笔名梅子、方洋、梅寄诗、薛采蘩,浙江绍兴人。生于北京。1935年到上海读高中,1942年毕业于东吴大学经济系。大学期间,在胡山源的指导之下,成长为"东吴系女作家群"的代表。先后出版小说集《凤仪园》(1947年5月)、《鬼月》(1948年5月)及长篇小说《莫愁巷》(1951年11月)。中华人民共和国成立后,一直从事中学教育,未再著作。

书评。作者援用译者《后记》的语言和观点,指出:

> 这是一本以战争为背景的小说,但是书中却没有正面的叙述到战争的事情,只描写了美国的一个和平平凡的小城中一个和平平凡的家庭,全家人怎样在战争、贫困和不幸中勇敢而又尊严的生活着。书中的人物并不是成功的,但是都极伟大,如果不相信"人性本善",简直使人难以相信会是真实的。这是一个美妙的幻境,没有恨,只有爱,没有丑恶和卑污,只有美丽和善良。也许缺乏政治意识,但是却蕴蓄着温暖的人情味。因为这本书并没有告诉我们美国人是为什么而战,这一次的战争有着什么历史意义,它只激了我们应该怎样用温柔的忍耐承受战争带来的不幸,用人间的爱和纯情慰藉战争造成的死别和生离。

至 12 月 21 日,昆明《中央日报》的副刊《妇女文艺》第 7 期,又有郑芳的"新书介绍",称赏柳无垢译笔"流利,生动",使读者"不觉得是一个译本",而像是"创作",若与原书"同读",则更会敬佩"译文的忠实"。

不过,对于译者的部分观点,葩蕾并不赞同,认为《人类的喜剧》虽"不是对愚昧的战争及应战者最真挚的写照",但不可否认萨洛扬是一位"反战争论者",对"愚蠢的战争","带着怜悯的愤恨"。作者是用"那种亲自感受的情绪"来写作这本"绝真的书"。萨洛扬并不是"企图用人类的爱,用纯情感来慰藉这些因战争而生离死别的人"。在他看来,"只有共同命运的人之间的爱,团结才会最真切",故书中"有的只是同情,了解和温暖的爱情",这也是《人类的悲剧》被评为美国 1943 年第四位最畅销文艺作品的原因。小说"最大的缺点",是没有明白指出"造成战争的原因和灭除战争的道路",但作为人道主义者的萨洛扬,并不相信"用战争可以消灭战争",而是"用爱,怜悯,同情来耻笑愚昧的战争",其写作目的,"似乎是为着第二次大战完结以后","警惕下次大战的发生"。①

  葩蕾的文章,发表于《谷雨文艺月刊》9 月号。为增进读者的了解,同期又刊发了李联译自美国《文学之光》的《关于威廉·萨洛扬》②(第 25 页),以供参考。文章介绍说,威廉·萨洛扬是"最前进的美国作家中的一个",其小说和戏剧"虽然有些粗俗",却常常"有趣",而且有着"自己的形式和节奏"。"大多数萨洛扬所著的小说",都是反映其"早年在加里福尼亚的生活,但全美国都是他写作的资料"。作者常选择"单纯的图画"作为背景,同时也选择"简单而典型,甚至唐吉珂德式的人物",从而有助于美国人更进一步"了解美国丰富的文化背景,以及流行于新移民者之间的意识和幽默"。《空中秋千上的青年勇士》是萨洛扬的第一本短篇小说集。1939 年又出版《我心在高原》,"一跃而成为著名的剧作家"。剧本是"儿子和父亲追求美和面包的故事","强调人类精神的宝贵,和自由与和平未被侵略的人们的勇气",同时也是一个"奇怪,不规则的强迫性的戏剧"。其剧作还有《古代甜蜜的爱情歌》《大兵琐记》《你的生活时代》,另有小说《呼与吸》《三乘三》《小孩》《爱》《我的帽子在这里》和《遇虎记》。最后还举例说明萨洛扬本人和他的角色一样"动人"。而此前裘洛美在《介绍〈人类的喜剧〉作者威廉·萨洛阳作风新颖》③ 中,提到其人生观所发生的转折。萨洛扬的人生观原本消极,曾投稿给美国"左"倾刊物《群众》,编者在发表时加以按语:"这是一位有希望作家的作品,希望他多多研究研究共产主义,改变他的人生观。"其后,萨洛扬虽未转"左"倾,人生观却变得更为积极,而《人类的喜剧》即是转变的证明。

  至 1948 年,更有裴裴在看完《人类的喜剧》之后,感叹:"一个孩子,萨洛扬笔下的小主人翁从生活里长大的人,懂得爱,懂得憎,懂得

---

① 葩蕾:《爱是永生的,恨每分钟都死去!——读萨洛扬〈人类的喜剧〉》,《谷雨文艺月刊》9 月号,1947 年 9 月 1 日,第 21—22 页。
② 译文又以更完整的形式,刊于广州《真善美》半月刊第 8 期的"作家介绍",1948 年 10 月 16 日,第 43 页。
③ 发表于《七日谈》(*The Wednesday Post*)周刊第 25 期,1946 年 6 月 5 日,第 11 页。

活着的意义，由他手里传布死亡的消息给人，也把死亡的消息带给自家，于是他曾愤愤地说：仗是为谁而打？"进而声明："为了人类，为了活着的意义为了和平安乐的生活，人们绝不愿也不肯做无谓的炮灰，而要查明清楚：仗是为谁而打！"① 时值国共内战，论者所发质问与控诉，当自有其现实关怀与现实指向。

The Human Comedy 除柳无垢的节译外，另有沈翊鸥②的译文，自1946年6月1日，连载于上海《辛报》，同年7月1日刊毕。③

针对小说的译名，裴洛美曾建议，"不如改为《人间喜剧》好一些"。陆灏的《看图识字》，有一篇《北山楼藏西文书拾零》，谈及萨洛扬短篇小说集时，提到周作人《儿童故事诗》第二十四首云："一卷空灵写意诗，人间喜剧剧堪悲。街头冒险多忧乐，我爱童儿由利斯。"并自注："人间的喜剧，美国萨洛延著。有柳无垢译本，不完全，可惜也。著者本是亚尔美尼亚人。"此处周作人即作"人间的喜剧"④。目前可见的全译本两种，亦用"人间喜剧"：一是周渭渔、贺天同据 Lowe and Brydone ltd, London 版译出，张禹九校，湖南人民出版社1983年12月出版；二是2018年12月，上海译文出版社所出叶扬、哈聪的译本，配有唐·弗里曼（Don Freeman，1908—1978）的插画。

最后补充说明一下，在美国与《人类的喜剧》同名者，另有詹姆斯·哈威·鲁滨孙（James Harvey Robinson，即《新史学》的作者）所

---

① 装裴：《仗是为谁而打——看〈人类的喜剧〉小感》，《谷雨文艺月刊》第5期，1948年4月1日，第26页。末署"忘日月于望天大楼"。该刊出版者：谷雨文艺出版社（广州惠爱东路旧仓巷40号）；社长：黄学勤；编辑者：谷雨文艺社编委会。
② 沈翊鸥：沈毓刚（1920—1999）的笔名。浙江宁波人，生于辽宁营口。著名报人。1942年毕业于上海之江大学英文系。另有笔名"其佩""方晓蓝"等。
③ 刘永文编著：《民国小说目录（1912—1920）》，上海古籍出版社2011年版，第630页。关于《辛报》，该书亦有介绍：原为《小晨报》，是从潘公展所办《晨报》里蜕化而出的小型报，1935年9月12日创刊，姚苏凤任主编。1936年更名为《辛报》，主编仍为姚苏凤，助编陆小洛。上海沦为"孤岛"后，姚苏凤去香港，陆小洛进《华美晚报》编副刊。据上海图书馆所藏缩微胶卷，其终刊时间为1949年5月12日。《辛报》的新文艺气息较浓，以影剧和小品文见长（第30页）。
④ 陆灏：《看图识字》，上海书店出版社2012年版，第36页。书中提到周作人曾读过徐礼庭的新译本手稿，认为"具见作者意旨"，但该译本似未曾出版。

著,哈珀兄弟出版公司(Harper & Brothers)1936 年出版的 *The Human Comedy*。黄嘉德曾撰有该书书评,发表于 1940 年 3 月的《西书精华》创刊号(第 84—105 页),读者切勿混二为一。

二 电影《人类的喜剧》

《人类的喜剧》原本是电影脚本。1942 年,萨洛扬受聘于好莱坞的米高梅公司,编导电影《人类的喜剧》,并亲自撰写脚本。但在创作过程中,萨洛扬"渐渐忘乎所以",越写越长。公司老板路易·梅耶劝阻无效,将其"扫地出门,另请高明"。萨洛扬被解雇之后,"立即将电影脚本赶着改写成小说",并于 1943 年 2 月出版。电影在同年 3 月公演后,大受欢迎。[①] 该片"从一个加州小镇的日常生活侧面反映美国老百姓在第二次世界大战时的悲欢离合,没有太大的戏剧冲突,却不乏动人的温情,对于安抚 1943 年战时的民心士气有正面作用"[②],于 1944 年 3 月 2 日,获第 16 届奥斯卡(The 16th Academy Awards, USA)"最佳原著故事"奖。

据 1946 年 1 月 16 日《影讯》(*Cinema News*)[③] 第 2 期(第 12 页)的《"Human Comedy":米高梅文艺新片之一》,该片导演兼制片人为 Clarence Brown,主要演员表为 Homer Macauley(Mickey Rooney,译作"米盖罗纳"),Willie Grogan(Frank Morgan,译作"弗兰克·摩根"),Tom Spangler(James Craig),Diana Steed(Marsha Hunt),Mrs. Macauley(Fay Bainter,译作"范乔生"),Mr. Macauley(Ray Collins);同时附有主演的简介《关于米盖罗纳》。10 月 1 日,《星期电影》(*Movie Weekly*)重庆版[④]新第 3 期(第二版),即有"东方"的《米高(梅)公司荣誉出品,两大文艺巨片来渝:考尔门的〈鸳梦重温〉及〈人类的喜剧〉》,宣告"两张不同凡响的巨片"将在重庆上演,其中《人类的喜剧》由"国

---

① 参见叶扬《译后记》,载《人间喜剧》,上海译文出版社 2018 年版,第 272—273 页。
② 缪斯印记编著:《奥斯卡的世界》,山东电子音像出版社 2003 年版,第 29 页。
③ 发行人:徐百益,出版者:人生出版社,总经售:福州路 376 号上海书报社。
④ 发行人:周荻云,主编:莫理欢、东方,出版者:星期电影社(总社址:重庆普安堂 4 号,营业部:民国路 83 号)。

泰"首映。后印制有《〈人类的喜剧〉新片特辑》，流传至今。

《人类的喜剧》在上海上映后，1946 年 6 月 4 日，《大光明》周报①第 14 期（第 10 页）曾发表《〈亨利第五〉与〈人类的喜剧〉》，对二者进行比较评论。作者"康"认为，《亨利第五》有一种"单纯的光彩"，《人类的喜剧》则有一种"晕混的氤氲"；前者有"清晰的趋向"，后者的"线路却似乎模糊"；前者有"行云流水的自然"，后者却似乎有"自觉的拘束"；前者中的亨利第五"大声疾呼，以爱国心振奋士气"之时，观众也"勃然高吭，振臂欲呼"，而后者中的母亲"向优莱赛斯阐明'人生真义'"之时，观众却"微觉刺耳"。两出戏的差别，实际上象征着"莎士比亚的英国与现在这复杂混乱的世界的差异"。萨洛扬取名"人类的喜剧"，"近呼巴尔扎克，远应但丁"，不仅是"美国乡村生活的写照"，而且有些像《花好月圆》（Our Time）里的槐尔特，目的在于"脱离悲观，促狭的现实主义，将宗教，生死，童年与衰老等基本问题重新注入文学，使战争与和平，痛苦与孤独都能在他的宇宙中有新的意义"。同时，又从 20 世纪美国的小镇生活中，"抽出精神的价值"，使之与"不灭的文明获得连系"，因此便有两小孩的名字优莱赛斯与荷马，"呼唤起黄金的希腊"；以及两小孩走入公共图书馆的一段，而"那千万本书籍"正是文明的象征。对于这样"广大的野心"，萨洛扬"固然不曾完全达到"，其艺术也没有槐尔特"古典的精美"，但"当他不在自觉地说教的时候"，却往往"极其可爱"。而导演克拉仑斯·勃朗的镜头，则有着"精细的同情"和"极优美的细腻与自然"。不难看出，这是一篇颇有见地的影评。

同年 6 月 12 日，《中央日报》第六版的"中央副刊"（沛森主编）发表"子"对电影《人类的喜剧》的观后感。作者认为，《人类的喜剧》的故事，"完全是根据美国小城市中家庭的情况编成"，其中有"喜剧性的高潮，悲痛的小节，以及甜美的恋爱场面"，而"最有趣的一段"则是米盖罗纳在学校上课时对于"鼻子"的一次演讲。总的来看，《人类的喜

---

① 发行：上海虹口峨眉路 116 号光明出版公司。

剧》是"每个人的故事,柔绵,深刻感人",并且米盖罗纳在片中也有"充份发展的机会"。7月7日,《申报》第10版又有陶熊的《〈人类的喜剧〉启示》,主张"把幸福留给下一代,让自己多受些苦难"。

电影《人类的喜剧》的上映,直接带动了小说英文原版的引进,由上海四海书店发售。引进的方式,是在英文版之外套加中文封面,内封有 overseas edition 的标识。英文版为1943年版,"published originally by Harcourt, Brace and Company, Inc., New York"。"This edition of an American book is made available in various countries only until normal free publishing, interrupted by Axis aggression, can be reestablished." 中文封面的插图为电影主角米盖罗纳的肖像,封底则有小说内容的简介:

> 《人类的喜剧》所写的是一个简单的故事,描写的是几个平常的人物,然而却触到了灵魂最深处,并且几乎包括了人间所能接触到的题目。全书每一章就等于一个美丽的故事,那么朴素,同时那么充满了情感。人类的爱,人类的希望,人类的苦痛与死亡,说是人类的喜剧,原来也就是我们平素所说的人间悲剧,可是作者 W. 萨洛扬却透过了人类感情的表面,用毫不夸张的手法写出了生命和人生的本质。从来没有一本书用如此简单的篇幅去描写如此丰富的内容。这是一本使你读完后会为之一再思索的书。

《人类的喜剧》"成功的秘密",在于作者"对美国社会的描绘,时而天真烂漫,时而严肃认真;时而诙谐幽默,时而冷嘲热讽;时而侃侃而谈,时而谈言微中;时而淋漓尽致,时而含意隽永。平淡事中见奇幻;欢笑声中含哀愁;光天化日做恶梦"。小说"精雕细镂地创作了一个一个短小精悍的故事,寥寥数笔就勾勒出许许多多栩栩如生的人物",充满浓郁的人情味。① 对于民国时期《人类的喜剧》的译介,《中国翻译文学史

---

① 参见周渭渔、贺天同《译后记》,载〔美〕威廉·萨洛扬著《人间喜剧》,湖南人民出版社1983年版,第235页。

稿》有过简练的概述:"蜚声文坛的美国新进作家萨洛扬的第一部长篇小说《人类的喜剧》(一译《人间喜剧》),差不多刚一出版,在我国就有了它的译本(柳无垢译,连载于桂林出版的《半月文粹》上)。不久,文光书店又出版了单行本。"① 究其原因,则是太平洋战争的爆发,"使中国人民的抗日热情进一步高涨"。为紧密配合当时的反法西斯战争,翻译家们"应时而译",重点翻译介绍了苏联、美国及其他各国反法西斯战争题材的优秀作品,《人类的喜剧》即是其中之一。②

至于《人类的喜剧》在战时中国所发挥的作用及其局限,论者也有所指陈,认为小说通过美国一座普通小城的平凡之家在战争中所遭受的不幸,告诉人们应当怎样勇敢地生活下去。而小说的主题,即"在苦痛中更温暖、更广大地爱着人类",让处在严寒的政治气候中的中国人民,"看到美国一般家庭对于战争的认识和反应",从而感同身受,备受鼓舞;不过,中国读者也"不应该梦想美国人民都有高度的政治意识,有如苏联的人民一般"③。

萨洛扬及其作品,如同其他部分战时作家、作品一样,在文学评价方面,也经历了一个高低起伏的过程:战争时期声誉隆崇,战争结束之后,迅即一落千丈,或至湮没无闻。本文开首提到的冯亦代,堪称萨洛扬的忠实读者。在他的回忆中,阅读萨洛扬,"始自四十年代初,那时偶然在重庆西路口一家旧书铺里,见到一本他写的《我的名叫阿兰姆》,信手翻来,见其文字清新,便买了下来","从此竟与这位美籍的亚美尼亚作家结了不解之缘"④。对萨洛扬的文坛际遇,冯亦代亦有所分析:

---

① 陈玉刚主编:《中国翻译文学史稿》,中国对外翻译出版公司1989年版,第293页。
② 参见陈玉刚主编《中国翻译文学史稿》,中国对外翻译出版公司1989年版,第292页。
③ 黄俊英:《二次大战的中外文化交流史》,重庆出版社1991年版,第282页。该书将《人类的喜剧》的译者题作"柳无忌",有误。
④ 冯亦代:《萨洛扬:〈我的名叫萨洛扬〉〈出生〉》,载《听风楼书话》,浙江文艺出版社1988年版,第16页。引文中的"西路口",或为"两路口"的形近而误;"结了",或为"结下"之误。《萨洛扬:〈我的名叫萨洛扬〉〈出生〉》曾发表于《读书》1984年第3期,署名"仲子"。

二十年代的美国，现代短篇小说还处于萌芽和尝试阶段，而萨洛扬的作品则一马当先，出人头地，发出锋利的光芒，特别是作品中的对话和白描，都慑人心魄。例如他的短篇小说《初夏》，笔调是那样的舒坦、自然、恬淡。无论是描绘初夏第一天的情调，小伙子，舞会，俄罗斯，名批评家爱德蒙·威尔逊和天南地北的景色与人物，娓娓道来，毫不费力而基调不变，从各种角度来叙述己见和抒发情怀，完全是"萨洛扬"式的文学结晶。美国的文学教授们不喜欢这种清澈到底的轻松作品，他们要的是带点晦涩曲折的情节，以适合不同读者的脾胃。如果短短的故事，清淡得缺乏传奇特色，虽然主题牵涉到生与死、爱与恨的问题，也不足为教授先生们在讲台上口沫横飞的讲解，或是学生们的反复咀嚼。可是广大的读者却认为这些平淡的生活情调，才是真实的感情。半个世纪以来，时代、地点、时尚尽管千变万化，可是萨洛扬对人类的基本要求，始终发挥得既合时宜又感人肺腑。当然他对人类的远景与臆想有时失之太天真和太美，对照今日美国社会状况，不足以说服年青的一代。因为人们已变得如此冷漠，讥讽嘲笑，难以使人相信人的本性具有这么多而又深湛的美德和可以原谅的过错。这种说人类具有美德的见解，本来对许多活着的、死去的优秀作家都是合适的，岂独萨洛扬云然。[1]

钱歌川在论及萨洛扬的"升沉"时，也指出"一部分应归因于历史的情势"。对于"三十年代的经济大恐慌"，萨洛扬"以极大的勇气从逆境中抬起头来，给那些受经济危机打击的人们增加了信心，扫除了悲观的情绪"；而"战后贫苦的现象一时消失"，"各方面的发展似乎前途无量"；与此同时，"学术界又回到形式主义，艺术上抽象的表现取代了实质的描写"。但萨洛扬却"并不受这种潮流的影响，仍然故步自封，一成

---

[1] 冯亦代：《萨洛扬：〈我的名叫萨洛扬〉〈出生〉》，载冯亦代著《听风楼书话》，浙江文艺出版社1988年版，第17—19页。引文中的"'萨洛扬'式"，应作"'萨洛扬式'"。

不变"。等到"战后的乐观主义消失,文艺再回到自然主义",萨洛扬遂又重新得到批评界的重视。[①] 近年中国出版界对《人类的喜剧》(《人间喜剧》)的关注,当是对萨洛扬作品艺术价值再发现的明证。

---

① 参见钱歌川《记萨洛扬》,载《钱歌川文集》第四卷,辽宁大学出版社1988年版,第87—88页。《记萨洛扬》曾以《萨洛扬种种》之名,发表于《读书》1982年第2期。

历史与反思：关于现代中国文学行旅问题研究的考察

石珠林　赵普光*

内容提要："行旅"是文学中一个重要的现象或问题。古代中国文学中的"行旅"自有其深远的文学、文化传统。而在现代中国，由于交通方式的发展、变迁，人们的迁徙自由而频繁。空间的无限扩界（空间生产），知识体系的转型（知识生产）以及由此带来的现代体验（现代体验），经由文学表述（文学表达），使得现代行旅现象普遍存在并渗透于各种各样的文学文本，构成了现代中国文学中一个非常重要但习焉不察的问题。系统评述行旅与现代中国文学的发生、行旅书写的流变轨迹、行旅与现代性、行旅书写的个案研究以及行旅的比较研究等命题，进而反思问题、探讨进路，这对现代中国文学中的行旅书写研究的深化不无意义。

关键词：现代中国文学；行旅；评述与反思

一　问题的提出：行旅与现代中国文学

"行走"与人类文化有着密切的关联。从某种意义上说，人类的历史，就是一部行旅的历史。交通工具的变迁、空间的拓展、现代行旅主体的生成，使得原有的知识体系受到冲击，这给现代人带来了不同于传

＊［作者简介］石珠林（1998—　）男，南京师范大学中国现当代文学硕士研究生。赵普光（1979—　）男，博士，南京师范大学文学院教授，博士生导师，主要从事中国现当代文学研究。

统的行旅体验。这些体验，经由文学的表述，生成一个值得关注的文学问题——现代中国文学中行旅书写的研究。

论题研究现代文学中的行旅问题，聚焦的是"行旅"这一问题的现代性。由传统的竹杖芒鞋、车马笃笃转入现代的火车、轮船乃至飞机，由"一家一国"而至"天下"，"世界"取代了"中国"（中央之国），这其中有着强烈的现代性体验。① 吉登斯强调现代与传统的"断裂"，认为现代性与传统的区别，是在制度性、文化与生活方式等方面发生的秩序的改变，其结果是社会联系的"全球化"以及西方个人主义与行为方式的确立，核心是自我的实现，即对于"我该如何生活"的思考与追求。② 在《现代性与自我认同：现代晚期的自我与社会》中，他提出了现代性的三个因素："时空分离"、社会制度的"抽离化机制"和"现代性的反思性"。③ 因而，论题研究的是在现代语境下经由文学表述的"行旅"。其次是"中国"。近代以来，由于历史语境的转换，呈现"三千年未有之大变局"。宏观的历史变革，现代化的追求，制度的保障，知识的更新，使得行旅的发生有了更多可能。传统乡土社会的伦理体系逐渐瓦解，地缘与血缘的束缚也渐趋松懈，使得人地之间的矛盾不像传统社会那么激烈。"中国"一词，强调的是行旅行为的中国经验：一方面是在"中国"这一空间内发生的行旅行为；另一方面是作为主体的现代中国人的行旅行为，是"文学"与"行旅"结合后的现代中国经验的表述。最后是"文学"。"行旅"的行为早已客观存在，而"行旅"文学显然是后设的。当"作为方法的行旅"与"兼具叙事功能的行旅者"相结合，

---

① 此处不得不提到三本专著，杨颖的《行行重行行——东汉行旅文化与文学》（中国社会科学出版社 2014 年版）、陈建华的《文以载车——民国火车小传》（商务印书馆 2017 年版）以及李思逸的《铁路现代性——晚清至民国的时空体验与文化想象》（台北时报文化出版企业股份有限公司 2020 年版）。杨著以行旅为切入点，勾连起东汉的文化与文学，可谓是古代行旅文学与文化研究的一个代表；陈著选取了民国时期具有现代性体验的交通工具火车为载体，注重的是"文"与"史"关联；李著注重铁路作为"物的历史"，落脚点是时空体验与文化想象。这三本专著，都涉及交通方式对行旅体验的影响，可以作为古今行旅文学的对比研究来阅读。
② 参见陈嘉明《现代性与后现代性十五讲》，北京大学出版社 2006 年版，第 4 页。
③ ［英］安东尼·吉登斯：《现代性与自我认同：现代晚期的自我与社会》，赵旭东译，生活·读书·新知三联书店 1998 年版，第 22 页。

"行旅"的社会文化意义已悄然生发，而文学则是这一精神文化体验的有效载体。论题所指涉的是现代中国行旅体验的文学表达。

当然，中国文学的行旅书写问题，自有其传统。无论《诗经》中的"怀乡思妇"抑或是"行旅征戍"，还是《古诗十九首》中有关行旅的文学表达，无意识地书写抑或自觉地建构，古代有关"行旅"的文献可以说浩如烟海。萧统编选的《昭明文选》里就特设"行旅"一类，赋的部分有"纪行"赋。诗的部分里把"行旅"诗以及与"行旅"相关的"军戎"诗列在一起，"游览"和"游仙""招隐"则被另归一类。可见，"游览"和"行旅"在中国古代并不是完全相同的概念。那么，中国古代的"行旅"一词究竟从何时起转变成为现代意义上的"旅行"呢？吴雅婷认为，大致应为19世纪末到20世纪初。道光三年（1823）的《皇朝经世文编》中"行旅"一词在使用上仍相当普遍，共计243次，而"旅行"仅出现17次。除4篇文章大旨议论丧礼外，其余13篇大多涉及内忧外患时代的边事处置。据此，吴文认为单士厘写于光绪三十年（1904）的《癸卯旅行记》或为中文著作中最早以"旅行"为书名的游记。① 对照同一时期日本东京地学协会发行的《地学杂志》②，"旅行"一词亦常见于标题之中，这与此前10世纪、11世纪受中国影响而多于诗文总集、类书中使用"行旅"一词的惯习明显不同。明治维新以后，国人多东游取法日本，新词汇亦多从日本输入。那么，由"行旅"而"旅行"是否受日本词汇译介影响？这仍需要进一步的考证。但可以肯定的是，由"行旅"而"旅行"的转变，经历了漫长的历史和文化进程。

笔者认为，现代中国文学中的行旅问题至少关涉以下几方面的元素：其一，行旅者（人）；其二，行旅者的位移（空间）；其三，行旅者在位移中的所见、所闻、所感（人与地的关联）。串联起这三者，尤为值得研

---

① 参见吴雅婷《移动的风貌——宋代旅行活动的社会文化内涵》，博士学位论文，台湾大学，2007年，第52—53页。
② 明治六年（1873）年开始发行，刊载日本地理学界在世界各地的调查报告、行记或通讯消息。（参见吴雅婷《移动的风貌：宋代旅行活动的社会文化内涵》，博士学位论文，台湾大学，2007年，第52—53页）

究者注意的,应是由"传统"转向"现代"过程中,行旅形态变化后产生的"现代性"体验的文学表达。由传统中国迈向现代中国,传统文人转变为现代知识分子,种种悖论性问题悄然发生。由此,也只有立足现代的语境,行旅的意义才能生发出来。"行旅",作为文学创作中一个习焉不察的现象,自古至今,生生不息。那么,历经"千年未有之大变局","行旅"这一语词将生发出怎样的文学、文化意义?今天,我们研究行旅问题又该从哪些方面着手?面临行旅问题研究的"名""实"之间的纷争又应采取怎样的研究策略?如何看待古今"行旅"之间的联系?又如何在"现代性"的框架内阐发"旅行"对"现代文学"的介入?本文试对当前研究现状进行梳理,在反思问题的基础上探索未来的可能和进路。

二 现代中国文学行旅问题研究的历史与现状

"人多是'生命之川'之中的一滴,承着过去,向着未来,倘不是真的特出到异乎寻常的,便都不免并含着向前和反顾。"① 事实上,作为"生命的学问"② 的文学研究,也必须在"反顾"的基础上"向前"。对现代中国文学中行旅问题的研究历程进行一个分类梳理,意义十分重大。本文采用分类述评的方法,从不同的研究视域出发,选取代表性的研究成果,梳理这一问题的研究历程与现状。

(一) 行旅与现代中国文学的发生

讨论和综述行旅与现代中国文学的发生问题的研究文献,至少可以分为两类。第一是研究者意识到行旅与现代中国文学之间的必然关联,宏观提出这一重要学术命题。换言之,这大致属于问题意识的自觉。第二是系统的专门研究,进一步探讨行旅如何作为一个视角、一种"方法",介入现代中国文学并对其发生影响。换言之,这是研究方法的自觉和深入。

---

① 鲁迅:《集外集拾遗·〈十二个〉后记》,载《鲁迅全集》第 7 卷,人民文学出版社 2005 年版,第 312 页。
② 赵普光:《通人传统之于中国当代文学的意义》,《文艺研究》2020 年第 8 期。

首先来看第一类。陈平原在《20世纪中国小说史·第1卷：1897—1916》① 中较早地讨论了行旅问题，陈著的第八章"旅行者的叙述功能"专章论述了"旅行者"这一角色在叙事中所起的作用。如果说陈平原的研究是从"新小说"到"'五四'小说"，是行旅问题的发端，那么，李欧梵《现代性的追求》② 中《孤独的旅行者——中国现代文学中自我的形象》一文则梳理了自晚清至当代一系列作品中因"行旅"这一线索串联起来的自我形象变迁问题。与上述两位研究者有所不同，王德威对行旅与现代中国文学的相关论述主要集中在两篇"序言"（一为序言，二为导论）之中。2005年，第三届国际青年学者汉学会议召开，主题是"文学行旅与世界想象"。会后，由王德威、季进主编的同名论文集于2007年出版。王德威在序言中提出了行旅问题研究的很多构想，如旅行的"中国性"、离散与迁移、翻译与文化生产以及世界想象等。③ 在阐释这些构想的缘由时，他表示："一方面呼应了近年学界对旅行、越界、对话、跨文化、学科的研究取向，另一方面也希望为中国文学传统中流寓、游徙、怀乡、思归等主题赋予新意。"④ 在新近出版的《哈佛新编中国文学史》导论《"世界中"的中国文学》一文中他再次重申旅行之于中国现代文学的意义。首先，"文学现代性的流动是通过旅行实现。所谓'旅行'指的不仅是时空中主体的移动迁徙，也是概念、情感和技术的传递嬗变"。因而，"旅行是书写的动力，也是题材"。其次，"旅行带来不同文化、文明的'交错互动'"而"跨文化发展中，最重要的媒介无疑是翻译。"⑤ 两篇序言的论述具有一致性，也提供了研究的新思路。上述三部专著之外，林铁在《中国社会科学报》上发表的《现代作家的旅

---

① 参见陈平原《20世纪中国小说史·第1卷：1897—1916》，北京大学出版社1989年版。
② 参见李欧梵《现代性的追求》，生活·读书·新知三联书店2000年版。
③ 参见王德威《序》，载王德威、季进主编《文学行旅与世界想象》，江苏教育出版社2007年版，第1—3页。
④ 王德威、季进：《文学行旅与世界想象——"第三届国际青年学者汉学会议"综述》，载王德威、季进主编《文学行旅与世界想象》，江苏教育出版社2007年版，第255—256页。
⑤ 王德威主编：《哈佛新编中国现代文学史》，台北麦田出版社2021年版，第43—46页。

行活动与文学书写》① 一文，亦算是提出了研究这一问题的构思。

再说第二类。李岚是较早系统对这一问题进行研究的，相关论述主要见其博士论文《行旅体验与文化想象——论中国现代文学发生的游记视角》。② 通过选取晚清至"五四"前后的游记为研究视角，审视游记这一体裁在中国现代文学发生过程中的作用，考察"文化中的游记、社会中的文学"。李著的核心关键词是"行旅体验""文化想象""游记视角"，借由游记这一体裁的流变轨迹，揭示行旅者身份的文化意义，探讨晚清至"五四"前后社会观念变迁、现代文学主体及文体生成的历史语境，重估游记这一体裁的价值。

另一研究者苏明的博士论文《域外行旅体验与中国近现代文学的变革》③ 则聚焦于域外行旅的感、知觉变化及表述需要，对旧的语言形式、文体形式走向革新之路、审美性元素注入实用性文体以及新的文学母题生成的意义，借以论述的载体则是游记。通过论述域外游记散文由实用而转审美和旧体域外记游诗的式微，论者展现了新文学发生的"域外体验"因素，同时思考了域外屈辱性体验与近现代文学国民性批判母题生成之间的联系。苏文立足文学本体，以域外游记的行旅体验为视角的研究，丰富了此前"影响研究"的单一维度，提供了研究中国现代文学变革的新视域。

夏志清在《中国现代小说史》一书中曾将五四时期自由派与激进派的纷争在某种程度上看作留美、留英学生与留日学生的纷争。④ 这或可视为域外行旅体验视角的无意引入。系统考察这一问题的，如卢桢的论文《域外行旅与中国新诗的发生》。⑤ 卢文认为文人的域外行旅经验对白话诗观念的催生有着重要意义。行旅过程中的现代经验与古典表现形式的矛

---

① 参见林铁《现代作家的旅行活动与文学书写》，《中国社会科学报》2020年3月23日第2版。
② 参见李岚《行旅体验与文化想象——论中国现代文学发生的游记视角》，博士学位论文，华中师范大学，2007年。
③ 参见苏明《域外行旅体验与中国近现代文学的变革》，博士学位论文，南京大学，2008年。
④ 参见夏志清《中国现代小说史》，香港中文大学出版社2001年版，第17—19页。
⑤ 参见卢桢《域外行旅与中国新诗的发生》，《文艺研究》2018年第9期。

盾，促进了以胡适为代表的白话新诗实践。现代行旅形态与"风景的发现"使得诗人语体革新意识增强，用现代的形式与语言表达行旅的经验成为新诗诗人的集体吁求。有别于传统文化中的行旅，现代行旅塑造了现代主体，在介入世界的方式上发生了改变；行旅的时空体验亦与古代不同，认识自我的方式也发生了改变，促进了"外在之我"的发现。行旅体验促进了新诗内质要素的建构，使得新诗在抒情视角、意象谱系、语感节奏等方面产生了新变。所有这些，在新诗主体生成与审美递嬗层面都有着重要影响。如此种种，卢文为我们深入理解新诗的生成提供了一个崭新的视角。

上述研究对于发掘"行旅"在现代中国文学发生中的作用有着一定的开拓性意义。在使我们进入现代文学多了一个视角之余，更加深了对中国文学由"古典"而"现代"这一转变的理解，也为探究文学观念的变革、文章体式的变化以及现代文学主体的生成提供了若干思路。

(二) 行旅的流变轨迹

行旅这一问题在文学层面的历时发展也为研究者们所关注。考察"行旅"这一现象在文学表述中的递嬗，进而研究其"存在之由，变迁之故"是研究的应有之义。

李友桥的硕士学位论文《中国 20 世纪行旅文学回眸》[①] 就是专门围绕行旅流变问题进行的研究。论文从中国 20 世纪行旅文学的艺术流变、创作主题以及历史反思三个方面来进行探讨，显示出一定的文学史视野和跨学科意义。在艺术流变部分，将 20 世纪分为两段四节。20 世纪上半叶由绚烂归于沉寂，论及"五四"时期与抗战前后；20 世纪下半叶则是由一元日趋多元，又分建设时期和开放时期分别加以论述。在创作主体方面，分为主体旋律和个人心路两部分叙述，涉及启蒙、救亡、颂歌、寻根、漂泊、游历、隐逸、乡愁与朝圣九大主题。历史反思部分则主要

---

① 参见李友桥《中国 20 世纪行旅文学回眸》，硕士学位论文，湖南师范大学，2008 年。

是对由传统而现代的递嬗进行了对比梳理，以此探索背后的文化转向。他将整个20世纪中国文学中的行旅现象作为一个整体来研究，考察这一文学主题的存在与变迁，既有史的脉络，亦有一定的理论归纳意识。

除却探讨现代文学行旅问题流变的专题论文，值得提及的还有研究者编著的与行旅相关的文学史著。梅新林、俞樟华主编的《中国游记文学史》算得上是一部较为完整的以"游记"这一体裁为主题的文学史。但是，梅著侧重的是中国古代游记文学，对现代游记文学所涉较少，仅作"附骥"存在。与之相比，朱德发主编的《中国现代纪游文学史》①集中关注现代纪游文学，可谓专门而系统的研究论著。朱著认为古今纪游文学的区别在于，行旅形态的变化，使得纪游文学在内容上，从传统"模山范水"式的文人雅趣转变为对"社会相"的描摹。朱著另提出了纪游文学的四要素：一是游踪；二是风貌；三是观感；四是载体。"观感"的引入，凸显出了现代纪游文学的特色。虽然说，这部文学史也有着时代的局限，但总体而言，还是一本较为完整的纪游文学史著作。

在整体的"现代""中国"之外，区域性、地方性的文学行旅问题流变史，虽较少被研究者关注，但仍有一些值得注意。丁帆主编的《中国西部现代文学史》即是其一。就本文所涉论题而言，行旅本身就与一定的"空间"与"地方"有着千丝万缕的联系。《中国西部现代文学史》所讨论的"西部"，"是一个由自然环境、生产方式以及民族、宗教、文化等因素构成的独特的文明形态的指称，与地理意义上的西部呈内涵上的交叉。它的边界和视域，既不同于地理地貌意义上的西部区划，也不同于以发展速度为尺度所划分的经济欠发达地区"。② 因而，该著所提出的"西部"，不仅是地理的西部，更是一个"文化西部"。相对于中部乃至东部，西部边地在古代总是与流亡、戍边、流放、垦荒相联系；到了现代，则与流寓、客居、援疆、探险、旅行、远方等词汇相关联。在这些词汇的勾勒下，"流浪与归家"的文化母题得以凸显，西北被遮蔽的

---

① 参见朱德发主编《中国现代纪游文学史》，山东友谊书社1990年版。
② 丁帆主编：《中国西部现代文学史》，人民文学出版社2004年版，第1—2页。

"风景"得以重新发现。所以，尽管《中国西部现代文学史》并不着意于行旅文学问题，但不可否认的是，行旅必然是构成该著重要的潜在因素。

与"文化西部"有所不同的是，"江南"作为一个泛化的区域称谓古已有之，但历来所指从未能定于一尊。"江南"一词不仅仅只是行政区域或地理分划，更拥有了"文学地理"和"文化地理"的内涵。崔小静的《江南游记文学史》① 是一部特定地域（江南）的游记专题文学史，由于著者选取的时间段和描述对象以古代为主，对现当代部分的论述仅体现于末尾一章。因而，现代文学行旅问题的流变研究并没有取得独立意义。

（三）行旅与现代性

1996年，学者杨春时和宋剑华联名在《学术月刊》发表《论二十世纪中国文学的近代性》② 一文，引发学界关于中国文学"近代性"与"现代性"的争鸣。1999年，宋剑华将学界关于中国文学现代性的讨论文章汇编成集，分"缘起""争鸣""探索"三辑，是为国内关于中国文学现代性问题讨论的第一部论文集。③ 此后，以"现代性"为切入点研究中国现代文学成为学术界的热潮。④

现代的意识促成了现代主体的生成，而现代的环境又使得现代主体生成了现代性体验。行旅，作为现代人拥有现代体验的行为，对外可以促进空间的开拓，对内可以促进知识的转型，探索自我，最终是对"我该如何生活"的思考。因而，行旅的过程，亦是追寻的过程。周宪的论文《旅行者的眼光与现代性体验——从近代游记文学看现代性体验的形成》较早注意到了行旅与现代性的关系。周文认为，"较之于其他文学形

---

① 参见崔小静《江南游记文学史》，上海古籍出版社2015年版。
② 参见杨春时、宋剑华《论二十世纪中国文学的近代性》，《学术月刊》1996年第12期。
③ 参见宋剑华主编《现代性与中国文学》，山东教育出版社1999年版。
④ 需要说明的是，在《现代性的想象：从晚清到五四》一书的封底有如下文字："以《现代性的追求》一书驰名学界的李欧梵，其书其人传播甚广，从此以后，'现代性'与中国现代文学紧紧勾连，成为论说中国现代文学最重要的维度之一。"（李欧梵著，季进编：《现代性的想象：从晚清到五四》，新北联经出版事业股份有限公司2019年版。）

式,旅行文学的时—空间的转移和变化,极易产生自我—他者的身份意识和历史的比照玄想。所以,近代以来的旅行文学便不可避免地面向现代性问题"。① 他以近代游记文学为切入点,注重因时—空转换而产生的现代性体验。之后,唐宏峰的《旅行的现代性——晚清小说旅行叙事研究》②,虽然选取的时间段亦是晚清,但作为现代文学发生的背景,对研究现代文学行旅与现代性的问题仍颇多启发。作为前现代的"晚清",正如王德威所说"没有晚清,何来五四",对于理解中国文学由"古典"而"现代"的转型有着重要意义。唐著在论述行旅与现代性的关系时,聚焦于行旅的空间对象、行旅的物质工具以及行旅者的主体性三个方面,即行旅在外向上勾连起地理空间与国族想象,新式的交通工具对现代日常生活和视觉经验的塑形以及行旅者的"怪熟"体验以及"自我"的确立。

行旅,总是要与一定的交通方式发生关联。现代交通方式的进步,使得出行已经不再是"从前慢"了,真正做到了"坐地日行八万里"。民国时期,以火车为例,就有不少与之相关的文学作品,如《小说大观》创刊号上的《宝石鸳鸯》《小说画报》上连载天虚我生(陈蝶仙)的《新酒痕》、孙俍工的《前途》、冯沅君的《旅行》、王统照的《车中》、张恨水的《平沪通车》乃至丰子恺的《车厢社会》等。由现实的交通工具,向象征与隐喻的方向发展,如此种种,只有在现代的语境下才有可能生成。对此,陈建华著有《文以载车——民国火车小传》③ 一书,专以火车这一交通工具为研究对象,从文学的角度研究行旅问题。

叶祝弟的论文《"上海特别快"与都市欣快体验——以新感觉派为中心》④ 同样聚焦于火车书写。叶文选取新感觉派为切入点,认为他们笔下

---

① 周宪:《旅行者的眼光与现代性体验——从近代游记文学看现代性体验的形成》,《社会科学战线》2000 年第 6 期。
② 参见唐宏峰《旅行的现代性——晚清小说旅行叙事研究》,北京师范大学出版社 2011 年版。
③ 参见陈建华《文以载车——民国火车小传》,商务印书馆 2017 年版。
④ 参见叶祝弟《"上海特别快"与都市欣快体验——以新感觉派为中心》,《社会科学》2018 年第 6 期。

的火车是资本主义上升时代的隐喻。火车作为现代都市的机械奇观，带来了现代性的视觉"震惊"体验；封闭的车厢作为一个异托邦，使得陌生"他者"的邂逅变得寻常；新的出行方式使得"风景"的发现亦有不同，而这些又勾连起异域情调与摩登想象。所有这些，对文学创作提出了新的要求，也推动了现代写作技巧的生成。同叶文思路相似，李思逸近著《铁路现代性——晚清至民国的时空体验与文化想象》[①]亦聚焦于交通因素与现代性之间的关联。李著以铁路为"方法"，凝练出"时空体验"与"文化想象"两个词语，言说现代性问题。虽然，李著的第五章（风景之于主体——民国时期的铁路旅行与文学书写）、第六章（邂逅他/她者——车厢中的界限与陌生人问题）有比较集中的文学文本分析（瞿秋白、徐志摩、张恨水等关于铁路的文学书写）。但从总体上看，李思逸的研究更加侧重于广义上的文化研究。对于铁路在引进中国之后引发的"惊羡"体验、冲击—适应的过程以及由此产生的与现代的体验与想象问题，李思逸的研究提供了相关思路。

以上研究成果，就研究的时间段而言，主要集中于晚清民初，这与现代性问题发生的中国语境有着密切关联。晚清民初，作为现代文学发生的背景与初始阶段，在现代性问题的论述上或更显充分。但无论与"工业化""资本主义"相关联（吉登斯），还是作为源于理性价值系统与社会模式的"一种态度"（哈贝马斯），抑或是一种批判精神（福柯），现代性的问题一直贯穿整个"现代"，因而研究也不能仅仅"扎堆"于晚清民初，应在关注现代性的中国语境前提下，继续推进后续时间段内行旅与现代性相关问题的研究。

（四）行旅问题的个案研究

博厄斯认为："从最初开始，我们就有了一张人类不断迁移的地图，

[①] 参见李思逸《铁路现代性——晚清至民国的时空体验与文化想象》，台北时报文化出版企业股份有限公司 2020 年版。

这其中包括多种人类群落的混合。"① 文学归根结底要落实到人的身上，"行旅"的行为最终也要落实到"行旅者"这一要素上才能生发出意义来。无论是"行旅"抑或是"旅行"，时间与空间的二维坐标是其意义产生的根基。当然了，在个人主体的游离去来之外，还有集体主体的移形换位。与一般的行旅者不同，作家不仅有着灵敏的感觉经验，更有着自觉的经验书写。因而，研究作家的行旅及其文学书写的关系是研究者较为关注的一个方面。比如，仅就鲁迅的"西北之行"，研究的文章就有很多，《西北大学与鲁迅的"西北之行"》②《1924年鲁迅西安之行》③《鲁迅唯一一次陕西之行》④，等等。

"五四"以降，思想启蒙呼吁人们"走出去"，传统地缘和血缘关系的束缚逐渐挣脱，"出走"、行旅的频率大大增加。关于作家行旅相关的研究有《郁达夫与中国现代"风景的发现"》⑤《论五四时期女作家小说中的空间书写》⑥ 以及《感伤的行旅："五四"文学感伤情调与其颓废之思考》⑦ 等。而20—40年代，由于抗战等原因，苏联游记、西北旅行记的数量骤增。历史的多次宏观转向，使得"寻路"成为现代文学中一个常见的母题。由此，这方面的研究亦有很多，如《革命行旅与文学书写：白朗研究》⑧《张恨水的西北行旅与文学创作》⑨《20世纪30年代西北游记中的空间建构与政治认同》⑩《战争、漂泊与家国观念——四十年代小

---

① 田俊武：《旅行写作》，《外国文学》2021年第4期。
② 参见熊晓芬《西北大学与鲁迅的"西北之行"》，《中国科学报》2019年2月27日第6版。
③ 参见宋桥《1924年鲁迅西安之行》，《中华读书报》2003年5月14日。
④ 参见薛林荣《鲁迅唯一一次陕西之行》，《西部时报》2011年2月22日第11版。
⑤ 参见吴晓东《郁达夫与中国现代"风景的发现"》，《中国现代文学研究丛刊》2012年第10期。
⑥ 参见丁美华《论五四时期女作家小说中的空间书写》，硕士学位论文，山东师范大学，2018年。
⑦ 参见周薛亚《感伤的行旅："五四"文学感伤情调与其颓废之思考》，《内蒙古农业大学学报》（社会科学版）2011年第5期。
⑧ 参见吴璇《革命行旅与文学书写：白朗研究》，硕士学位论文，华东师范大学，2016年。
⑨ 参见孙强、路早艳《张恨水的西北行旅与文学创作》，《社科纵横》2018年第5期。
⑩ 参见年颖、林铁《20世纪30年代西北游记中的空间建构与政治认同》，《湖南师范大学社会科学学报》2019年第2期。

说行旅叙事研究》①《20 世纪 30 年代旅欧游记中的异域体验及书写》②《日据时期旅行文学论述：身份认同与现代性》③《江山如此多娇——1930 年代西北旅行书写与国族想象》④《浴火新生——20 世纪 40 年代作家迁徙与文学研究》⑤《旅行书写与社会主义想象：以郭沫若的〈苏联纪行〉为中心》⑥ 等。上述研究，大多是与时代背景密切相关而产生的行旅行为，像艾芜等自发行旅的行为，应当另外讨论。⑦

这里需要特别提及的是以《旅行杂志》为中心的作家群的创作研究。该杂志是民国时期一份以旅行为主题的专门杂志，由银行家陈光甫创办。1927 年 3 月创刊于上海，1954 年 8 月在北京终刊。初为一年一卷，每季度一期，每卷共出四期。从第三卷起改为月刊，每卷共出 12 期。现存有 2018 年上海书店出版社依据上海图书馆馆藏影印出版的《旅行杂志（1927—1954）》（全 71 册）。《旅行杂志》提倡"学术的旅行，旅行的学术"，"供社会之参，对于国内外交通之状况，商业之情形及民情风俗悉加调查而载录之。东鳞西爪固不足以称商旅之南针，然冀由此引起国人对于旅行上之观感，以推求其益之普及"。⑧ 除刊发旅行指南类消息外，

---

① 参见贾若雅《战争、漂泊与家国观念——四十年代小说行旅叙事研究》，硕士学位论文，苏州大学，2018 年。
② 参见郭金霞《20 世纪 30 年代旅欧游记中的异域体验及书写》，硕士学位论文，西南大学，2019 年。
③ 参见陈美霞《日据时期旅行文学论述：身份认同与现代性》，《台湾研究集刊》2008 年第 4 期。
④ 参见沈松侨《江山如此多娇——1930 年代西北旅行书写与国族想象》，《台大历史学报》2006 年第 37 期。
⑤ 参见祝学剑《浴火新生——20 世纪 40 年代作家迁徙与文学研究》，中国社会科学出版社 2017 年版。
⑥ 作者王璞。该文发表于 Modern China Studies 2020 年第 27 卷第 1 期 "特刊：抗战期间中国的地方政治与旅行书写"中（微信公号《大文学研究》推文，地址为 https://mp.weixin.qq.com/s/hLX0z43xplRy6XS5l_WgnQ）。
⑦ 如曹灿的硕士学位论文《艾芜南行系列小说与散文研究》（四川师范大学，2012 年），选取艾芜南行系列中的小说与散文为研究对象，曹文认为艾芜的南行世界超越了时空与社会束缚，而其独特的行旅体验蕴含的现代以为值得深入探索。南行系列抹去了南行的起因和结果，基本遵循时间顺序，自由叙述，注重的不是社会、民族与国家的宏大命题，而是个体命运的偶然性以及独特的生命体验。
⑧ 陈光甫：《创刊词》，《旅行杂志》1927 年第 1 期。

该杂志还发表大量和旅行有关的文学作品。赵君豪、茅盾任主编后，罗家伦、郁达夫、张恨水、胡愈之、周瘦鹃、蒋维乔、于右任等都曾长期为该刊供稿。张恨水的《平沪通车》就曾于该刊连载（1935年第9卷第1期至1935年第9卷第12期），香港中文大学文化研究系李思逸对此有研究论文《张恨水〈平沪通车〉中的信任危机与欺诈游戏》。① 张恨水曾自言："愚读《旅行杂志》，亦有五六年矣，每卷邮到，则置百事于不顾，匆匆展读一遍，以当卧游。而窗明净几，偶作遐思，亦辄于书架上抽取一卷读之，可知《旅行杂志》，不仅为旅行家备之，正亦可为居家者备之。因居家者，旅行未得，可读此书以神驰于宇内也。"② 现有研究，多从历史学与旅游学的视阈研究这本杂志，而对其中的行旅类文学文本较少关注，这也是可供开拓的学术增长点。

有研究者就以1927—1936年的《旅行杂志》为切入点，研究其周边的民国新知识群体的国内旅行。③ 旅人，作为"空间生产"和"知识生产"者，作为一种流动形式，勾连起时间和空间两个维度，由"文学地理"而"文化地理"。透过《旅行杂志》新知识群体的旅行活动，由此观察旅行作为一种现代性体验的生成过程。该论文通过定量研究、分类描写与定性分析的研究方法，围绕《旅行杂志》周边新知识群体的游兴、游踪以及游观，由旅人、旅地，进一步分析人地之间的互动。集中阐发的是现代性体验，即现代性知识经验的文学表述。虽然，这是一篇中国史专业历史地理学方向的论文，但笔者认为这篇论文可视为跨学科研究的例证，特别是它以《旅行杂志》为中心来进行民国新知识群体的国内旅行研究值得肯定。

---

① 参见李思逸《张恨水〈平沪通车〉中的信任危机与欺诈游戏》，《现代中文学刊》2020年第3期。
② 张恨水：《所望于旅行杂志》，《旅行杂志》1936年第10卷第1期。
③ 参见周博《民国新知识群体的国内旅行研究——以1927—1936年〈旅行杂志〉为中心》，博士学位论文，东北师范大学，2019年。

（五）行旅问题的比较研究

自 1980 年以来，比较文学的繁荣，跨文化、跨学科的研究方法为学者们提供了新思路。从中西文化比较的角度，研究文学中的行旅问题，有助于拓展研究思路，立足"世界中"，在文化的"穿流交错"之中发现行旅的多元意义。郭少棠的专著《旅行：跨文化想象》中有这样一段话：

> 在行游的时空转移中，行游者总是处在一种不断的文化认证之中……既是对他者文化的陌生，也是对自己文化的陌生。一方面，行游者总是面对着自己不熟悉的文化，要求自己作出判断、作出选择；另一方面，他者的文化又总是牵引他们回到自己的文化，要求他们对自己的文化作出比较、作出判断。在此双重的面对之中，行游者的文化认证往往畸变成为一种古怪的组合，既非纯粹的自己，也非纯粹的他者。当其获得优势认证时，他们会膨胀自己原有的文化身份；而当其获得劣势认证时，他们则会否定自己原有的文化身份。在不知不觉的时空转移中，他们原有的文化身份已经发生了改变。①

行旅者在空间维度上有着东西—我他的差异，具体有故乡—他乡、我城—他城、我族—异域等表现形式。"行旅者"本身就置身于"文化"之中，接受着文化的洗礼；而其又在不断地进行着"移动"，当这种"移动"跨越了一定的疆界，自身的"文化"与异域的"风情"相交锋，便形成了"比较"，这方面的研究或可称为"跨文化研究"。再则，行旅本身就是一种"文化传统"，至少是由"行旅者""行旅行为"以及"行旅者在行旅过程中的体验"三方面的元素综合而成。《旅行：跨文化想象》

---

① 郭少棠：《旅行：跨文化想象》，北京大学出版社 2005 年版，第 135 页。

是从跨文化的角度研究旅行的一本厚重的著作，著者将旅行分为旅游、行游和神游三个层次，分为"旅行的跨文化解读""旅游的跨文化透视""行游的概念反思""行游、文化转化与价值变迁""神游的诠释与文学想像"①"神游的科技想像""神游的梦幻与想像"七个章节。全书提出并尝试回答了一系列问题：中西旅行经验和旅行写作传统有何不同？西方对旅行的学术发现与研究能否有助于对中国的研究？中国的一些独特的旅行文化踪迹能否激发对西方经验的更广泛研究？以两种历史传统之间的一些基本差异回应当代旅行全球化，可能出现什么不同？郭著问题意识明确，为我们进行行旅的文化与比较研究提供了一些思路。

　　郭著之外，张德明的《旅行文学十讲》②是北京大学出版社新近推出的一本专著。张著由上下两编构成。上编为"历史与现状"，选取典例，论述不同时期、不同国家旅行文学作家所写不同类型、文体和风格的作品；下编为"叙事与书写"，从文体与叙述模式、时空结构、风景书写、写作策略、深度拓展等角度分别论述。应该说，《旅行文学十讲》是关于中西行旅问题文学表达比较研究的一部系统之作，为我们提供了诸多思路。此外，杨经建的《西方流浪汉小说与中国当代流浪汉小说之比较》③亦是有关中西行旅问题的比较研究。杨文认为中西流浪汉小说虽属相同创作类型，但在艺术呈现方式上有所不同。他从母题择取、结构形态和叙述图式等方面论述了二者的相同之处，又论述了二者在人物形象的精神品性和性格构成、文本的风格情趣、创作倾向和格调等方面的差异。

　　"我把旅行视为文化比较，就是出于旅行的历史易染性：旅行和性别、种族、阶级特权、特殊运输方式、修整过的道路、代理、边界、文件等都有关联。"④旅行的本身就有着一种"文化穿越"的意味，这方面

---

① 原书如此，着重号为笔者所加，下同。
② 参见张德明《旅行文学十讲》，北京大学出版社2021年版。
③ 参见杨经建《西方流浪汉小说与中国当代流浪汉小说之比较》，《社会科学》2004年第5期。
④ 郭少棠：《旅行：跨文化想象》，北京大学出版社2005年版，第1—2页。

的研究还有着较大的空间。

三 问题及反思

沈从文很早就曾慨叹："游记文学历来不列入文章正宗，只当成杂著小品看待，在旧文学史中位置并不怎么重要。近三十年很有些好游记，写现代文学史的，也不过聊备一格，有的且根本不提。"[1] 相较于沈从文以前的感慨，后来的研究正逐步展开。前文的梳理，至少说明研究者们已经认识到"行旅"在文学研究中的学术价值。应该说，现代中国文学中的行旅问题仍是一个颇值得继续探讨的问题，虽然学界已取得一些成果，但存在的问题亦不可忽视。正视当前研究存在的问题，是进一步探索的关键。

第一，现有研究大多仍停留在对这一现象进行命名、界定，进而展开自己的论述的层面。也因此，将"行旅"视为一个整体的问题进行聚焦式研究尚显不够。无论是"纪游（行）文学""旅游文学""行走文学""旅行书写（写作）"还是"流浪""漂泊""流寓""流亡"，其内涵及外延，亦众口不一、莫衷一是。这个时候该如何处理这种问题呢？赵普光《如何的现代，怎样的文学》中的观点或有启发：

> 作为现代学科之一的中国现代文学（包括当代文学）从建立之初，就留下了"名"（中国现代文学之名）与"实"（中国文学创作事实和本身特性）错位的矛盾。随着研究的日益深入，矛盾也越来越突出，给中国现代文学研究者带来了普遍的焦虑。无论是关于学科命名的不断更新（新文学、现代/当代文学、20世纪中国文学、民国文学/共和国文学等等），文学史的持续重写，还是关于现代文学的价值观与边界的追问思考，这些反思都在不同方面和不同程度上回应了中国现代文学学科的这一矛盾。问题的核心和实质在于：之

---

[1] 沈从文：《谈"写游记"》，《旅行家》1957年7月号。

所以学界不断地重新命名，而命名又无法解决现代文学的焦虑，其根本原因是中国现代文学一直在试图与中国古代文学进行断裂，从而谋求自己的合法性，断裂之后过于强调"现代"而忽略了"文学"，一味从"现代"出发去寻找现代文学的新质，忽视了从中国文学本身的事实建构现代文学的观念。……所以，理清文学被现代的过程，重新认识"文学"的内涵，在一定程度上汲取中国传统"文"的丰富意义，从"五四"以来中国文学的创作事实和中国文学本身的中国文化特性出发，建立新的"现代""文学"观念，或许才是解决之道。①

赵文讨论的是现代文学"名"与"实"之间的错位矛盾问题，但文中所提到的现象，移之行旅这一问题的研究上同样适用。命名的本身就是一种选择和偏向，命名的本身就是在决裂和剔除，这必然会忽略很多的文学事实——即产生"名"与"实"之间的错位问题。伴随着"命名的焦虑"，则有可能导致"名不符实"现象的发生——研究的偏离。职是之故，我们或可调整一下研究的思路，不再纠缠于"行旅文学"等问题的界定，而是聚焦于现代中国文学中的"行旅问题"或曰"行旅现象"。提出"行旅文学"，这是在建构一个概念，需要一系列的内涵外延等问题的考虑，难免挂一漏万，漏洞百出。而瞄准现代中国文学中的"行旅问题"，则可以避免上述纠缠。换句话说，"行旅文学"等命名是从概念出发，而现代中国文学中的"行旅问题"则更便于从问题、现象出发。重视文学之实，以"问题"为中心，更便于研究的开展。由此，也自然地引出下一个问题。

第二，研究视域仍待拓展。单就行旅相关的文类研究而言，当前的研究主要集中于小说与散文二体（以现代四大文类划分为依据），而散文中又局限于各种"游记"。事实上，行旅的现象广泛存在于诗歌、小说、

---

① 赵普光：《如何的现代，怎样的文学——论现当代文学研究的中国意识》，《文艺研究》2014年第3期。

散文、戏剧之中。此外,见闻录、日志、书信、传记、回忆录等现代文本,都有可能与行旅产生关联,都应得到重视。在研究上也存在"冷热不均"的问题,如"行旅"与现代性的问题,由于晚清民初这段时间比较契合现代性问题的中国语境,就产生了研究的"扎堆"的现象;而对于其后的时间段,由于操作上比较困难,资料的搜集也不大容易,便趋于"冷门"。对于名家巨著的行旅问题研究较多,但不够深入,而对于不太出名的作家作品的主题研究则较少。此外,可供切入的角度也有很多,行旅与空间的生产,行旅与地域文化等。这些是后续研究可进一步扩展的方向。

第三,缺乏历史的脉络与系统研究。对一个文学现象或问题进行历史的考察,分析其"存在之由、变迁之故"是学术研究的一个重要方面。行旅,作为一个不容忽视的文学现象或问题,开拓了文学史书写的空间与可能。当前,研究者们多就其中一个侧面进行展开,涉及现代文学行旅问题各个方面的系统、专门的研究成果尚未得见。行旅,作为现代中国文学中的一个重要现象,正如有学者评价旅行文学所认为的那样:"旅行文学长期以来被视为亚类文学,被主流批评话语所忽视。"[①] 在谈及行旅相关问题时,不是专门、系统地研究,而只是作为别的论题的附属品。在论及现代文学行旅问题的流变时,也只是缩小到某一小类;进行文学史的书写时,也是附骥在古代相关主题文学史的后面。或者是以偏概全地将问题简单化,仅仅选取某一时间段或某几个时间段,简单地论述一下该时间段内行旅现象的文学书写,而没有论述其演变的轨迹,以及这种流变背后的社会文化意义,更遑论在"现代"的意义上进一步分析现代文学中的行旅问题所产生的深层内涵。事实上,仅从词源上考察,由"行旅"而"旅行",这一转变就有着现代的意味。由古代的"行旅"而现代的"旅行",经由文学的表述,本就是一个流变过程。传统农业社会强调稳定,安土重迁,行旅的主体有限,而行旅的过程也大多艰苦;现

---

① 杨保林:《旅行文学三题》,《中南大学学报》(社会科学版) 2010 年第 6 期。

代社会制度的转变,新的知识的输入以及交通工具的变迁,以此带来的行旅体验在文学的表述中有着怎样的轨迹流变?考察这一问题,至少涉及以下几方面论题:首先是"行旅"这一现象的文学表述由古而今的递嬗;其次是特定时期文学中行旅问题的流变。就本论题而言,则是"现代文学"行旅问题的流变史。在整体的"现代""中国"之外,还应注意到被主流文学史所遮蔽的边地、局地与行旅相关文学的流变史。

第四,现有研究缺乏系统的理论观照。这本身就与现有研究没有聚焦于"问题"而流于"命名"有关。西方有关行旅的理论浩如烟海,而中国在这方面尚不健全。20世纪90年代以来,文学、地理、政治、社会等领域的"空间转向",使得行旅与文学之关联为批评家们所重视。中西方的文学传统虽然不同,但不可否认的是,在行旅与文学的关联上确有共通之处。西方关于行旅的文学起源,《荷马史诗》与《圣经》是很重要的两个源头,行走、流浪与归家也因此成为重要的文化母题。英语中也有很多与行旅有关的词汇,如 travel、trip、tourism、trudge、journey、passage、migration、diaspora、exile、movement 等,从《奥德赛》《鲁滨孙漂流记》《格列夫游记》《爱丽丝漫游仙境》到现在的星际旅行科幻小说,西方关于行旅的文学自有其发生、发展脉络,与其相关的理论更是层出不穷。与之对应,中国现代文学中的行旅问题亦不可忽视,但现有研究多就个别现象进行论述,缺乏专门而系统的行旅理论观照。在理论的深度关照外,还要加以比较的视野,探寻中西现代文学中对行旅问题表述的不同。在一些切入点上还可以继续深入研究。比如,关于行旅文学与追寻母题的研究,港澳台相关的学者研究较多,而大陆方面的研究则显得寥落。

可以补充指出的还有,大学是科学研究的重镇,开设专题研究课程或选修课程也是促进相关研究的一种有效方式。在现代中国文学行旅问题相关主题课程的开设方面,台湾地区高校的做法可资借鉴。据研究者统计:"在学院方面,世新大学观光系,静宜大学观光事业学系,都开办大学部与硕士课程,提供教育与研究人才,另有醒吾技术学院观光系,主要培育专业管理人才。其他大学与大专院校虽然未有开办与'行旅'相关的专门学系,但也开设了有关'行旅'的课程,例如台湾师范大学台湾文化及语言文学研究所开办的研究院课程:'旅游与跨界文化书写'(2008年上学期,林淑慧老师)内容从台湾古典'行旅'作品到现当代小品,主题从殖民、离散到网络,讨论层面广泛。除了专业课程,还有通识课程,如东华大学中文系的'文学与行旅'(2003—2008年度,张蜀蕙老师),这个课程讨论的作品有歌词、电影、文学作品等。台南科技大学的'文化与文学——旅行文学'(2007—2008年度,陈昀昀老师)集中介绍文学作品以外,更加入了'志工旅行'(利用假期前往需要服务的地方)。"① 此外,台湾方面还通过举办与行旅相关文学的研讨会、在杂志开辟专门的行旅专栏(如《中外文学》《联合文学》《诚品好读》等)、设置专门的"行旅文学奖"等方式开展行旅相关文学的研究。专门出版与行旅有关文学的出版社亦不胜枚举(如马可孛罗出版社的"当代名家旅行文学"系列、红树林文化的"台湾文学旅行系列书系"等)②,定期出版与行旅有关的文学选集是他们的一项重要工作。两相比较,大陆这方面的工作还远远不够。

综上,笔者分类梳理了现代中国文学行旅问题研究的历史并就相关问题进行了反思。"行旅"作为一个视角,勾连起现代中国文学中的诸多问题,给我们留下了无尽的想象空间,进一步的研究显得必要而意义重大。毕竟,研究历史的梳理与问题的回顾,最终的指向仍是未来研究的进路。

---

① 叶嘉咏:《地理空间的意义——朱天文小说中的"行旅"书写研究》,博士学位论文,香港中文大学,2009年,第24页。
② 参见叶嘉咏《地理空间的意义——朱天文小说中的"行旅"书写研究》,博士学位论文,香港中文大学,2009年。

战后北平非文学期刊《知识与生活》与俞平伯集外佚文

凌孟华*

内容提要：《知识与生活》半月刊1947年4月创刊于北平，1949年1月出至第37期停刊，"知识与生活社"主办，郭根主编，是战后中国现代期刊出版高峰时段涌现的又一知识分子主导的非文学期刊，表现出值得注意的区域文化特征。1947年第6期刊出的俞平伯《"宣传""党"这两个词你怎么看法？》计5000余字，是一篇难得的俞平伯对"宣传"和"党"发表意见的重要佚文。此文既是俞平伯散文创作的重要补充，也是作者行实考察的宝贵文献，还是其个性风采的另类展示。此文显示了俞平伯在转折与假设中的逻辑性，在反问与进退间的分寸感，是一篇颇见作者性情、学养与论说风采的成功之作。

关键词：俞平伯；《知识与生活》；佚文；宣传；党

考察期刊史或出版史，就会发现中国现代期刊出版发行的真正高峰是在抗战胜利以后，尤其是1946年和1947年。有研究者根据《中文期刊大词典》（北京大学出版社2000年版）进行过分年度统计，高居榜首的就是1946年，创刊的中文期刊总数达1420种；屈居第二的是1947年，创刊总数为1369种；与第三名1936年的1106种之间，拉开了较大

---

* 凌孟华（1976— ）男，文学博士，重庆师范大学文学院教授，硕士生导师，重庆市抗战文史研究基地副主任，主要从事抗战文学研究。

的差距。① 虽然《中文期刊大词典》收录的期刊不无遗漏，年度创刊数据与年度出版数据口径有别，研究者的统计数字可能难免误差，但这一统计结果仍然体现了现代期刊出版的总体趋势，值得采信。

何以如此呢？当时的知识分子已经给出了回答。比如《大中》月刊《发刊辞》之"日本投降了，'民主'运动沸腾起来。外力干涉既除，政府以大势所趋，也开放了言禁。十几年所蓄藏的闷气，好容易能发泄了。于是定期和不定期的刊物，如雨后春笋一般，纷纷问世"。这篇《发刊辞》继续交代的编辑者因为"我们拿来一看，好些固然尽美尽善，但不能完全适合我们这群书生的口味"，而"没办法，我们才决定开辟我们自己的园地"②，可谓当时知识分子办刊心理之典型表达。一年之后，1947年4月16日，又一种知识分子主导的、表现出区域特征的非文学期刊在北平出版创刊号，这就是《知识与生活》半月刊。以下梳理其创刊信息、版面内容与编辑者，进而辑校讨论其刊发的俞平伯集外佚文。

一 创刊信息、版面内容与编辑者

展读《知识与生活》创刊号，其封面庄重大气，右侧竖排"知识与生活"五个大字，为美术体，套红；左侧从上到下依次为醒目的刊期（底色同刊名，黄色阿拉伯数字，圆标）、要目（九条）与出版时间，未着图案或花纹。以后各期封面刊名之颜色与刊期之底色保持一致，色调随着刊期的不同而变化，第2期起四周有花边。其版权页"编辑者"署"知识与生活社"，地址在"北平西单高义伯胡同五号"，发行者署"北平正中通讯社"，地址在"西单四堂子胡同十一号"，本市总经售署"国际书店"、全国总经售署"安邦书店"，"外埠代销处"设有南京、上海、重庆、广州、昆明、长沙、迪化、西安、沈阳等17处，可见其立足北

---

① 参见邓集田《中国现代文学出版平台》，上海文艺出版社2012年版，第91页。
② 《发刊辞》，《大中》1946年创刊号，1946年1月出版。整理稿见凌孟华《故纸无言：民国文学文献脞谈录》，人民出版社2016年2月版，第225页。经考证，《大中》系齐思和、聂崇岐编辑。

平，辐射全国的气势和影响。

创刊号未见《发刊辞》，但刊有一则《发刊小记》，颇有特点与价值，抄录在这里。

> 战争，将近十年的全国战争造成了中国目前可怕的文化之贫乏。
>
> 这原因可说是知识与生活的脱节，在动乱的北方高物价的重压下，人民惶惶于最低生活的维持，求知欲早已成了枯萎的旱苗，知识竟成了奢侈品。又兼遭受着四面八方五花撩乱言论的袭击，和黄色的麻醉，人们丧失了清明的理智，更丧失了是非的判断力！于是在目前的文化界与教育界，尤其是在学生圈中，遂形成一种不是暴躁便是因循，彷徨，甚至颓废或铜臭味过浓的人生观。这也可以说是历史上每次大战之后必有的现象，然而在目前的中国，因为经过战争的时间过久，而且迄今犹在动乱未停，甚且愈演愈烈的状况下，这种状态，就格外的剧烈，惨重！
>
> 本社同人，多年来从事于新闻工作，抗战初期，首先创立正中通讯社，秉着为人民服务的信念，对社会报道我们所知道的一切。但是在充实目前贫乏的文化，或在推动一般生活与知识的一致并进上，却深感自身力量的微薄。因此我们另辟途径，邀了北方几位素负盛名的教授学者请他们和我们合作，针对目前这个可怕的病态，尽我们应尽的微力。
>
> 由此，读者应能明瞭，我们这个刊物，别无任何奢侈的要求，也就是说，我们是要跳出当前一般公式化的言论漩涡之外，说我们衷心自愿说的话。
>
> 还有一点应该声明的，就是我们刊载的每一篇文章，作者个人的观点不一定和同人的完全一致，盖同一问题，见仁见智，各有其看法，我们希望读者多加研究自作判断。

这短短的五百余字，不仅交代了《知识与生活》半月刊创刊的缘起与时局，通讯社同人的信念与诉求，办刊的途径、定位与必要声明，而且描述了其时北平的区域文化现象、状态与特点。尤其是"动乱的北方高物价的重压""邀了北方几位素负盛名的教授学者"等表达，体现了刊物的区域文化背景与区域文化资源，提醒我们注意刊物的区域文化特点与区域文学特征。

所见此种《知识与生活》半月刊出至第37期（1949年1月1日出版），未发表终刊词之类文字，可谓不告而终。其《投稿简约》第一条称"本刊为综合性评论性之大众读物，以超然立场评论当前政治经济文化等重要现实问题，凡有关上述论文人物书报评论以及散文通讯等文均所欢迎"①，设有"半月间""读者·作者·编者""各地报道""文艺园地""随笔""半月文摘""特稿""专论""通讯与杂文"等栏目，刊发有胡适、朱自清、沈从文、俞平伯、费孝通、吴晗、张申府、张东荪、李广田、李长之、王芸生、储安平、傅雷、焦菊隐、郭根、徐盈、樊弘、雷洁琼等一批知名人士的新旧文章。

《中国现代文学期刊目录汇编》（唐沅等编，知识产权出版社2010年3月版）与《中国现代文学期刊目录新编》（吴俊等编，上海人民出版社2010年2月版）未见收录《知识与生活》。这或许由于此刊并非严格意义上的文学期刊，而是笔者近年致力倡导和研究的"非文学期刊"，完全符合我们关于"非文学期刊"②的定义。

遍览诸期《知识与生活》，未见主编及具体编辑人员署名信息。求诸资料，发现相关的介绍也很少。郭汾阳《"北方〈观察〉"——〈知识与生活〉》当是介绍《知识与生活》的最重要成果，点明此刊"由郭根任主编"③。郭汾阳别名"散木"，系郭根子嗣，著述丰富，编辑有《郭根文录》《郭根日记》等重要资料，从后裔的角度补充了可靠的《知识与生

---

① 《投稿简约》，《知识与生活》1947年第2期，1947年5月1日。
② 凌孟华、曹华：《跨区域互动的区域文化奇葩——四十年代非文学期刊〈瀚海潮〉（汉文沪版）片论》，载《区域文化与文学研究集刊》2019年第6辑，中国社会科学出版社2019年版，第169页。
③ 郭汾阳：《"北方〈观察〉"——〈知识与生活〉》，《沧桑》2001年第3期。

活》编辑者信息。

浏览过程之中，发现《知识与生活》值得注意的内容不少，可以撰文或补白的史料很多。其中最为醒目的，就是俞平伯的集外佚文《"宣传""党"这两个词你怎么看法？》。

二　俞平伯集外佚文的内容与特点

俞平伯的《"宣传""党"这两个词你怎么看法？》载《知识与生活》1947年第6期。此期封面字体与创刊号已略有不同，颜色变为黑色。封面花边为蓝色。目录即有列出此文，出版日期署"民国三十六年七月一日出版"。此文《俞平伯全集》失收，《俞平伯年谱》（孙玉蓉编纂，天津人民出版社2001年版）未录，也不见于相关俞平伯传记资料，当系俞平伯的又一篇重要的集外佚文。

此文篇幅较长，计5000余字，以"我觉得有些人会误解它们的，且每每如此，故述为闲评"开头，然后列"两点当作前言看"。一句"我对它们一向很疏远，淡漠，如这般积极的说法尚是初次"就点明了这篇文章的重要价值，那就是难得的一篇俞平伯对"宣传"和"党"发表意见的宝贵文献。先辑校如次：

"宣传""党"这两个词你怎么看法？
俞平伯

我觉得有些人会误解它们的，且每每如此，故述为闲评。有两点当作前言看。

我对它们一向很疏远，淡漠，如这般积极的说法尚是初次，亦只就事论事，大家总可信我本来没有什么成见的。

必合于这些词的正常的含义，方适为闲话的资料。若为非经常的，非正规的，非典型的，变态的，病态的，都不在本篇范围内，如宣传而歪曲违反了事实，结党则营私病国之类。

（1）我向来不大喜欢"宣传"，为朋友们所知。但宣传的本身并没有善恶可言，善恶在它的内容。倘然所宣传的都是好话呢，那么总应该喜欢它了罢，也并不见得，大家都怕它颠倒是非，混淆黑白，这恐惧倒是实在的。

　　所以宣传必须具备两个条件方为正确（一）要说好话，这很容易的。谁肯在表面上说坏话为自己作反宣传呢？（二）要合事实，最低限度不远乎事实。这是难的，有时无从考查也。"始吾于人也，听其言而信其行，今吾于人也，听其言而观其行"，轻信人言，孔夫子也曾上过当的。

　　但若过于怀疑，辄以小人待天下，又不可为训，毋宁君子可欺以其方耳。宣传，若说好话又近乎事实，却没有什么要不得。此即古之说教，亦不必远引佛耶回诸教的宣传，即以孔门为例。孔子的学说算不算宗教是一个辨论的题目，而孔学的地位相当于宗教，或者过之，则毋庸怀疑，孔子的职志亦与其他的教主，毫无二致也。

　　只要我们说的是好话，当然愈说得多便愈好，愈说得响亮便愈好，以大声申诉民生的疾苦，宣扬人间之真理，所谓"民之喉舌"，那有什么不好！荀子劝学篇有这么一段：

　　"登高而招，臂非加长也，而见者远，顺风而呼，声非加疾也，而闻者彰；假舆马者，非利足也，而致千里；假舟楫者，非能水也，而绝江河；君子生非异也，善假于物也。"

　　荀子他也要搭乘火车轮船、飞机，那么无线电，扩音器，话匣子，大喇叭，新闻纸，标语，广告，传单，小册子………①那些顽意儿，我们虽认为很俗气，但如内容不坏，都是有大用的，所谓"善假于物"。虽先哲复生，如荀孟颜孔，亦不能废也，再看论语上这一段，就更明白了。

　　"仪封人请见，曰，'君子之至于斯也，吾未尝不得见也。'"从者见之。出曰，"二三子何患于丧乎？天下之无道也久矣，天将以夫子为木铎"。

---

① 原文如此，9个小圆点，今省略号均是6个小圆点。

木铎难道不是宣传的工具？它和街面上的救世军的洋鼓洋号不一样吗？"天将以夫子为木铎"，孔子是上帝的宣传部长，也是他的发言人，所以①"宣传"也者，实为古教的长技故态，不过披上摩登的风衣罢了。

说到淑世的观点，当然人好，世界才会得好，但人怎样才会得好呢？自有客观条件的存在，即所谓唯物的看法。但仅仅衣穿得好饭吃得饱，也不一定会懂得道理的，"衣食足而知礼义"，虽为至理名言，但"人生饱暖思淫欲"不也是一句老话，代表着真理的另一面么？"以先知觉后知，以先觉觉后觉"，唯物也还是唯心。

有人或许说，这是教诲，不只是宣传。不错。教诲渐近而务本，宣传急起以治②标，如鸟之两翼，人之两足，不可偏废也。宣传实是教诲的扩音器。心存淑世的人，何必嫌避这大喉咙呢，他又何必定要用蚊子的声音来说话呢。

（2）宣传不必尽出于党，二者的关系却甚为密切。说起"党"来，一般人的误解它，怕它，似较宣传为尤甚。这当然有原故的。

照传统的说法"党"并不是句好话，如尚书"无偏无党"，③论语"君子不党"，嫉妒固蔽见于楚辞，比而不党见于晋语。这没有多大的关系。同名异实，重在所诠表的内容。古人以为坏话的，我们不妨以为好话，所谓"美恶不嫌同辞"；古人这样用的，我们不妨那样用，所谓"约定俗成"。上述的革命④一词，亦复如此，皆强为之名，图言说之方便耳。

重要的还是事实。三代姑勿论己。汉之党锢，唐之牛李，宋之熙宁元祐，明之复社东林，其党或为君子，或为小人，或不尽为君子，或不尽为小人，似皆不能为国福，吾人今日之痛心疾首于斯，无足怪者。语不云乎，"前事之不忘，后事之师也"，吉⑤昨日之事可为今日之参考，今

---

① 原文此处漶漫不清，疑是"以"字。
② 原文如此，疑误。或应作"治"。
③ 原文逗号置于引号内。类似不影响理解的标点问题，下文径改之，不再一一做注。
④ 前文并无"革命"一词，疑误。或应作"宣传"。
⑤ 原文如此，疑误。或应作"言"。

日的事可为明日之参考也；但以昨日所得推之于今日，以今日①得推之于明日，必有不能尽合者。此无他，前后今昔，理不变而事或异，事异处事之方从之亦异，理不会变也。若事异而处事之方不从之而亦异，则理之本身真成两橛矣。以常识明之，冬日衣裘，夏日衣葛，此事变也，然理不变；若冬日衣裘至夏而仍衣裘，夏日衣葛至冬而仍衣葛，事不变矣，而理却变了。这话远在商鞅李斯变法之时已经说过，太不算新鲜。今昔之殊岂仅如二帝之于三王，三王之于秦汉，安得以昔之在朝之朋党与在野之会党比今日之政党乎？当然，政党又岂能无弊，政党也会祸国殃民的，但与今之论旨无关。——唯其如此，我们更需要校正它，预防它，要之，有名实之异古今之殊，因噎废食既不可能，而惩羹吹齑更可不必也。

坏人结党原不值一提，且说君子之党。君子为什么要党？似乎难回答，但试反问，君子为什么不要党？你也不一定容易回答。用"君子"这个词，并不说现在的好人即古之君子，只退一步以古君子为例，而"折中于夫子"，看看孔夫子②许不许结党？

他说，"君子矜而不争，群而不党"，何谓群，何谓党，孔子既未下定义，自无从悬揣比附。说好的政党便是他所谓群，坏的政党便是他所谓党，只有一点自己明白的，即孔子亦要君子们联合起来所以才提出这"群"字来，不党者它的形容与限制，乃是转语；不然，他何不说君子孤立而不党乎？

幸亏论语上还另有两段话，可以解绎它，其一为政篇曰，"君子周而不比，小人比而不周"；其二子路篇曰，"君子和而不同，小人同而不和"，周比皆亲密的意思，以义合为周，以利合为比，用王引之说，和而不同，在左传上晏子解释得最为明通。

"（齐景）公曰：'唯据（梁丘据）与我和夫？'晏子对曰，'据亦同也，焉得为和？'公曰，'和与同异乎？'对曰，'异。和如羹焉，水火醯

---

① 原文如此，疑脱一"所"字。
② 原文作"予"，明显应为"子"，改之。

醯盐梅以烹鱼肉，燀之以薪，宰夫和之，齐之以味，济其不及，以泄其过，君子食之，以平其心。君臣亦然，君所谓可而有否焉，① 臣献其可以去其否；是以政平而不干，民无争心，……声亦如味，一气二体三类四物五声六律七音八风九歌，以相成也，清浊大小，长短疾徐，哀乐刚柔，迟速高下，出入周疏，以相济也；君子听之，以平其心。心平德和。……今据不然。君所谓可，据亦曰可，君所谓否，据亦曰否。若以水济水，谁能食之？若琴瑟之专一，② 谁能听之？同之不可也如是。'"（见昭二十年传）

这话真好，把"同"字说得干脆，把"和"字说得圆满。用在政事上，和者，献替可否是民治精神，但其辨论不在议会而在朝廷耳。同者，其臣阿谀，其君专制，即是法西斯。以水济水谁能食之，这是很辛辣的话。孔子之意同晏子否，我们不得而知。此话为先民所传，华夏之故训，孔子固述而不作，亦非晏子所能创也。

无论怎样解释，周比和同都是在讨论怎样联合，不是不许有联合，至少，他们不想孤立着。假如不③以为孤立就行了，那何必用"周""和""同""群""党"这些名词呢？

我们再看孔子的行为。依近人之说，聚徒讲学自孔子始。论语上记载的孔门弟子有德行政事言语文学这四科，纵非政党组织，至少亦像现今的分科入学。若再看史记上这一段，那简直是政党，而大学分科犹不足以尽之。

"昭王将以书社地七百里封孔子。楚令尹子西曰，'王之使，使诸侯，有如子贡者乎？'曰，'无有。''王之辅相，有如颜回者乎？'曰，'无有。''王之将率有如子路者乎？'曰，'无有。''王之官尹，有如宰予者乎？'曰，'无有。'……今孔丘得据土壤，贤弟子为佐，非楚之福也。'昭王乃止。"（孔子世家）

---

① 此处脱《左传》16字："臣献其否以成其可，君所谓否而有可焉，"。
② 原文此处无逗号，以点断为宜。
③ 从文意看，"不"疑为衍文。

再看孟子这一段："以力假仁者霸，霸必有大国。以德行仁者王，王不待大，汤以七十里，文王以百里。以力服人者，非心服也，力不赡也。以德服人者，中心悦而诚服也，如七十子之服孔子也。诗云，'自西自东，自南自北，无思不服'，此之谓也。"（公孙丘①上）

七十子的服从孔子自非今之师弟之比，但当他党魁看呢，还是当他教宗看，不得而知。观孟子上引商周王天下事，与其为谓为宗教的教化的，无宁谓为政治的。本来古代政教合一，政治上的首领即宗教上的首领也。更进一步说，孔道原非宗教，其所以为宗教者，岂不正缘它与政治密切相连耶？神道设教者，有所为而发，此与佛陀基督之教不尽同也。看汉儒所传说附会的孔子生平神话，多与素王受命有关，则其中之消息可知矣。

谈孔子的政治生涯只止于此。总括上述，照他的说法，君子应该合群的，其所以合，为道义的。其如何合是异而谐和的，非同而专一的。更据史实，他本人的行动是为政的，教人的至于救世的。他的精神是积极的，明知其不可也要干的。他的徒众虽不闻有组织，却分四科的，对他是心悦诚服的，自东西南北来会的。他们若得百里之地，即可以王天下的。从这些事实看，太史公为孔子世家，又为仲尼弟子列传，真千古之卓识也。孔子若生于今之世，见今之所谓政党，总该有他自己的看法罢。赞成固不见得，却不会得一笔抹杀的，或仅以不了了之，至少我这样想。

孔子不必大成至圣，总不失为中国人衡量一切的标准，历代的统治者都尊重他，且有人说是利用他，则偏于保守可知。我们借为"重言"，可以祛除不少的疑惑，其意不过如此，孔墨并称，墨子却利害得多，有徒众百八十人皆可使赴火蹈刃（淮南子泰族训），这简直像敢死队了，墨学的"钜子"就是党魁，亦人所习知者，以下更端另说。

不论叫它什么，党团也罢，会社也罢，同盟也罢，反正是这么一回

---

① 今通作"公孙丑"。

事，有其实必有其名，改名改不了这个实，我们叫它党果然是党，我们不叫它党，他还是党，不叫它"党"又叫什么？尽在名字上兜圈子是没有出路的，不如呼之曰党；倒干脆！

究竟君子为什么要党，为什么要联合，这些都很容易明白的，不联合就孤立，孤立亦无碍，看你处世的态度如何，假如只想独善其身，你又何必栖栖皇皇，但假如你想兼善天下，有时候不能不联合甚而至于结党。

以简单的数目字明之，如百人之中有一个好人，其比例为一对九十九，如有十个好人，其比例为一对九，一人去感化劝说那九人，比感①劝说九十九人容易几倍，不待言，却有一点，十个好人必须联合起来，这比例数才合乎事实，不然，名为十个人对九十人，事实上乃是一个人对九十人。九十加一等于九十一，那另外的九个人那里去了？当然还在这一百人里面，他们各别的去对那九十人，即十组的一比九十也。一对九十与一对九十九，比例数却差不了多少。

从另一方面想，百人社会里倘有了十个好人，即使他们都是孤另的，其潜移默化之力也不会太小。但他们既然沉浮着，则他们的动的方向或大同而小异，辅助调和固有之，冲突而互相抵销殆亦不免也。再假设那九十人共为一党，其情形自然更坏，十个人即拉着手仍不免为地道的少数党，但若不联合呢，则连那地道少数党的资格都没有了，孤另另的十个"一人"将被这九十人的集团，个别击破也。这话当然说得不好，人间本不该，也不必这样充满着斗争味的，朋友们或者这般想罢。我是比方着说，且不恤危言耸听，甚言以明之也。

故淑世的君子子②未能免俗者，诚不得已也。独立不倚，遁世无闷，则朋来自远亦顾而乐之。德有邻，文有会，君子岂必大反人情乎。再进一步说，不特君子可有党也，唯君子为能有党。幼年读欧阳修的朋党论不感什么兴味，现在翻出来看，他的话很不错。

---

① 疑脱一"化"字。
② 疑应为"之"。

"大凡君子与君子以同道为朋,小人与小人以同利为朋,此自然之理也。然臣谓小人无朋,惟君子则有之,其故何哉?小人所好者利禄也,所贪者货财也,当其同利之时,暂相党引以为朋者伪也。及其见利而争先,或利尽而交疏,则反相贼害,虽其兄弟亲戚不能相保。故臣谓小人无朋,其暂为朋者伪也。君子则不然,所守者道义,所行者忠信,所惜者名节,以之修身则同道而相益,以之事国则同心而共济,终始如一,此君子之朋也。故为人君者但当退小人之伪朋用君子之真朋则天下治矣"。

题曰朋党,舍党专言朋者,以"党"于古代非佳名故,在现代语中,正该用这党字耳。又论中言人君应如何进退朋党,揆之今事,当以民意为进退,即选举是也。他在后面又说:

"周武之世,举其国之臣三千人共为一朋。自古为朋之多且大莫如周,然周用此以兴者,善人虽多而不厌也。"

是的,好人不嫌多,君子之党不嫌其大也。至于他引周书云云原系政治上的宣传,未必是事实,而意总不误。

这些话或很笨拙的(如数目字),或很陈腐的(如引朋党论),却都是常识,常识就够。君子可以有党似乎没有问题了,然而为什么竟会成问题呢,至今还成为问题呢?有些人正标榜着"无党无派","超然"与"中立",这决不能没有原故,这原故假如有,或者很严重的。孩子气的话总不值一笑的。

历史虽远去了,它留给我们的教训却很沉重的。倘循这轨迹追究下去,恐怕会喧宾夺主,以致尾大不掉,在这里说明"党"不是句坏话,君子也不一定不许有党,稍为解释社会上的一般的误会,我就满意了,话很肤浅,自己知道,从名字上讨论不会得不肤浅的,不肤浅便越了题目的范围,等有机会再来谈这事实上的"君子不党"罢。

(三十六年二月二十一日)

翻开《俞平伯全集》,不但没有题目中出现"宣传"或"党"的作品，而且正文中出现"宣传"或"党"字样的地方都为数不多，可以看出俞平伯对它们的态度的确是"疏远和淡漠"。而"大家总可信我本来没有什么成见的"则显示了俞平伯对自己的社会声誉与作家形象的自信，明白读者朋友们知道自己不偏不倚而保持中立、就事论事而不带成见的风格与立场。至于对闲话资料的"正常的含义"要求，对三非（非经常，非正规，非典型）二态（变态，病态）资料的排斥，以及特别点明对"歪曲违反了事实"的宣传和"营私病国"的结党的拒绝，更是通过清晰的界定赋予文章理性色彩。

"前言"之后，文章先谈双音节词"宣传"，再论单音节词"党"，并相应分成两个部分。两部分文字一短一长，其实都可以独立成篇。在全文开篇"两点当作前言看"的两小段文字的统领之后，结尾部分并没有综合谈"宣传"与"党"的呼应文字，这是俞平伯先生的"文无定法"，如唐人祖咏《终南山望余雪》一般"意尽"而已？还是别有什么特殊情况？我们也"不得而知"，但是，至少这种结构方式是值得注意的。

通览全文，俞平伯的论证方式令人印象非常深刻。一是其转折与假设中的逻辑性。《"宣传""党"这两个词你怎么看法？》行文多转折，时见"但""却""而"等转折词频频出现。具体而言，出现"但"有15处之多，出现"却"也有10处，出现表示转折的"而"也有数处。最典型的当是：

> 说到淑世的观点，当然人好，世界才会得好，但人怎样才会得好呢？自有客观条件的存在，即所谓唯物的看法。但仅仅衣穿得好饭吃得饱，也不一定会懂得道理的，"衣食足而知礼义"，虽为至理名言，但"人生饱暖思淫欲"不也是一句老话，代表着真理的另一面么？"以先知觉后知，以先觉觉后觉"，唯物也还是唯心。

短短的一段话就出现了三个"但"。第一个"但"追问"人怎样才会得好呢",将问题引向深入;第二个"但"转向唯物的局限,"仅仅衣穿得好饭吃得饱,也不一定会懂得道理的";第三个"但"折向名言"衣食足而知礼义"的反面,老话"人生饱暖思淫欲"也"代表着真理的另一面"。几度转折中,"人好"的客观条件与主观努力,格言的矛盾性与真理的相对性,以及唯物与唯心的复杂关系等,都得到了合乎逻辑的推演与表现。文中还多出现"假如""假设""倘""即使"等表假设的词,如"假如以为孤立就行了""假如只想独善其身,你又何必栖栖皇皇,但假如你想兼善天下,有时候不能不联合甚而至于结党""再假设那九十人共为一党,其情形自然更坏""倘然所宣传的都是好话呢""百人社会里倘有了十个好人,即使他们都是孤另的""倘循这轨迹追究下去",等等,这些假设与推理也赋予文章以逻辑力量。

二是其反问与进退间的分寸感。此文有多处反问句,如"谁肯在表面上说坏话为自己作反宣传呢""木铎难道不是宣传的工具?它和街面上的救世军的洋鼓洋号不一样吗""他何不说君子孤立而不党乎""那何必用'周''和''同''群''党'这些名词呢""岂不正缘它与政治密切相连耶""不叫它'党'又叫什么"等,它们使得文章具有论辩的气势,使得作者观点得到有力的表达。但这种表达并不显得咄咄逼人,而是颇有分寸。这种分寸感的拿捏在文中诸如"更进一步说""再进一步说""只退一步以古君子为例""至少,他们不想孤立着""纵非政党组织,至少亦像现今的分科入学""至少我这样想"等表述中也得到体现。如果说贯穿全篇的分寸感显示着俞平伯冲淡平和的风格,那么散布文中的看似信手拈来的典籍则浸透着老先生深厚渊博的学养。

在我们看来,《"宣传""党"这两个词你怎么看法?》是一篇成功的论说文,即使不能说是典范之作,但也颇见俞平伯的性情、学养与论说风采,值得我们揣摩、学习和研究。

三 俞平伯集外佚文的价值和推想

佚文《"宣传""党"这两个词你怎么看法?》的重新发现,无疑对俞平伯研究乃至中国现代文学研究都具有不容忽视的意义和价值。至少表现在以下几个方面：

首先，此文是俞平伯散文创作的一个重要补充。其篇幅在全部《俞平伯全集》第二卷已收的散文作品之中都是较长的一类，对了解和还原俞平伯创作全貌，特别是论说性散文的特点与风格具有不言自明的意义。只有持续发掘这些散落的遗珠，才有可能逐步接近一个完整、全面的俞平伯，推进俞平伯研究的深入发展。

其次，此文是俞平伯行实考察的一则宝贵文献。俞平伯著述颇丰，发表作品的阵地也不少。此文之外，虽然未见《知识与生活》刊发有俞平伯其他作品，但毕竟已经可以确证俞平伯是《知识与生活》的作者之一。换言之，《知识与生活》也是俞平伯发表作品的刊物之一，这就拓展了俞氏作品发表阵地之范围。孙玉蓉先生编纂的《俞平伯年谱》是第一本也是目前唯一的一本较为全面的俞平伯年谱，为我们了解、研究俞平伯提供了极大方便，但其中一些年月条目间跨度太大，留下了不少值得补充、完善的空白。比如俞平伯撰写此文的一九四七年二月，就仅有6则谱文，有具体日期的只有1日、20日、22日各一则。此文的发现就落实了俞平伯1947年2月21日的创作活动，可以补充一则年谱记录：作《"宣传""党"这两个词你怎么看法？》，发表在本年七月一日北京《知识与生活》半月刊第六期。

最后，此文是俞平伯个性风采的一次另类展示。正如他在文章开头所述，他对"宣传""党"这些名词"一向很疏远，淡漠"，他在文学史叙述中也常常是远离现实的、疏离政治的、寄情山水的、潜心学术的、冲淡平和的、名士味的、旧格调的形象。出人意料的是，在这篇佚文中，他也谈起对"宣传"和"党"的看法了，虽然"只就事论事"，但毕竟"如这般积极的说法尚是初次"，这就具有特殊的价值。具体而言，他针对"有些人会误解它们的，且每每如此"的社会现状，发出"孔子是上帝的宣传部长，也是他的发言人"这样惊人的、诙谐的、让迂腐的老夫子皱眉的言论，直言"政党又岂能无弊，政党也会祸国殃民的"，大谈

"孔子的政治生涯",主张"揆之今事,当以民意为进退,即选举是也",追思"有些人正标榜着'无党无派','超然'与'中立'"的缘故……显示出俞平伯面对现实的、不避政治的、力图"解释社会上的一般的误会"的、大胆尖锐的、接地气的、新思潮的另一面。此文披露的俞平伯关于"宣传"和"党"的不少观点,即使在七十多年后的今天,也并不过时,仍然颇具启发意义。

值得指出的是,俞平伯在这篇佚文中的观点以及展示的另一面形象还在先生其他作品和行为中闪现。比如俞平伯对"宣传"所持的"不可偏废"论,就可以从1925年6月18日致孙伏园的《一息尚存一息不懈》之希望罢课的各校学生"做以下的事"所包含的"督促政府向英日进行交涉,坚持到底。一面并用各国文字在世界努力宣传"① 中,从原载1952年1月15日《语文教学》第六期的《语言文学教学与爱国思想》之"如何通过语言文学的教学,来启发青年们的爱国思想呢?当然也不妨用口号之类来宣传,但单单口号并不够用"② 中,乃至从《一九七九年己未"五四"周甲忆往事十章》注释之"参加北大学生会新闻组时,偕友访京商会会长于其寓,要求罢市,彼婉言拒却之。欲散发传单而纸张不足,代以送殡用之纸钱,上加朱色标语"③ 的宣传行动回忆中找到回响。其对"党争"、对"联合"的观点,与1948年7月23日出席北平《中建》半月刊编辑部召开的"知识分子今天的任务"座谈会的发言也存在呼应,认为"现在民主政治离不开政党,而政党的竞争,必须有规则……知识分子的如何联合,同这个是很有关系的"。④ 其直面现实、关心时政的行

---

① 俞平伯:《一息尚存一息不懈》,载《俞平伯全集》第2卷,花山文艺出版社1997年版,第566页。

② 俞平伯:《语言文学教学与爱国思想》,载《俞平伯全集》第2卷,花山文艺出版社1997年版,第772页。

③ 俞平伯:《一九七九年己未"五四"周甲忆往事十章》,载《俞平伯全集》第1卷,花山文艺出版社1997年版,第591页。

④ 俞平伯:《知识分子今天的任务》,载《俞平伯全集》第1卷,花山文艺出版社1997年版,第739页。此文原载《中建》半月刊1948年第3卷第5期,8月5日出版,《俞平伯全集》误作第1卷第2期。

动,《俞平伯年谱》也多有记载,特别是1932年3月1日以一人之力"致国民政府并二中全会快邮代电",告诫"国民党既以党治国,对于吾民,在情在理,必负完全之责任"并"兹将去年九月十八日以来所怀之疑虑数端,均关于政府之措施者,质直上陈"①,更是清晰地彰显着另一个角度的俞平伯面影。

《"宣传""党"这两个词你怎么看法?》的发现,只是我们继发现并讨论北平期刊《大中》1946年第5期刊发的《为润民写遥夜闺思引后记》之后②,在搜罗俞平伯史料佚作,还原俞平伯创作全貌的道路上前进的又一小步。前文的饶舌阐释也难免不当之处,恳请读者诸君批评指正。浩如烟海的民国出版物中还存有不少俞平伯散佚诗文,特别是40年代沦陷时期一些伪政府背景的报刊如《国民杂志》等,还可进一步专门梳理。《知识与生活》也好,《大中》《国民杂志》也罢,都是抗战前后北平出版的学界关注不够的非文学期刊,其区域文化特征与价值,值得进一步认识讨论。

---

① 俞平伯:《致国民政府并二中全会快邮代电》,载《俞平伯全集》第9卷,花山文艺出版社1997年版,第199页。
② 参见凌孟华《俞平伯〈为润民写本〉初刊本及其他》,《中国现代文学研究丛刊》2012年第7期。后收入《故纸无言:民国文学文献脞谈录》,人民出版社2016年2月版,第143—165页。

防空洞与抒情诗

——细读穆旦《防空洞里的抒情诗》

慈明亮*

内容提要：1937年的全面抗战，极大震醒了国人的精神，也带来了新诗创作的深刻变革，针对徐迟的"抒情的放逐"的观点，穆旦提出了"新的抒情"的宣言。创作于1939年4月的《防空洞里的抒情诗》，便复杂地呈现了他的宣言。细读这首诗，可以看到他对空袭背景下人们精神状况的理性观照、他与大众心志的沟通以及他的自省意识，从而多层面地展现了时代精神。

关键词：新的抒情；时代精神；理智；战争记忆；"众我之我"

一

仿佛是从地下考古挖掘出来的珍品，穆旦先生创作于昆明西南联大时期的《防空洞里的抒情诗》（1939），得到了文学研究者的重点关照。①人们着迷于它的丰富性，认为它全面抗日战争期间诗歌的那些粗粝呐喊声中，显得与众不同。这首诗的丰富性和复杂性，也带来了细读的困难，只看到一面而忽视其他的情况在所难免。要从整体上把握它，从"外部"

---

* 慈明亮（1974— ），文学博士，2014年毕业于中国人民大学，中国社会科学出版社编辑，研究方向为中国现代文学及批评研究。

① 仅就海外译介而言，梁秉钧的《穆旦与现代的"我"》对这首诗中"我"的诠释是有里程碑意义的。

和"内部"两个维度进行探索,是一种稳妥的办法。

从诗的题目上看,"防空洞"与"抒情诗"之间有着很大的不和谐感,以往的抒情诗,还没有在防空洞里生发的。但我想,这是穆旦有意为之,防空洞是战争时期躲避空袭而形成的常见意象,是诗人必须面对的现实。全面爆发的抗日战争改编了中国新诗的走向,面对战争造成的国破家亡的严酷生活现实,徐迟认为诗歌创作表现为对以往个人牧歌式的"抒情的放逐":"这次战争的范围与程度之广大而猛烈,再三再四地逼死了我们的抒情的兴致。你总觉得山水虽如此富于抒情意味,然而这一切是毫没有道理的。所以轰炸已炸死了许多人,又炸死了抒情,而炸不死的诗,她负的责任是要描写我们的炸不死的精神的,你想想这诗该是怎样的诗呢。"① 徐迟认为,一方面,是战争造成的巨大破坏和伤害迫使人们直面苦难的现实,另一方面战争也激发了人们的斗志,诗歌有了新任务,就是描写"描写我们的炸不死的精神的"。

穆旦也认为战争已经彻底改变了中国人的精神面貌:"七七抗战以后的中国则大不同前。'灰色的路'现在成了新中国的血管,无数战士的热血,斗争的武器,觉醒的意识,正在那上面运输,并且输进了每一个敏感的中国人的心里。七七抗战使整个中国跳出了一个沉滞的泥沼,一洼'死水'。自然,在现在,她还是不可避免地带着一些泥污的,然而,只要是不断地斗争下去,她已经站在流动而新鲜的空气中了,她自然会很快地完全变为壮大而年青。"② 他这番激昂奋发的话,很大程度上代表了全面抗战初期战争受挫后中国人的心声,相信战争会重建中国人的信念,而诗歌也要有所作为。现实生活不允许那种伤感的抒情,而需要直面现实和鼓舞人心,穆旦回应徐迟"抒情的放逐"时提出了"新的抒情":

---

① 王凤伯、孙露茜编:《徐迟研究专集》,浙江文艺出版社 1985 年版,第 155 页。
② 穆旦:《〈慰劳信集〉——从〈鱼目集〉说起》,载李方编《穆旦诗文集》第 2 卷,人民文学出版社 2018 年版,第 59—60 页。

如果放逐了抒情在当时是最忠实于生活的表现，那么现在，随了生活的丰富，我们就应有更多的东西。一方面，如果我们是生活在城市里，关心着或从事着斗争，当然旧的抒情（自然风景加牧歌情绪）是仍该放逐着；但另一方面，为了表现社会或个人在历史一定发展下普遍地朝着光明面的转进，为了使诗和这时代成为一个感情的大谐和，我们需要"新的抒情"。这新的抒情应该是，有理性地鼓舞着人们去争取那个光明的一种东西。我着重在"有理性地"一词，因为在我们今日的诗坛上，有过多的热情的诗行，在理智深处没有任何基点，似乎只出于作者一时的歇斯底里，不但不能够在读者中间引起共鸣来，反而会使一般人觉得，诗人对事物的反映毕竟是和他们相左的。①

我们可以从两个方面理解他所说的"新的抒情"：一方面要"有理性地"观察、反映生活，理性体现在"离开了唯美主义以及多愁善感的观点"，所反映的内容"充足地表现出战斗的中国，充足地表现出了她在新生中的蓬勃、痛苦、和欢快的激动"②，只有如此，才能在"读者中间引起共鸣来"；另一方面要"鼓舞"，以便激励人们争取光明。前者可以说是靠着诗人冷静的眼睛，看得见战争生活中的痛苦与牺牲，看得见泥污、渣滓、阴影③；后者离不开诗人热忱的心灵，如穆旦评论艾青《他死在第二次》时所说："这里，我们可以窥见那是怎样一种博大深厚的感情，怎样一颗火热的心在消溶着牺牲和痛苦的经验，而维系着诗人的向上的力

---

① 穆旦：《〈慰劳信集〉——从〈鱼目集〉说起》，载李方编《穆旦诗文集》第2卷，人民文学出版社2018年版，第59—60页。

② 穆旦：《〈慰劳信集〉——从〈鱼目集〉说起》，载李方编《穆旦诗文集》第2卷，人民文学出版社2018年版，第61页。

③ "他在歌颂新生的中国。这里自然有一些不愉快的渣滓，但这些渣滓不过如无边的阳光下躲藏着的阴影，在强烈光线的鞭击下不久就会消失的。所以我们只要斗争下去，而诗人艾青所有的热情就正趋归于这一个方向上。"穆旦：《〈他死在第二次〉》，载李方编《穆旦诗文集》，人民文学出版社2018年版，第54页。

量。"或许可以用"冷眼热心"①来概括穆旦所主张的"新的抒情"的品格。而他所谓"理性"或"冷眼",又与他在这一时期接受艾略特和奥登等人的现代主义诗歌,有密切关系。②穆旦也意识到"冷眼"与"热心"之间存在着此消彼长的紧张关系,当时他会特别强调"热"的一面:"因为如果它不能带给我们以朝向光明的激动,它的价值是很容易趋向于相反一面去的。"③

实际上,无论是外在的环境原因还是内在性格气质使然,穆旦的诗作在此后还是走向偏理智的一面④。穆旦诗歌中凝视黑暗的因素变强了:"谁敢叫出不同的声音?/不甘于恐惧,他终要被放逐"(《鼠穴》),"在无数的绝望之后"(《我向自己说》),"希望,幻灭,希望,再活下去"(《活下去》)。在1945年为创作于1937—1941年的《探险队》所做的介绍里,他说:

> 最大的悲哀在于无悲哀。以今视昔,我倒要庆幸那一点虚妄的自信。使我写下过去这些东西,使我能保留一点过去生命的痕迹的,还不是那颗不甘变冷的心么?所以,当我翻阅这本书时,我仿佛看见了那尚未灰灭的火焰,斑斑点点的灼炭,闪闪的、散播在吞蚀一切的黑暗中。⑤

---

① 唐湜在《忆诗人穆旦》中对穆旦"冷眼热心"的特点有不少论述:"他有时候以历史家的超越时空的冷静眼光看切现象,可他的心灵却是炽热的""有时他的冷静、他的恨,正好就是他的火热的感情,他的恨铁不成钢的大爱的最好表现,一种辩证的表现"。

② 参见周珏良《序言》,载《穆旦译文集》第3卷,人民文学出版社2005年版,第331页。"记得一九三八年至一九三九年和良铮同在西南联大的时候,英国燕卜荪先生教现代诗一课,叶芝、艾略特、奥登以及更年轻的狄兰·托马(Dylan Thomas,1914—1953)的诗都是当时在课堂上讲过的。良铮那时已是很有成就的诗人,接触了新事物,自然更开阔了他的诗的境界。他有许多作品就明显的有艾略特的影响。四十年代末期,他曾把自己的诗若干首译成英文。当时一位美国诗人看到了,说其中有几首风格像艾略特,这很可说明他给我国新诗引进了新风格。"

③ 穆旦:《〈慰劳信集〉——从〈鱼目集〉说起》,载李方编《穆旦诗文集》第2卷,人民文学出版社2018年版,第61页。

④ 参见姚丹《"第三条抒情的路"——新发现的几篇穆旦诗文》,《中国现代文学研究丛刊》1999年第3期。

⑤ 穆旦:《关于〈探险队〉的自述》,载李方编《穆旦诗文集》第2卷,人民文学出版社2018年版,第69页。

从热心呼吁"争取光明"到黑暗"吞蚀一切",穆旦设想的"新的抒情"难以为继,我们仿佛看到他走向了曾经批判过的艾略特《荒原》的路:"诗人们并没有什么可以加速自己血液的激荡,自然不得不以锋利的机智,在一片'荒原'上苦苦地垦殖。"① 他将热情埋到内心深处,他的创作中呈现出"理性""理智"一面,如唐湜在《怀穆旦》中所说:"他有自己的抒情方式,一种十分含蓄,几近于抽象的隐喻似的抒情。更不缺乏那种地层下的岩浆似的激情。"②

其实,无论是"抒情的放逐"还是"新的抒情",都体现出"时代"与诗人的"自我抒写"之间的紧密联系。对于诗人如何在表现时代精神的同时表达自我,穆旦晚年这样表述:"我们这么写成一型,好似另一派,也许有人认为是'象牙之塔',可是我并不认为如此,因为我是特别主张要写出有时代意义的内容。问题是,首先要把自己扩充到时代那么大,然后再写自我,这样写出的作品就成了时代的作品。这作品和恩格斯所批评的'时代的传声筒'不同,因为它是具体的,有血有肉的了。"③ 他的说法很有意思,将时代精神简化自我,很容易变成"传声筒";而穆旦这种自我与时代的这种复杂互动,会让诗歌变得丰富而复杂起来。对于穆旦这句显得抽象的话,袁可嘉其实有一些提示:"独特在他们(九叶诗人)既坚持了三十年代新诗反映重大社会问题的主张,又保留了抒写个人心绪波澜的自由,而且力求个人感受与大众心志相沟通。"④ 作为九叶诗人中成就最高的穆旦,无疑符合袁先生的描述,也就是说,把握时代,寻求诗人与大众的心志想通的同时,仍然保留诗人个体的思考。《防空洞里的抒情诗》体现了穆旦"新的抒情"的主张和书写时代的

---

① 穆旦:《〈慰劳信集〉——从〈鱼目集〉说起》,载李方编《穆旦诗文集》第2卷,人民文学出版社2018年版,第59页。
② 唐湜:《忆诗人穆旦》,杜运燮等编《一个民族已经起来:怀念诗人、翻译家穆旦》,江苏人民出版社1987年版,第153页。
③ 穆旦:《致郭保卫》,载李方编《穆旦诗文集》第2卷,人民文学出版社2018年版,第217页。
④ 袁可嘉:《西方现代派诗与九叶诗人》,载李建立编《外国文学译介研究资料》,百花洲文艺出版社2018年版,第194页。

方法，值得细读一番。

二

在《穆旦年谱》中易彬对《防空洞里的抒情诗》有这样的注解："（1938 年）10 月，西南联大颁布员生分组挖掘小型防空洞办法……1939 年 2 月 17 日，联大颁布防空设备布告。1939 年 4 月 8 日，昆明发生空战，中国空军击落日机 2 架。"1939 年 4 月 8 日是日军第二次空袭昆明，而《防空洞里的抒情诗》也创作于该月，易彬认为"此诗的写作可能和现实经验有关"[①]。

修防空洞，与日军首次空袭昆明时造成的"九二八"惨案有直接关系。1938 年 9 月 28 日，日军 9 架飞机第一次空袭昆明，造成死亡 190 人、重伤 173 人、轻伤 60 人的惨剧。昆明城内多地遭轰炸，其中苗圃一带情况最为惨烈："上午 9 时许，昆明市内响起了刺耳的警报声。当时，毫无躲避空袭经验的市民，一片惊慌，四处奔逃，许多人麇集潘家湾及小西门城脚苗圃中。很快，9 架敌机来到昆明上空，对小西门外潘家湾一带进行轰炸。顷刻间，这里便化为一片火海，血肉模糊的尸体横七竖八地倒在地上，瓦砾间，烧焦了的树枝上黏附、吊挂着死难者的断肢残骸、内脏器官，真是惨绝人寰。受伤者呼号惨叫之声不绝于耳，闻之者无不伤心落泪。"[②]

在血的教训前面，有两种反应是值得一提的。一是闻声"跑警报"，施蛰存先生在《跑警报》（1940）里记录了当地的一个传说："我住的地方，隔着一堵并不坚厚的城墙，就是九二八那天死伤狼藉的苗圃，人们说那是一个有鬼魂等候着机会讨替代的地方，警报发作时，我还不逃跑吗？"[③] 空

---

① 易彬：《穆旦年谱》，中国社会科学出版社 2010 年版，第 45 页。4 月 8 日昆明击落日军飞机数，一说击落 3 架。
② 《忆日机首次轰炸昆明》，载中共云南省委党史研究室编《抗战纪实》，云南人民出版社 1996 年版，第 47 页。
③ 施蛰存：《跑警报》，原收入《待旦录》（1947），载《施蛰存散文选集》，百花文艺出版社 2009 年版，第 261—262 页。

袭的惨剧把死亡的阴影投向了人间，每个人都要为活着拼命，听到警报就要进入另一种生存模式；而这人间因为枉死者的鬼魂纠缠不去，变得人鬼杂处，活人随时可能进入另一个世界。

另一种便是对此前沉醉在"绮丽的云岭上的梦之乡"昆明的"避世"倾向的反思：

> （全面）抗战开始后，昆明虽然即刻与内地人民同仇敌忾，更自觉迅捷地进入了"抗战"的文化语境，但随着抗战初期"外来"力量的进入，日益繁荣、蒸蒸日上的经济文化氛围，使小城居民感到"这是昆明有史以来最繁荣的时代"并日益沉醉其中；加之此时敌机未来、战火远离，更使得昆明城"救亡情绪不够紧张"，甚至有"醉生梦死"沉浸在表面的繁荣安定生活中，把昆明看作是战火中得天独厚的"绮丽的云岭上的梦之乡"的"避世"倾向。在这个意义上，此时小城活跃的青年作家周辂认为"九二八"的轰炸正是"醒炮"———它所唤醒的，正是昆明城已经真正进入了战争的严峻意识。最能代表昆明文化界这种"反思"沉痛感受的，是本地作家马子华在"九二八"惨案发生不久后发表的小说《福地》。①

《福地》的主人公四老板集两大"恶"于一身，一是幻想昆明是福地，战争与他无关；二是极端自私与吝啬，防空募捐只捐了一元国币。结果，他在"九二八"轰炸中被炸身亡。这篇带有"因果报应"色彩的宣传小说的目的很明确，就是唤醒市民，加强警惕，同时为抗战"有钱出钱有力出力"。《抗战时期昆明的文化空间与文学表达》的作者王佳谈道："云南《民国日报》刊登的本地诗人作品中，空袭所'警醒'昆明城的，正是'从今后，便不该再存半点苟安的希望'——'苟安'心态正是'福地'幻梦存在的基础，在昆明本地文化人看来，这种心态尤其由于现实

---

① 王佳：《抗战时期昆明的文化空间与文学表达》，中国社会科学出版社2019年版，第121页。

中空袭的介入则更显得不合时宜,应该强力戒除,昆明此时应该做的,是正视小城已经进入了战争的现实境遇,明白'这是怒吼的时候了'。"①

《防空洞里的抒情诗》内涵丰富,结构却相对简单:主体由正诗和副歌(后移两个字表示却别)组成,两段副歌将防空洞里的情形区隔成两部分;最后一段是空袭结束后回家的情形。诗中写空袭下众人的精神状态以及对"警醒",与上文提到的文献颇可呼应。

例如,从隐喻层面看,"防空洞"就构成了这样一个小小的"福地":"我想起大街上疯狂的跑着的人们／那些个残酷的,为死亡恫吓的人们,／像是蜂踊的昆虫,向我们的洞里挤。"因为这"地下"才"安全"。为残酷的死亡所恫吓的人们,大约就是经历过"九二八"惨案的昆明市民,见识过残酷的死亡。他们如惊弓之鸟,听到防空警报,慌不择路地在"大街上疯狂的跑着"。进了防空洞,心态明显放松下来了。"我"也是连跑带爬进了山上的防空洞,身上还粘了农田的草。进了洞,挥去汗水、拍打衣服的时候,就看到一位熟人,他笑着和"我"打招呼,他手里还拿着份《申报》,邀"我"去光线好一点的地方看。他是早一步进了防空洞,不知是由于紧张、爬山的劳累还是有些冷,身上在打战。不过他心情不坏,入洞为安,找点事做,努力将听到空袭警报时的恐惧抛在一边。洞里其他不相识的人也很快熟络起来,先是谈论起防空洞边上农民地里种的什么,然后谈警报响起时众生相,有的在高楼上睡觉,有的在洗澡;又谈起轰炸可能会造成物价上升;还约好过几天登门拜访。听内容,这些人都是城里的市民,不认识庄稼,生活也不是自给自足的,"府上""拜访"这类客套话用得很熟练,警报声仿佛已经远去,洞里一派祥和安逸的空气。

但死亡的阴影并不会因为他们藏在安全的防空洞里而消失。随后诗歌风格突然发生了剧烈的变化,一定是外面发生了什么,让他们的嘈杂琐碎的交谈蓦然停止,使得他们在彼此眼里"变黑"了:

---

① 王佳:《抗战时期昆明的文化空间与文学表达》,中国社会科学出版社 2019 年版,第 122 页。

寂静。他们像觉到了氧气的缺乏，
虽然地下是安全的。互相观望着：
O 黑色的脸，黑色的身子，黑色的手！
这时候我听见大风在阳光里
附在每个人的耳边吹出细细的呼唤，
从他的屋檐，从他的书页，从他的血里。

这段文字着力写防空洞里众人的奇异反应，没有写防空洞外发生了什么事，容易让没有类似体验的人摸不着头脑。为什么大家不说话了？洞里明明有"隐隐的风"，为什么会有氧气的缺乏？诗人强调"地下是安全的"，跟变黑有什么关系？怎么又听见"大风在阳光里"，地下室里怎么会刮起这样的奇异的风？先揭破谜底，我们参考冰心记录的重庆轰炸的情境就明白发生了什么：

轰炸的日子，常常是晴空万里。
惊慌的尖叫的警报声中……抱着孩子跑进阴冷的防空洞。
这里面，吓得发抖的妇人和孩子们，脸色变得发青。
我们没有声音，对着头上飞过的成群的飞机和轰轰的爆炸声、还有那猛烈摇动的狂风长长地叹息……①

推测起来，穆旦诗中所说的"大风"可能是防空洞外炸弹爆裂所引发的狂风，带着死亡的信息。这种听起来像从屋外进入房间、吹乱书页的风，让人呼吸急促，心跳加快，血液极速流动，耳边仿佛有风吹的感觉。尽管防空洞是安全的，这阵势让心有余悸的市民脸色大变。穆旦特别强调了人们"变色"时"黑色的脸，黑色的身子，黑色的手！"如果按冰心的说法，受惊吓而"脸色发青"，最多也是"面如死灰"，"青"

---

① 冰心：《从重庆到箱根》，载《冰心全集》第 3 卷，海峡文艺出版社 2012 年版，第 76 页。

"灰",怎么在诗中变成了"黑色"?穆旦这种"惊异的发现",可能是受到了大战之中"墨"色的启发。

晚清到民国,这种"墨色"的词意有变化,开始是人的气色呈现"墨色",而后"墨"成了"死"的代名词。"时城已垂破,守者气尽墨,清平至,乃复振。"① 王颂蔚《胜固欣然败亦可喜赋》写下棋交战有:"迨旗靡辙乱之时,徒叹全军化鹤……望气而彼军尽墨,果然奋臂一呼。"这里的"尽墨",还只是士气上的颓丧。② 而此后"气"的墨变成了"人"的"墨"。周瘦鹃《为国牺牲》(1915)有"诘朝,大军亦获大胜,敌军尽墨"。③ 绮缘《牺牲》(1919)有:"则全军必且尽墨,立致败北,尚望获胜耶?"④ 王树《祭黄花岗》(1933)有:"全师尽墨,勇士丧元。"⑤ 则"尽墨"已是"死亡"之意。

穆旦"黑色"的用法,兼有气色上的"墨"与"死亡阴影"两重含义。空袭带来的"残酷的死亡的恫吓",使人变得极度紧张;死亡仿佛近在咫尺。死亡给人的精神罩上了深深的阴影,仿佛有阴魂在作祟,让人想到了苗圃冤魂找替代的事。

"黑色"的发现,更多是来自诗人的"幻景",布鲁克斯和沃伦在解释《阿尔弗瑞德·普鲁弗洛克的情歌》时说:"这里'幻景'(Vision)一词是重要的,因为它意味着某种基本的洞察力,真理的一闪或美的一瞥。只有神秘学家、圣徒、占卜人和诗人才看得到'幻景'。"⑥ 就是说,普通人也许只是因为恐惧而"脸色发青",但诗人看到了这其中隐含的丰富含义,在这样昏黄的空间里,人处于一种生与死之间的状态,仿佛活

---

① 杨世洪主编:《遂宁县志校注(光绪五年本)》(下),巴蜀书社2019年版,第644页。
② 参见张成林《清人辞赋选释》,黑龙江人民出版社2018年版,第348、350页。
③ 《礼拜六》第56期,转引自《清末民初小说书系·爱国卷》,中国文联出版公司1997年版,第92页。在范伯群主编《周瘦鹃文集》(上)中,"尽墨"作"尽没"。
④ 《小说新报》第5年第5期,转引自《清末民初小说书系·爱国卷》,中国文联出版公司1997年版,第147页。
⑤ 高拜石:《上报的冠军作文》,载《新编古春风楼琐记》第12集,作家出版社2005年版,第207页。
⑥ 穆旦:《穆旦译文集》第3卷,人民文学出版社2005年版,第347页。

着，而又可能随时死去。

对比场景就能发现，穆旦诗中描绘的空袭场景比冰心的要晦涩许多，需要动用理智才能有所领悟。也许这正是穆旦所追求的，正如他肯定卞之琳《慰劳信集》中包含抽象名词的诗句："这些诗句是动人的，虽然我们要用一点思索后才能被感动，因为这里是渗透进了情感的'机智'。在这里，我们可以觉出那正在从枷锁中挣脱出来的'新的抒情'的缓缓起伏。"① 传统上的诗歌往往先牵引读者的情感，而后读者回味时加入理性的判断；而崇尚"机智"（wit）的诗歌是"脑神经的运用代替了血液的激荡"②。冰心所描绘的场景，能够唤醒经历过空袭的人的记忆，而没有体验过的人反应会比较淡；但在穆旦的版本里，经过了思索和感同身受式想象，重新调整了人们反应（听到爆炸声—人们紧张得喘不过气起来—脸色暗黑—爆炸引起的狂风大作），对空袭有了特别的感受，仿佛是人在现场，与众人同感又同时在观察众人。

这一幻景出现之后，便进入副歌的第一段，从另一个场景讲述"福地"遭到入侵的情景，一个炼丹术士遭受阴魂虐杀。古老森林里的炼丹术士陷入了沉睡，却被跑出地狱的阴魂③杀戮。阴魂用火烧、剥皮等残忍手段对待活人，便像极了日本鬼子侵略、烧杀中国人；而在"古代的大森林""坠入了梦里"的术士，又很像封闭在世界角落里昏昏沉沉的中国人，对于恶鬼，不能反抗，任人宰割。而明明是炼丹术士痛苦无比的叫喊，阴魂却听到"他号出极乐国的声息"，这是因为丧失了同情心，阴魂很享受着听到的虐待他人的声音。因为情节上的密切联系，我们接着谈第二段副歌。

---

① 穆旦：《〈慰劳信集〉——从〈鱼目集〉说起》，载李方编《穆旦诗文集》第2卷，人民文学出版社2018年版，第63页。

② 穆旦：《〈慰劳信集〉——从〈鱼目集〉说起》，载李方编《穆旦诗文集》第2卷，人民文学出版社2018年版，第59页。

③ 在写作《防空洞里的抒情诗》之前的两个月，穆旦创作了《合唱二章》，其中已经写到了从坟墓中涌出的暴虐精灵，古国的子孙以"坚贞的爱"来"痛苦、死难"："黄帝的子孙，疯狂！/一只魔手闭塞你们的胸膛，/万万精灵已蹀出了模糊的/碑石，在守候、渴望里彷徨。"

在第二段副歌里，死到冰冷的术士竟然变成僵尸爬起来，习惯性地烧炉丹。看来，他的精神并没有随身体一起苏醒过来。这时候，黑暗中有一个声音在呐喊，促其觉悟："毁掉，毁掉……你那枉然的古旧的炉丹。/死在梦里！坠入你的苦难！/听你极乐的嗓子多么洪亮！"初读这句话，除了毁掉丹炉以改变生存惯性表达一种正面的意思以外，后面两行意义是很含糊的，仿佛可以作截然相反的解释。先前术士被阴魂虐待而死的时候，也是先沉入梦中，然后受苦，然后叫出阴魂喜闻的声息。这次声音是"怒其不争"而愿见其死吗？这又与毁掉丹炉的警醒之声不一致。我们可以尝试另一种解释：这声音警示要术士彻底改变旧有的生活方式，毁掉丹炉，要死也要为胜利的梦想而死，即使要遭受苦难也要是反抗的苦难，秉持这种视死如归的信念，将死亡当作一种洗清屈辱和苦难的解脱。

这种积极的解读，延续了毁掉丹炉的主旨。也与下面两句相关联："胜利了，他说，打下几架敌机？/我笑，是我。"① 这两句对话的情境略有些难猜，不过上文提示了"死在梦里"，暗示了熟人睡着做胜利的梦了，空袭警报解除后"我"将他唤醒了，他猛地从梦中醒来，意识尚停留在梦里胜利的时刻，所以要问"打下几架敌机？"空袭刚结束，怎么会那么快有消息？看着熟人从好梦中惊醒，"我"笑了。

这些都折射出穆旦对胜利的渴望，如前文所说，他相信战争会激发民族的活力，这也与全面抗战初期的时代精神一致。在《防空洞里的抒情诗》中，僵尸的惯性生活方式，很难像穆旦此前创作的《野兽》里负伤的野兽那样"复仇"，因而需要另一种声音去"警醒"。

第一部分和副歌第二段所构成空袭昆明背景下的"福地"与"警醒"命题，回应了现实层面以及时代精神的召唤。而战争在每个心头所投下死亡的心理阴影，既体现在第一部分众人的反应中，也体现在副歌第一部分炼丹术士的悲惨呼号里。对这种悲惨死亡的强烈反动，形成了副歌

---

① 他被蓦然惊醒时问起"谁"，我回答"是我"。这个"谁"字，在有些版本上被删掉了，可能是怕引起误会，认为熟人不是作胜利的梦，而是作难解难分的战斗之梦。

第二段的"声音"来源。

三

穆旦对诗中的那位熟人"他"以及那些躲空袭的市民持何种态度？

此前的批评者意见往往是相近的，我们不妨举一种为例。那个读报的熟人："虽然洞里如此昏暗，'他'还能怡然品味报上的花边消息。对于这种庸常麻木的状态，诗人的讥讽不言自明。""听听这些群体交流的内容：睡觉、洗澡、市价……皆是琐碎无聊的日常性话语。单看这些似也合乎情理，但一旦联想起此刻交谈的场所和那一触即发的战争，便不能不为这些生灵们浑浑噩噩的生存而感到悲哀了。这正体现了诗人高超的诗艺……"① 无论是灵感来自《阿尔弗瑞德·普鲁弗洛克的情歌》中肤浅琐碎的庸众，还是副歌第二段的"僵尸"，似乎都有理由认为诗人是在"讥讽"这些"为死亡恫吓"的人们，他们一旦从危险感里摆脱出来，就仿佛没事一般进入日常生活模式。诗人对他们持讽刺立场似乎是不言而喻的。但如前文已经指出的，"他"也会关心战争成败，做胜利的梦，并不全是"庸常麻木"，而且"日常生活"对于这些市民来说是自然不过的，我们并不知道他们会不会"有钱出钱有力出力"。而在施蛰存和汪曾祺的《跑警报》里，都对市民或学生这种空袭常态化的生活状态持认同或同情态度，战争状态下，活着已是不易，更难得是在紧张中有放松，接受战争成为生活的一部分。费孝通在《疏散》（1946）一文中的话说是："跑警报已经成了日常的课程。"② 而西南联大专门为空袭调整了课程安排，上午到十点课程基本结束，下午三点开课，其间留下五个钟头给空袭。战争极大改变了人们已有的生活状态，暂时回到日常生活，未尝不是一种心灵调节。

普通人这种"不在乎""习惯"的心理状态，总让人担心会不会又回到了轰炸前那种漫不经心，既无振奋的精神，也无抗争的使命，剩下仿

---

① 孙玉石主编：《中国现代诗导读 穆旦卷》，北京大学出版社2007年版，第18页。
② 费孝通：《疏散》，载《费孝通全集》第4卷，内蒙古人民出版社2009年版，第477页。

佛就是为保命而跑警报，慢慢为空袭而磨损了意志。在这种背景上，我们才能感受到冯至《我们来到郊外》所具有的战歌色彩："有同样的警醒/在我们心头，/是同样的运命/在我们肩头。"因空袭带来的"警报"，转化为民族危亡的警醒；而每个人的生死存亡，都息息相关，促使我们成为一个整体："我们……像不同的河水/融成一片大海。"对于人们那种不经心，诗里直怼："要爱惜这个警醒，/要爱惜这个运命，/不要到危险过去，/那些分歧的街衢/又把我们吸回，/海水分成河水。"

《防控洞里的抒情诗》是"抒情诗"而不是"战歌"，穆旦持怎样的态度呢？梁秉钧先生在《穆旦与现代的"我"》中的探讨可资借鉴：

> 穆旦在《防空洞的抒情诗》等诗中所写的"我"既无英雄色彩，也不相信有能力改变世界，是受制于外在事物的。诗人和他所写的人物既非先知，也不随便贬斥他人，这正是穆旦等中国现代诗人，与战时其他诗人不同的地方。许多抗战诗中的"我"，往往是先知或是战士，呼吁、呐喊、咆哮，就其完全信赖理性及认为能改变外在事物的自信方面，比较接近伏尔泰式的"我"，穆旦等诗人同样有理想和善良的愿望，但诗中表现的现代的"我"，显示了比较复杂的反省。①

虽然副歌中出现的"声音"仍保留着"呐喊"色彩，但毕竟没有明确说是"我"发出的，而且也比较隐晦。而"受制于外物""不随便贬斥他人"的论断，还要回到诗歌中具体分析。

诗中的"我"在副歌第一段开始之前，基本上都是一个理性的"记录者"，记录下防空洞里的众生相。之所以成为"记录者"，可能是因为"我"更冷静，当众人吓得变成"墨色"时，"我"知道防空洞里是安全的。

---

① 梁秉钧：《穆旦与现代的"我"》，载李怡、易彬编《穆旦研究资料》（上），知识产权出版社2013年版，第261页。

"我"明确对众人的反应做出反应,是第一段副歌结束后:由于空袭的惊吓,"他们像觉到了氧气的缺乏",紧张到喘不过气来。而对这种明明安全却吓得要命的精神状态,让"我"感觉"这里的空气太窒息",是对众人紧张过度的些许反感。也许是有了空袭解除的信号,"我"有些不耐烦,对着熟人"我说,一切完了吧,让我们出去!"似乎要离开这个让人窒息的环境,就像逃离副歌第一段的梦魇一般。很明显,"我"与众人的关系紧张起来了。

我们进一步思考,"我"究竟反感的是什么。首先便是怯懦,这种怯懦来自平静生活突然被打破后的本能的退却,与《野兽》里充满"野性"的野兽不同,市民更像是驯良的家畜。其次是消极适应,从警报响起进洞躲避到空袭来临,人们的精神也经历紧张—放松—极度惊恐的阶段,而等到空袭结束后回到家里,经过弹去衣服上的青草和泥土这一仪式化的活动,又仿佛一切都没有发生一样。最后是形成惯性,维持生活惯性的,便是"善于遗忘"的消极适应性,这是一种缺乏足够自省的非理性的生活方式。我们在副歌第二段里,看到醒转的僵尸起来后依然惯性地烧炼丹炉,可以视作诗人对众人的理解。

但在另一方面,这种生存的"惯性"未必全是负面的。它好歹让人醒过来了,多少恢复些生命的活力,因而也有了"复仇"或改变生活方式的希望。其实大的灾难过后,对于人们摆脱苦难的阴影,穆旦总是很敏感。他在1977年2月19日(正月初二)写给友人的信里说:"卅晚上一夜鞭炮,使你忘了不久前地震死人的情况。"①"忘了"或许是普通人甩掉过往沉重的包袱,轻松心态进入常态的生活的方式,多少是一种精神有弹性的表现。② 或者说,它包含在"炸不死的精神"里。

而这时候,那个熟人拉着站起的"我",告诉我报上看到的"我"的

---

① 李方编:《穆旦诗文集》第2卷,人民文学出版社2018年版,第203页。
② 在抗战胜利后,穆旦在武汉发现投降的日本人生活"由豪华忽然赤贫而濒于饥寒,而他们还竟然过得这么有声有色",因而感叹"人在怎样的情形下都要生活……使你不由不对他们的弹性得一深刻印象"。李方编:《穆旦诗文集》第2卷,人民文学出版社2018年版,第77页。

女性好友在上海饭店结婚的消息，让"我"重新思考和"众人"之间的关系。在听到好友结婚的消息后，"我"头脑里突然涌现一片片富有浪漫而微妙的画面。这部分内容在整首诗歌黑暗压抑的氛围里，是唯一具有传统意义上的抒情色彩的段落：

> 我已经忘了摘一朵洁白的丁香花挟在书里，
> 我已经忘了在公园里摇一只手杖，
> 在霓虹灯下飘过，听 Love Parade 散播，
> O 我忘了用淡紫的墨水，在红茶里加一片柠檬。

这里有霓虹一般的色彩：洁白的丁香，淡紫的墨水、红茶、黄色的柠檬……这里有休闲的心境，听外国歌，在公园里一副绅士派头地散步。唤醒这一切美好情境的，是那位在上海结婚的女性好友。如果可以想象一下，是不是这些美好情境都是与这位女性朋友有关？全面抗战爆发前，一起逛公园、逛街，看电影，特别敏锐地感受到世界上细微的美好。① 而现在，在上海的这位女友在饭店里（租界？）举行了盛大婚礼，生活似乎会无忧无虑地进行下去；"我"的生活却被战争和空袭打断了，为躲避空袭而疲于奔命，已经忘记那些曾经美好的生活细节，用徐迟的话说是"逼死了我们的抒情"。

战争把人带入一种非常态的世界，虽然不情愿，人们仍要跟常态的生活说再见。这种"恍如隔世"的感觉——在时代的"灰尘"在自己头上的时候——会特别明显。费孝通的房子在空袭昆明时炸毁，屋里的物件没有大的损毁，但尘土落在家具、床单和饭上面：

> 麻烦的是这一层罩住了一切的灰尘。要坐，要睡，先得除去这

---

① 如果八卦一下，这位女性朋友可能指穆旦的初恋万卫芳，两人相识于北京，穆旦在清华，万卫芳在燕京大学，是富家女，学校南迁到长沙后，万卫芳回北京履以前的婚约，两人分开，这次失恋对穆旦伤害很大。

一层。这一层被炸弹所加上去的,似乎一拿走,就是原有的本色一般。可是这是幻觉,整个房屋已经动摇,每一个接缝都已经脱节,每一个人也多了这一层取不去的经验:一个常态的生活可以在那一刹那之间被破坏,被毁灭的。这是战争。①

正是对自己美好生活的回味以及知道它永远消失了,让"我"理解以前"低看"那些人:他们急于摆脱糟糕的回忆和"我"已经忘记了那些美好回忆,不过都是死亡阴影下的内心反应,是死亡的压迫感让每个人连接在一起:

> 当你低下头,重又抬起,
> 你就看见眼前的这许多人,你看见原野上的那许多人,
> 你看见你再也看不见的无数的人们,
> 于是觉得你染上了黑色,和这些人们一样。

"低头""抬起",暗示诗人调整了看待这些人的视角,从俯视改为"平视",从一种优越感转为平凡感,他也因此获得了一种新眼光(vision),看见不同地方的人,甚至是看见"再也看不见的无数的人们",那些已经离开人世的人。所谓看见,或许是"同情之理解",一种感同身受,这便是袁可嘉所说的"力求个人感受与大众心志相沟通"。但诗人并没有因为自己"染黑"完全等同于普通人,变得完全"一样",这在最后一节中有所表现。

空袭结束了,大家纷纷走出防空洞回家,原本现实风格的内容最后突然变得魔幻起来:

> 当人们回到家里,弹去青草和泥土,

---

① 费孝通:《费孝通全集》第 4 卷,内蒙古人民出版社 2009 年版,第 480 页。

> 从他们头上所编织的大网里,
> 我是独自走上了被炸毁的楼,
> 而发现我自己死在那儿
> 僵硬的,满脸上是欢笑,眼泪,和叹息。

"我"因为躲进了防空洞,从空袭死亡的威胁中摆脱了出来,回到毁坏的家中,本该庆祝自己在这惨烈的空袭轰炸中得以幸存,应该和那些人一样弹掉身上的青草和泥土,就像弹掉不快的记忆;谁知道竟然发现自己"死"了。着实让人惊异。更惊奇和矛盾的是,死者僵硬的脸上的表情是极为丰富的,同时并存着"欢笑,眼泪,和叹息"。诗中见到自己的死亡究竟有何意义,无疑要根据诗的语境来做判断。

首先,这种死亡体验如此强烈,与"我"的"孤独感"明显有关。细读这段文字里,"我"如何从"人们"这个复数词中分离出来的:先是"我"包含在人们之中一起"回家",在"海水分成河水"的过程中,慢慢变成了"他们"和"我",他们回到家,弹掉身上的青草和泥土,就像弹掉那些不快的记忆;"我是独自"越过了"他们"的头顶上楼,穆旦用"独自"强调这种差异导致的分离,又用"是"来强调一遍。就是说,在众人放松下心情继续过日子的时候,诗人却独自面对自己,那个曾经"扩充到时代那么大"的自我。其次,进入"被炸毁的楼",又触发了诗人关于一切都回不去了的感受,这种感受不完全是个人的,而是"众我之我"①,包括哪些"再也看不见的人"的。在这样的反身自顾(self-reflection),我看到死亡(僵尸),也看到了面对战争各种表情,胜利的欢笑,悲喜莫名的泪水,以及饱含深情的叹息。

或许普通人可以甩掉过往沉重的包袱,面向未来,轻松进入常态的生活,但诗人是背朝未来的天使,他们宿命地扛起记忆的重负,抵抗时间那吹散一切的狂风。

---

① "众我之我"是将自己打破后进入众我时,我融合了其他人之"我"。[印]乔荼波陀:《圣教论 蛙氏奥义颂》,巫白慧译释,商务印书馆2011年版,第115页。

四

《防空洞里的抒情诗》是穆旦践行自己"新的抒情"理念的重要尝试,我们很难说这种尝试是完全成功的。"有理性地鼓舞着人们去争取那个光明",本身便蕴含难以完美实现的矛盾,"鼓舞"所需要的热情往往会损耗在对生活"理性"第认知中。但我们在《防空洞里的抒情诗》和《空虚与充实》里看大了穆旦朝这个方向所做的努力,前者带有《荒原》那种复杂、晦涩的气息,后者则有《普鲁弗洛克的情歌》内心独白的色彩,但都与当时的生活及时代精神联系密切,蕴含着穆旦火一样的热情和诚挚的思考。是否能够达到"鼓舞"的效果,是诗人难以把控的,他只能按自己的方式做好自己的工作。

在《〈慰劳信集〉——从〈鱼目集〉说起》一文中,穆旦探讨了来自欧洲的"机智"风气在中国诗坛的影响。卞之琳以其机智风格早在徐迟之前就"把抒情放逐了",他在"七七"事变之后创作的《慰劳信集》,改变了《鱼目集》中狭小天地,内容变得开阔,但穆旦也指出"这些诗行是太平静了,他们缺乏伴着那些内容所应有的情绪的节奏。这些'机智'仅仅停留在'脑神经的运用'的范围里是不够的,它应该跳出来,再指向一条感情的洪流里,激荡起人们的血液来"。① 在这里,我们可以看到了穆旦与卞之琳的接续关系,后者是要开"机智"的新风气的。虽然他的诗在当时的影响只是小范围的②,而在今天,却拥有了万千读者,能"激荡起人们的血液来"。

---

① 李方编:《穆旦诗文集》第 2 卷,人民文学出版社 2018 年版,第 62 页。
② 参见易彬《他非常渴望安定的生活——同学四人谈穆旦》,载李怡、易彬编《穆旦研究资料》(上),知识产权出版社 2013 年版,第 79 页。这是杜运燮的话。

区域文化与古代文学研究

主持人：何易展教授

主持人语：

文学与地理的关系极其密切，文学既是个人情志及社会历史的语境叙述，也是对自然地理的一种省视。古人"仰以观于天文，俯以察于地理"（《周易·系辞》），从而"究天人之际，通古今之变"（司马迁语），其中所涉无不是人与宇宙及自然地理之关系。《尚书·禹贡》《管子·水地》以及《诗经》之"十五国风"诸篇，无不彰示文学地域研究的价值和意义。而当代学人对文学地理学的研究，在现代的语境和视野下，也往往能掘发新义。本期刊发一组文学与地域书写的论文，其中《明清湖湘疫灾文学的多维书写与地域解读》从明清文学文献中对湖湘地区疫灾书写的史叙意义、艺术特色和现代价值等进行了一定的探讨；《黄庭坚谪居黔州所书李白〈秋浦歌〉的内蕴》则详细地分析了黄庭坚草书李白《秋浦歌》的政治背景与情感内蕴，从而揭示黄庭坚贬谪黔州的特殊历史语境；《南宋绘画中的南方意象与文学书写》则选择西湖与墨梅两种图绘考察其南方意象和文学书写。其虽各有侧重，然总体上皆反映了文学与地域的密切关系，其途路不同，取径各异，或以文学史料之视角，或以书法之骋怀，或以绘画之形意，无不呈其新思，于人与自然及人与人之"天人"关系的思考，或能予今人重新的思考。

明清湖湘疫灾文学的多维书写与地域解读[*]

何 湘 陈 倩[**]

内容提要：明清湖湘地域天灾频发，疫病随生，给民众带来了极大痛苦与损失。灾情惨烈，深受触动的湖湘文人对本地疫灾展开了多维角度的书写。这些作品既描述了明清湖湘受灾场景，书写了民众身体与精神的双重创伤，也抒发了作者悲天悯民的人文情感与责任意识，还记录了湖湘地区祛瘟避疫的巫风民俗，展现出特殊时期的湖湘风貌。"审丑"视角的写实感，动词锤炼后的精准性，强烈对比运用后的反差效果，增强了作品的艺术感染力。文人们在文学上还原湖湘灾难现场，探讨灾后建设，表达灾情思索，亦具有现实意义。

关键词：明清；湖湘；疫灾；文学现场；地域色彩

我国自古多疫灾，对民众生活破坏严重。东汉许慎《说文解字》中言："疫者，民皆病也。"瘟疫这种恶性病传染速度快，致死率较高，且暑热、严寒、水灾、地震、战乱、饥荒等都能导致瘟疫的流行。湖湘地域，气候温热多雨，河流稠密多布，天灾频发，再加之社会动荡，这些

---

[*] ［基金项目］湖南省哲学社会科学基金一般项目"清代湖湘诗史典型事件文献考辑与研究"（编号20YBA108）。

[**] ［作者简介］何湘（1979— ）女，湖南科技大学人文学院副教授，硕士生导师，研究方向为明清地域文学；陈倩（1999— ）女，湖南科技大学潇湘学院学生。

因素综合在一起都极易引发疫灾。灾情惨烈，触目惊心，深受触动的湖湘文人们创作了大量疫灾题材的作品，这些作品倾向于多维的书写，采用纪实的视角，以文学为载体承载历史信息，记录了明清湖湘灾害现场，展露出特殊时期的湖湘地域风貌。

一 明清湖湘疫灾的具体成因与历史记录

"瘟疫既是源发于自然环境的一种生理疾病，同时又与人体抵抗力、人类活动有密切的关系，论述瘟疫蔓延的原因，势必兼顾自然因素和社会因素。"① 明清湖湘疫灾蔓延也存在其独特的自然因素与普遍的社会因素，两者交织混合，加深了疫灾的影响程度，亦加重了其伤害程度。

（一）疫灾发生的自然因素

水灾。因为湖湘地区地处亚热带季风气候，湿热多雨的气候特点以及河流稠密多布的地理因素，致使此地易发水灾。洪灾淹没，导致大量人口死亡，而泛滥的洪水将大量的尸体和垃圾冲刷至各处。洪水退却后来不及掩埋的尸体和垃圾易成为病菌产生和繁殖的温床，再加上湿热气候的蒸发，极易产生传染病菌从而污染饮用水源。遭受水灾后人体本就身体机能下降、抵抗力不足，这时若传染病菌侵入，势必会导致瘟疫的暴发与流行。明清史料记载了湖湘地区众多因水灾而引发疫灾的事件，如：道光元年（1821），"淫雨甚寒，民多疫"②；同治元年（1862），"芷江淫雨，伤稼大疫"③。

旱灾。旱灾是属于气象灾害的一种，造成这一灾害的原因主要有以下两个方面：一是气候严酷，二是不正常的干旱。旱灾发生后，炎热的气候以及连续不降雨会导致农作物减产甚至绝收，进而造成饥荒的发生。明清时期我国遇上第四次小冰河期，气候剧烈变化导致旱灾频发，农作

---

① 于新忠：《瘟疫下的社会拯救》，中国书店 2004 年版，第 82 页。
② （清）李瀚章、裕禄等编纂《（光绪）湖南通志》，岳麓书社 2009 年版，第 4926 页。
③ （清）李瀚章、裕禄等编纂《（光绪）湖南通志》，岳麓书社 2009 年版，第 4936 页。

物水分不足致使粮食大量减产，某些地区甚至出现农作物绝收现象。而粮食不足会引发饥荒，进而诱发疫疠。如成化十二年（1476），"湖广夏秋亢旱，田禾损伤，人染疫死者甚众"，崇祯十六年（1643）"大旱，永州常德大疫"①。这些史料真实记载了湖广地区因旱灾导致田地、禾苗损伤，粮食产量不足，民众因饥饿诱发严重的传染病，而使众多百姓染疫而亡的悲惨事件。

蝗灾。俗语曰："久旱必有蝗"，严重的干旱过后往往会伴随着蝗灾的发生，据邱云飞先生的《中国灾害通史》统计，仅在明代"197 次虫灾记录，就有与旱灾相关 46 次与旱灾一块记载"②。蝗灾的破坏性非常可怕，俗语言："蝗虫过境，寸草不生"。严重的蝗灾会造成粮食绝收，继而导致饥荒，而营养不足、抵抗力差的饥民极易感染病菌，进而引发疫灾。因蝗灾诱发疫灾的史料记载如：明代天顺五年（1461），新宁发生"虫食苗，大疫"，清代乾隆四十四年（1779）"长沙虫伤稼，饥"，导致"殍瘵况疫疠，白骨填沟溪"。道光十五年至十六年（1835—1836）间，咸丰七年（1857），湖南各地大旱，"飞蝗蔽天，晚稻无获"③，民间大饥，且多疫。

（二）疫灾发生的社会原因

饥荒。由前面论述可知，饥荒的发生往往与水灾、旱灾、蝗灾等灾害密切相关，饥荒往往是这些灾害衍生出的次生灾害。灾害发生后，农作物产量锐减，粮食短缺，饥饿促使灾民刨食鼠洞中的粮食甚至捉鼠充饥，而老鼠往往携带了大量病毒。长期的粮食短缺会使民众身体羸弱，抵抗力不足的灾民吃了携带鼠疫杆菌的老鼠和食物，极易染上鼠疫病菌，且由于当时医疗手段不发达、社会动荡，疫病控制不住传播开来，必然

---

① "中央研究院"历史语言研究所校印：《明宪宗实录》，中华书局 2016 年版，第 2994 页。
② 袁祖亮编：《中国灾害通史·明代卷》，郑州大学出版社 2009 年版，第 95 页。
③ （清）李瀚章、裕禄等编纂《（光绪）湖南通志》，岳麓书社 2009 年版，第 4936 页。

会造成疫灾。万历十六年（1588）湘潭大风伤稼，从而引发"大饥，疫"①，崇祯十七年（1644）沅江发生饥荒，引发"沅江大疫民死十之八九"②。大饥荒的发生常会引发疫灾的流行。

战乱。战争也是引发疫灾的一个重要因素。明末清初及清后期，政治崩坏，大规模战乱时常爆发。军队人口密集，医疗卫生条件受战争影响变差，加之战乱会导致死伤惨重，成千上万的尸体来不及被掩埋，暴露于荒野的尸体变成病菌滋长的温床，这些传染性病菌很快在人群中传播开来，导致疫灾的暴发。张剑光《三千年疫情》总结了许多历史上因战乱而导致疫灾的事件，特别提到明代湖广地区一次可怕的疫情："明朝中叶，……李原起义后……这批被押解往湖广、贵州充军的流民子弟，乘船到戍守地点时发生大疫，'多疫死'。死了的人被指挥官扔在江畔，由于死尸太多，尸体发出极其强烈的臭味，令人恶心。……恰逢气候十分炎热，……流民妻子被掠，瘟疫盛行，相互传染，其情其景令人骇怕。"③ 除此之外，由战乱带动的大量人口聚集或迁徙，也是导致疫灾暴发的一大因素。人口流动扩大了疫病传播范围，过密人群又为疫病暴发提供了病原载体，两者相互影响使得小范围的疫疠转变成严重的大范围疫灾。

不可控的自然因素，加上人为的社会因素，常常会导致大规模的疫灾发生，若是还缺乏有效的控制与治理，灾害对民众生活的破坏程度将会升级，也在集体记忆中留下深刻的伤痛烙印。

二　湖湘疫灾文学的多维书写

湖湘地区受自然环境和社会因素的影响，自古灾害频发，致使百姓民不聊生，苦不堪言。直面当下的惨景，或以后回想起曾经的伤害，湖湘文人怀着悲天悯人的情感，创作了大量以疫灾为题材的文学作品。这

---

① （清）李瀚章、裕禄等编纂《（光绪）湖南通志》，岳麓书社2009年版，第4905页。
② （清）李瀚章、裕禄等编纂《（光绪）湖南通志》，岳麓书社2009年版，第4909页。
③ 张剑光：《三千年疫情》，江西高校出版社1998年版，第330页。

些作品一方面对灾害影响民众做了多维的书写；另一方面也记录了湖湘民众的自我防护和治疗方式——如巫风湘俗中祛瘟避疫的吟诵与舞蹈。

(一) 多维书写民不聊生之景

灾情遍布，饿殍遍野，民不聊生，文人们书写了灾民的身体与心灵的双重创伤。清代溆浦文人严如熤在《悯农词》言："戾气之所钟，为疫为旱蝗……哀哀民何辜，频遭此凶荒。蕨根与野菜，不能撑饥肠。妇子聚相泣，卖屋典衣裳。空腹鸣喔喔，面削肢体僵"①，描述百姓在旱灾和疫灾的侵扰下，极度缺少粮食，即使是撅食野菜都于事无补。弱妇幼子相拥哭泣只能典屋卖衣，却奈何仍然买不到粮食。长期营养不良导致百姓面削体僵，身心皆痛。

书写了疫灾中从个人到群体的共同创伤。道光十二年，湖南长沙发生饥荒，引发疫灾，染疫而亡者数不甚数。长沙文人阁其相在目睹了深受疫灾之苦的百姓后，曾作《悯疫吟》组诗书写疫灾之下从个人到群体到整个城市的惨状。其一《数若主》："市城死人如乱麻，十室九空鬼大哗。三寸棺具价为昂，况乃无钱直须赊。一室八口活者一，前负棺债算未毕"②，描绘了一幅满目疮痍的灾情景象：疫灾发生后，百姓死亡率达到"十室九空""八口活一"的惨烈程度，城市中染疫而亡者多如乱麻，亡者过多导致棺价骤涨的场景更是荒唐又骇人。其二《益一人》："岿然病剩老翁存，谁与吊喧青蝇宾。薄暮乞儿乃至门，翁呼乞儿自为殡。女（汝）毋我去我一身，我死女葬刻女恩。女赍我赍谁与论，夜半翁死尸犹温。乞儿乃走告诸邻，迟明乞儿呻吟闻。越日亦死尸横陈，一家已尽益一人。"③ 则叙述了一户人家染上疫病，全家都染疫而亡，甚至连累了发现死尸的乞丐。老翁半夜死去，仅是接触尸体的乞丐第二天就染上疫病，第三日便暴毙身亡。这首诗着重突出了疫疾传染速

---

① (清) 邓显鹤：《沅湘耆旧集》（第5册），欧阳楠点校，岳麓书社2007年版，第91页。
② (清) 曾国荃等：《湖南通志》（第10册），京华书局1967年版，第5093页。
③ (清) 李瀚章、裕禄等编纂《（光绪）湖南通志》，岳麓书社2009年版，第4928页。

度的可怕，也以一户人家为例，展示了疫灾伤害程度之重。其三《城中路》："城中路，昔日繁华今恐怖。蓬头突睛僵死人，相属五步不十步。日暮相戒不敢出，传言尸起击人怒"②，描述了染疫之后，昔日繁华热闹的城市在疫灾流行后变成冷寂恐怖之城，长沙民众群体、整座城市都遭受巨创。

书写了疫灾中不同阶层民众的创伤。无论是朱紫高门，还是贫民寒素，皆不能逃脱疫灾的侵袭。清代湘潭诗僧觉慧的《北邙》言："朱门公子第，大厦凌云势。一朝罹异灾，公子道旁毙。语来天色昏，衣裳多泪痕。富贵尚如此，贫贱安足论。"① 可见，即使是高门富贵的权势之家，在疫灾的侵袭下，亦只有"公子道旁毙"的结果。富贵之家受灾都如此惨痛，贫民更无须多言，"白骨堆其间"的骇人之景的出现，乃是一种必然。

（二）直接抒发悲天悯民之情

面对深受疫灾之苦流离失所的百姓，文人们在创作疫灾为题材的文学作品时饱含了对百姓的关怀与同情，而且情感的真实与激烈促使其言辞恳切、表达直接。

乾隆四十三年（1778），湖南全省久未下雨，遍地大旱，粮食产量剧减，各地发生饥荒和疫病。严如熤的《悯农词》道："哀哀民何辜，频遭此凶荒……府牒昨夜下，捧读泪流滂。盎空泣巧妇，告籴亦古常。补苴呕心血，中夜起徬徨"②，字字透出灾情的严重和灾后百姓的悲苦。多次的饥荒使得饥民已无粮果腹，饿得面削体僵，身体羸弱的灾民又遭疫疠侵袭，战事又起后朝廷发文征丁，使得灾民们雪上加霜。诗人手捧征丁府牒想到百姓连遭苦难，忍不住泪如雨下，不禁发出"哀哀民何辜"的感叹，夜不能寐，愁闷彷徨。

再如道光十一年（1831）两湖地区遭遇灾荒，及至冬天，瘟疫开始

---

① （清）邓显鹤：《沅湘耆旧集》（第6册），欧阳楠点校，岳麓书社2007年版，第581页。
② （清）邓显鹤：《沅湘耆旧集》（第5册），欧阳楠点校，岳麓书社2007年版，第91页。

流行；道光十二年（1832），饥荒更加严重，瘟疫暴发，致使1/3的人口死亡。岳阳文人吴敏树作《壬辰书事》赋诗四首并书其事，其二言："但见新冢多，那闻哭声热。吾欲叫穹苍，假力诛妖孽。世界发阳和，菽麦饱黎子。天心倘有然，痛定翻呜咽。"① 此诗记录了疫灾的高致死率，面对灾害带来的一座座隆起的新坟，四处传来的哀泣之声，诗人焦虑而痛苦，诗人焦虑而痛苦。他想向苍天大声呐喊，希望上天能借助一点力量尽快诛灭散播灾害的妖孽，让春天降临人间，使菽麦成熟，让黎民有救；结尾又发出上天倘若有心救人，一定会幡然悔悟的悲鸣。面对灾害，诗人无力改变，只能祈求上天尽快结束灾难，使黎民脱离苦海。

（三）细致记录祛瘟避疫之俗

古时医学技术的不发达使得疫疠致死率极高。湖湘人民无法理解是什么造成了瘟疫，于是，本就迷信鬼神的他们将瘟疫幻化成各种鬼神精怪，认为瘟疫的出现是司掌瘟疫的鬼神对民间的惩罚或者是瘟神疫鬼胡乱在人间作祟。这使得湖湘人民在面对疫病之时总是虔诚信奉鬼神，并行巫术以求祛瘟避疫。

自先秦以来，荆楚就巫风盛行，尤以偏远的湘西、湘南之地为典型。如唐中叶时期，柳宗元被贬至湘南永州，在《唐故散大夫永州刺史崔公墓志》中感叹道："惟是南楚，风浮俗鬼。"及至明清之际，湖湘信仰巫神、行巫术以求祛瘟避疫的民俗仍旧不衰。如清代湘阴文人周燮祥《迎神》一文中谈及："沅湘好祀，信鬼神。村巫涂面作神语，指陈休咎，若有物凭之者。凡疾病灾异辄祷，祷必应，众颇惑之"②，写沅湘之地信奉鬼神，凡逢疾病灾害总是会让村巫向鬼神祈祷以保平安。治病救人的具体过程，则被描述如下："神之来，鼾先瘱。烛光暗，生阴霾。面若漆，睛如灰。斧抉口，双颐开。指挥短柄剑，怒吸葡萄醅。神之语，气如虎。嚼烈火，吞燃炬。声轰轰，雷门鼓。虫虫氓，观若睹。噤无声，类伏

---

① （清）吴敏树：《吴敏树集》，张在兴校点，岳麓书社2012年版，第7页。
② （清）邓显鹤：《沅湘耆旧集》（第6册），欧阳楠点校，岳麓书社2007年版，第177页。

鼠。……神之行，风有声。跳水怪，腾山精。老魅走，狐鬼惊。拜迎且咒交纷争。拜此何，乞符药，驱欃枪。病者起，危者平。"① 由此可见村巫一边手持短剑，一边口念神语，吞烈酒，喷大火，鼓声轰轰，气势盛大使各种山野精怪慌忙奔走的祈祷场景，而村巫向巫神乞求符药的目的就是为驱除灾祸，使病者康复，危者平安。作者和观者对巫俗去病的过程存在疑惑，但对去病的良好结果，只能感叹"造物何非复何是，世间怪事类如此"。

承袭荆楚文化的湖湘人民，尤为重视端午佳节：一是为凭吊爱国诗人屈原，二是为端午竞渡祛瘟避疫。明代茶陵文人李东阳曾作有《竞渡谣》："湖南人家重端午，大船小船竞官渡。丛牙乱桨疾若飞，跳波溅浪湿人衣。须臾欢声动地起，人人争道得标归。年年得标好门户，舟人相惊复相妒。两舟睥睨疾若仇，戕肌碎首不自谋。严呵力禁不得定，不然相传得瘟病。家家买得巫在船，船船斗捷巫得钱。"② 一方面描述了百姓竞渡时船疾若飞的风采，另一方面描述了百姓为争得头标，不惜毁伤对方船员肢体以及花重金请巫师坐镇斗法的场景，而争得头标的主要目的是希望获得一种祛瘟避疫的神秘力量，并借助这种力量以保亲友身体安康。

三 明清湖湘疫灾文学的艺术特色

作为灾难的直接亲历者或时空距离最近的听闻者，湖湘文人在书写以疫灾为题材的灾难诗时，坚持从写实的视角出发，运用精准的动词细致入微地刻画出灾难场景，以纪实性的笔触真实地还原灾难现场，用强烈的对比带来反差效果，增强了作品的艺术感染力。

（一）琢炼精准的动词

湖湘文人在书写各种以疫灾为题材的文学作品时，多反复锤炼用词，

---

① （清）邓显鹤：《沅湘耆旧集》（第6册），欧阳楠点校，岳麓书社2007年版，第177页。
② （明）李东阳：《李东阳集》（第1册），周寅宾校点，岳麓书社1984年版，第636页。

选用精准生动的动词细致入微地刻画出典型场景,还原灾难现场。

清代安乡人潘相《忆昔》言:"忆昔丙丁岁,秋禾没鸿川。饥民公剽掠,白昼聚千船","大波蹴地转,訇轰猛以遭。浮厝随浪去,抛碎永不还。连村撤华屋,比户弃良田","献岁复大疫,积尸堆道边"。① 运用了"没""剽掠""聚"等动词,回忆乾隆五十一年(1786)、乾隆五十二年(1787)连年大水致使饥荒流行,饥民公然抢夺粮食的灾后之景,接着用"蹴""抛""撤""弃"等精准的动词生动地描述出洪水迅猛而至的灾难场景:连浅埋的灵柩都被洪水卷去抛碎,面对如此可怕的洪灾,无数的村民只能快速撤出华美的房屋、舍弃肥沃的良田躲避洪水。洪灾过后饥荒流行,继而产生人口买卖猖獗的惨景。其中"堆"字的运用更是形象地显示出疫灾的可怕,无数百姓因感染瘟疫而亡,造成了尸横遍野的骇人之景。

诗僧觉慧《北邙》写道:"山中何累累,白骨堆其间。古墓窜狐狸,寒岩嘶虎豹。秋风吹白杨,落日山鬼啸。……一朝罹异灾,公子道旁毙。"② 先以反问语气询问山中何物积累最多,接着以"堆"字生动的显示山中白骨之多,也与后文"公子道旁毙"相呼应。"窜""嘶""吹""啸"等动词形象描绘出山间荒凉至极的画面,读之使人毛骨悚然。"罹""毙"等动词的运用更是精准地将疫病的可怕呈现出来:感染疫病之人会随时出现暴毙情况,对应了上文白骨露野的惨景。

(二)采取强烈的对比

作为明清湖湘地区灾害的直接亲历者或最近的听闻者,文人们收集与储存了大量的题材片段。在书写灾害作品时,挑选不同类型的典型,以强烈的对比手法表现灾后场景和记录灾后事件,达到更震撼人心的效果,并引发思考。

---

① (清)邓显鹤:《沅湘耆旧集》(第4册),欧阳楠点校,岳麓书社2007年版,第425页。
② (清)邓显鹤:《沅湘耆旧集》(第6册),欧阳楠点校,岳麓书社2007年版,第581页。

吴敏树《壬辰书事》其二："乾隆戊戌年，我闻长老说。旱荒未若今，寒暑不相灭。迩来五十载，追语犹气结。今岁况大疫，杀人甚火烈。饥寒病即起，往往举家绝。春晴出原野，日色惨如雪。但见新冢多，那闻哭声热。"① 开头采用对比手法，诗人以听闻老者所讲述的乾隆四十三年（1778）的灾害情况与现在自己亲历的灾害两相对比，"旱荒未若今，寒暑不相灭"反衬出今年灾害更为严重。接着讲述今年除了饥荒外还发生疫灾，控诉上天降灾杀人比火还要猛烈。老百姓饥寒交迫致使疫病缠身，疫疠往往造成一家都死绝的惨象。后几联叙事时间再转到春天：太阳照在原野上，日光惨白如雪，一眼望去只看见一座座新坟隆起。春天本应是万物复苏、春光明媚的样子，当时当地却出现"但见新冢多"的凄凉之景，这种反差更具有视觉冲击，直击读者心灵。诗人以空间场景对比、季节景象的反差还原了真实的灾后场景，引发读者生出今昔之感，对诗歌内容留下更深刻的印象。

清代湘潭文人张九钺《振灾篇》言："民饥在波涛，吏饱坐虎堂。借曰狱讼繁，何以对肺腑。分官卧懒蚕，遣吏组翼虎。"② 写道百姓仍饱受灾害侵扰，饥饿难耐、疫病发作，而本应主持灾情的各级官吏却吃饱喝足，懒散地闲坐于公堂不去救灾民。诗人以"饥民与饱吏""民尤处波涛，官卧似懒蚕"将灾后饥民和官吏的不同状态作对比，斥责官吏的腐败可恶与不作为加重灾民之苦。

清新化文人欧阳辂《忆昔百韵》言："百端乱黑白，一气相钩联。彼狡反无事，晏然游市廛。犹复恣谐笑，攘臂夸轻儇。可怜里中叟，逐逐城中奔。问之涕垂颐，欲言复声吞。有罪不见诘，无罪乃见论。"③ 对比灾后不同类型的百姓的生活场景，抨击官吏昏庸无能。以无赖之辈能嬉笑于市、肆意妄为与安分守己的贫民却惶恐不安作对比，突出普通平民

---

① （清）吴敏树：《吴敏树集》，张在兴校点，岳麓书社2012年版，第7页。
② （清）邓显鹤：《沅湘耆旧集》（第4册），欧阳楠点校，岳麓书社2007年版，第183页。
③ （清）邓显鹤：《沅湘耆旧集》（第5册），欧阳楠点校，岳麓书社2007年版，第158页。

灾后生活的悲惨，这两者生活状态的反转更具讽刺意味；而灾害发生后，官吏并未有效安抚百姓，肃清乱象，面对混乱的局面反而轻率地以钱财断案，有罪者安然无恙与无罪者锒铛入狱的结局对比更是凸显当时吏政的污浊黑暗，这些都加剧了灾后重建的艰难程度。

（三）"审丑"的纪实视角

疫灾对人类来说无疑是惊惧恐怖的。面对满目疮痍的灾后场景，湖湘文人们在书写灾害著作时，往往会从"审丑"视角出发放大灾情局部，着重刻画灾难发生的骇人场景及灾后的悲惨遭遇，甚者会直接批判统治者的不作为，揭露人性的丑陋。

如欧阳辂的《忆昔百韵》言："嘉谷不生植，稂莠青满阡。泽储尽螺蛤，山实穷橡榛。草根与木叶，随意遭烹煎。居人死羸疡，日见沟壑填"，"怀词诉公庭，翻触官长嗔。不持一钱来，谁当为尔平？……有罪不见诘，无罪乃见论。"① 作者从良田不产粮食、河泽干涸裸露、山谷只剩橡榛、饥民只能以草根与木叶为食等几个不同的方面描述出灾后的疮痍场景。后几联作者采用"审丑"视角，抨击了朝廷吏治的腐败和人性的丑陋现象。灾情的压迫下，平日和善的民众竟化为盗贼公然入室抢劫，本应主持公道的官吏不安抚灾民却颠倒黑白以钱来断定官司，官吏与乡间无赖相互勾结，有罪者安然无恙，无罪者却因未贿赂官吏而被投入牢狱之中，短短几联尽显官场丑态、人间惨状。作品展现了湖湘地区不同社会阶层的生存空间与生活状态，总的说来，那段不堪回首的昔日往事里面充满了"悲惨"和"丑恶"。

再如吴敏树《壬辰书事》的其一："出门何所见，饥人塞路衢。颜枯气欲绝，且复闻长吁。大户出行乞，哀哉亦区区。"② 诗人从"审丑"视角出发记叙灾后百姓的精神面貌和满目疮痍的环境：道路上皆是饥饿的

---

① （清）邓显鹤：《沅湘耆旧集》（第5册），欧阳楠点校，岳麓书社2007年版，第157—158页。
② （清）吴敏树：《吴敏树集》，张在兴校点，岳麓书社2012年版，第7页。

灾民，其中"颜枯气欲绝"运用外貌描写的手法形象的显示出灾民已是颜色枯槁、气若游丝，"我"还听到灾民的长吁短叹更是增强了场景的真实性，读之恍若身临灾难现场。接着继续叙述连富贵之户也因饥饿有出门行乞之人，这更加反衬出灾害的严重性，也使阅者担心连富贵之家亦是如此，穷苦百姓该如何生存。诗人从视觉、听觉方面叙述灾后百姓悲惨的生活状况，再辅以外貌描写灾民面色枯槁的人物形象，还原出灾后的场景，而以第一人称视角开头和结尾更提升了灾后场景描写的真实感，冲击读者心灵的力度更强。

湖湘文人创作疫灾文学时并未粉饰太平，雕绘人间，吹嘘官府作为以邀名利，而是更倾向于以"审丑"的视角展开叙事，是为了更真实地还原灾难现场，引发思考，提供借鉴，也体现出他们朴素善良的人文情感，和作为知识分子的道义担当、现实责任。

四 古代湖湘疫灾文学的现代意义

明清湖湘文人肩负文学责任感写作的灾难诗，以其所见所闻还原了明清湖湘地区的灾害现场。其纪实性的描写及诗歌背后所蕴含的内涵，对后世有重要的历史价值与文学意义。

（一）历史价值

灾害诗往往是基于真实的历史背景，纪实性地记录时代所发生的灾害事件。处于疫灾多发之地的湖湘文人饱含悯民之情书写的灾害诗，不仅深刻反映了明清时期自然灾害的历史情景，还记录了不少湖湘民间祛瘟避疫的风俗。灾害诗以诗歌为载体承载历史事件，其纪实性的书写不仅记录了时代的灾害和湖湘巫风民俗，还填补了某些地方历史空缺，为后人研究明清社会风貌提供了史料依据。如康熙十年（1671），湖南邵阳发生了旱灾和蝗灾，蝗虫过境，造成禾苗被食几尽的惨像，邵阳文人车鼎黄就作《念振告诸当事》："螟贼复乘之，百里同焚戮。斗米千数钱，向售何由速。何以疗饥疮，割麦不待熟"①，反映了蝗灾导致粮食甚少，米价剧涨，平民百姓忍饥挨饿以致患上疾疮之病的历史事件。又如道光十二年（1832）间长沙发生疫灾，长沙文人阎其相作有《悯疫吟》四首诗，描述了当时长沙"死人如乱麻""十室而九空""几步遇死尸"的骇人之景，反映出了当时长沙疫灾的严重性。

湖湘疫灾著作不光记录了诗人所处时代所发生的灾祸情况，还可从中考察湖湘地区的祈神民俗。自古湖湘民众就"好淫祀，信鬼神"，湖湘文人书写的疫灾诗，有不少具体描绘了湖湘人民为消疾病灾异而祭祀祈神的场景。如周燮祥《迎神》中的文字——"面若漆，睛如灰。斧抉口，双颐开。指挥短柄剑，怒吸葡萄醅。神之语，气如虎。嚼烈火，吞燃炬。声轰轰，雷门鼓"②，就具体描述了沅湘村巫祭祀祈祷的具体场景，为后人研究湖湘巫风民俗提供了相关史料依据。

（二）文学意义

明清湖湘灾害诗继承与发展了灾害诗歌创作传统，亦为后人创作现当代灾害诗歌提供了宝贵的经验，是中国灾害文学中不可缺少的一环。明清湖湘文人所创作的以疫灾为题材的诗作，是明清时期灾害历史的诗化表现，是明清诗中不可或缺的精彩内容，更是明清文学的重要组成部分，具有不可忽视的文学意义。

首先，清代学者汪中认为灾害诗创作乃是诗人"目击异灾，迫于其所不忍，而饰之以文藻，当人心肃然震动之时，为之发其哀矜痛苦，而不忘天之降罚，且闵死者之无辜"③。诗人所书写的灾害诗，不仅是记录不同时代灾祸的文学产物，更是诗人从文学责任感出发悲悯苦难百姓的结晶。这些灾难文学常反思灾难背后的原因，思考生命的价值，使读者在观阅作品时引发情感共鸣或理性反思，激发读者的人文情怀和道义担

---

① （明）车大任等：《邵阳车氏一家集》，岳麓书社2008年版，第510页。
② （清）邓显鹤：《沅湘耆旧集》（第6册），欧阳楠点校，岳麓书社2007年版，第177页。
③ （清）汪中：《新编汪中集》，田汉云点校，广陵书社2005年版，第469页。

当。如张九钺等湖湘诗人从文学责任感出发，在灾难书写中揭露并反思灾难背后的原因，批判统治者的不作为，加重灾民之苦。

另外，文人们的灾难书写中透露出抚慰灾民心灵，鼓舞灾民精神，给人以希望的文学责任感。如严如煜在《悯农词》中写道："天心本仁爱，劫数语荒唐。尔民果淳朴，自能迓吉祥。……安在殷忧后，而无盈宁庆？仰看云雾净，春和时雨旸。"① 安慰灾民上天是仁慈的，灾难散尽，总会雨过天晴，只要大家好好耕作来年一定大丰收。这在一定程度上抚慰了灾民遭受灾害后的心灵创伤，能起到鼓舞灾民们遭受灾害后的精神作用。

综上所述，疫灾题材的文学作品展露了诗人朴素善良的真实情感，灾害描写的视觉冲击和灾情结果的惨烈广泛引发读者的人文关怀、理性反思，也使读者阅读后重新审视生命，感悟生命的价值。这类作品的文献发掘和整理可为研究明清湖南灾害提供更丰富的史料，其相关研究亦可让后人进一步了解当时的文学风貌与社会状况，对于正在遭受疫灾的今人来说也颇具现实意义与借鉴价值。

---

① （清）邓显鹤：《沅湘耆旧集》（第5册），岳麓书社2007年版，第91页。

黄庭坚谪居黔州所书李白《秋浦歌》的内蕴

陈 忻[*]

内容提要：宋哲宗绍圣元年（1094）末，黄庭坚因参与修撰《神宗实录》被贬谪黔州，其个人命运随着朝政的变化而发生重大改变。绍圣三年（1096）五月六日，黄庭坚在黔州贬所与其弟及家人团聚，当日书写李白《秋浦歌》十五篇，并作有《书自草秋浦歌后》一文交代其背景。黄庭坚在"殊乐"之际书写李白以悲愁为主调的《秋浦歌》，乃是因为其中蕴含着的政治失意的弃逐之感与亲人长久分离的悲戚引发了异代的共鸣。

关键词：黄庭坚；黔州；李白《秋浦歌》；内蕴

宋哲宗元祐元年（1086）十月，黄庭坚除神宗实录院检讨官。元祐六年（1091）三月，黄庭坚与赵彦若、范祖禹等奏上《神宗实录》。元祐八年（1093）七月，除黄庭坚秘书丞，提举明道宫，兼国史编修官。绍圣元年（1094）黄庭坚五十岁，随着哲宗绍复熙丰之志，章惇为相，专以绍述为国是，黄庭坚等人因参与修撰《神宗实录》被贬谪，其个人命运随着朝政的变化而发生重大改变：

九月，翰林学士蔡卞、林希言："先帝日历自熙宁三年三月已后

---

[*]［作者简介］陈忻（1963— ）女，重庆师范大学文学院教授，研究方向为中国古代文学。

至三年终，系元祐中秘书省官孔武仲、黄庭坚、司马康修纂。自熙宁四年已后至七年终，范祖禹修纂。而黄庭坚、司马康、范祖禹又皆系修先帝实录官，闻所书止与昨修先帝实录相为表里，用意增损，多失事实。缘修国史院已得旨重修先帝实录，所有昨来范祖禹等所进日历，臣等伏乞一就看详改正，务尽事实，使后世考官无所疑惑。"从之。①

十一月，御史郭知章、黄庆基奏乞贬修神宗实录官。甲午，三省同进呈台谏官前后章疏言："国史院所修先帝实录类多附会奸言，诋斥熙宁以来政事，乞赐重行窜黜。"诏祖禹责授武安军节度副使，永州安置。赵彦若责授安远军节度副使，澧州安置。黄庭坚责授涪州别驾，黔州安置。中丞黄履、御史翟思、左司谏张商英论具修神宗实录官诬毁先帝，为臣不忠。②

绍圣元年（1094）十二月贬谪令下，绍圣二年（1095）正月，黄庭坚在其兄元明陪伴下启程去往贬所，"元明自陈留出尉氏、许昌，渡汉、江陵，上夔峡，过一百八盘，涉四十八渡，送余安置于摩围山之下"③。直到四月二十三日方才抵达黔州。贬谪期间，黄庭坚挥毫作书，寄托情感，其《书自作草后》称自己"绍圣甲戌，在黄龙山中，忽得草书三昧，觉前所作太露锋角。若得明窗净几，笔墨调利，可作数千字不倦"④。"余寓居开元寺之怡思堂，坐见江山，每于此中作草，似得江山之助。"⑤ 本文探讨的就是黄庭坚此期所书李白《秋浦歌》的内蕴。

---

① （宋）彭百川：《太平治迹统类》卷24《元祐党事本末下》，四库全书本。
② （宋）彭百川：《太平治迹统类》卷24《元祐党事本末下》，四库全书本。
③ （宋）黄庭坚：《书萍乡县厅壁》，载刘琳、李勇先、王蓉贵校点《黄庭坚全集》，四川大学出版社2001年版，第745页。
④ 刘琳、李勇先、王蓉贵校点：《黄庭坚全集》，四川大学出版社2001年版，第676页。
⑤ （宋）黄庭坚：《书自作草后》，载刘琳、李勇先、王蓉贵校点《黄庭坚全集》，四川大学出版社2001年版，第1568页。

一 "殊乐"之际书写悲愁的《秋浦歌》

绍圣二年（1095）正月，51 岁的黄庭坚启程去往贬谪地黔州之时，其内心茫然而凄楚："当日不肖初被谪命，万里茫然人，不知黔州在何处"①。去往黔州贬所的路程，是从荆州过三峡入黔州，一路备尝江山险阻，"撑崖拄谷蝮蛇愁，入箐攀天猿掉头"。"浮云一百八盘萦，落日四十八渡明"②。是年四月二十三日，他终于到达了"穷乡又无书史可备寻绎"③的荒僻落后的黔州，正所谓"万里投荒，一身吊影，成何欢意。尽道黔南，去天尺五，望极神州，万重烟水"④。在这一时期，内心的忧郁和惶恐反复出现在黄庭坚的诗文作品中：

> 臣万里戴天，一身吊影。兄弟滨于寒饿，儿女未知存亡。⑤
>
> 屏弃不毛之乡以御魑魅，耳目昏塞，旧学废忘，直是黔中一老农耳。⑥
>
> 今者不肖得罪简牍，弃绝明时，万死投荒，一身吊影，不复齿于士大夫矣。⑦
>
> 自以罪戾不复可湔祓，所过人视之，唯恐为渠作祟，故虽平居亲爱能忘其不肖者。

---

① （宋）黄庭坚：《与达监院》之二，载刘琳、李勇先、王蓉贵校点《黄庭坚全集》，四川大学出版社 2001 年版，第 1984 页。
② （宋）黄庭坚：《竹枝词》，载（宋）任渊、史容、史季温注，黄宝华点校《山谷诗集注》，上海古籍出版社 2003 年版，第 289 页。
③ （宋）黄庭坚：《答王补之书》，载刘琳、李勇先、王蓉贵校点《黄庭坚全集》，四川大学出版社 2001 年版，第 466 页。
④ （宋）黄庭坚：《醉蓬莱》，载郑永晓整理《黄庭坚全集辑校编年》，江西人民出版社 2008 年版，第 746 页。
⑤ （宋）黄庭坚：《谢黔州安置表》，载刘琳、李勇先、王蓉贵校点《黄庭坚全集》，四川大学出版社 2001 年版，第 515 页。
⑥ （宋）黄庭坚：《与太虚》，载刘琳、李勇先、王蓉贵校点《黄庭坚全集》，四川大学出版社 2001 年版，第 1377 页。
⑦ （宋）黄庭坚：《答王补之书》，载刘琳、李勇先、王蓉贵校点《黄庭坚全集》，四川大学出版社 2001 年版，第 466 页。

亦不敢以书通。①

绍圣三年（1096）五月六日，黄庭坚的弟弟叔达（知命）携其家眷和黄庭坚之子相、相的生母抵达黔州，亲人的团聚给黄庭坚带来了贬谪中的安慰，他在《与王泸州书十七》中说："舍弟远挈小子并渠一子一妾来相与处，亦慰眼前，余无足道者。"② 沉浸在这种亲情之中，黄庭坚当日书写李白《秋浦歌》十五篇，并作《书自草秋浦歌后》一文：

绍圣三年五月乙未，新开小轩，闻幽鸟相语，殊乐，戏作草，遂书彻李白《秋浦歌》十五篇。时小雨清润，十三日所移竹及田野中人致红莲三十本，各已苏息。唯自篱外移橙一株著篱里，似无生意。盖十三日竹醉，而使橙亦醉，亦失其性矣。知命自黔江得一画眉，云颇能作杜鹃语，故携来。然置之摩围阁中，时时作百虫声，独不复作杜鹃语。为客谈此，客云："此岂羊公鹤之苗裔耶！"秦少游学书，人多好之，唯钱穆父以为俗。初闻之不能不嫌，已而自观之，诚如钱公语，遂改度，稍去俗气，既而人多不好。老来渐懒慢，无复此事。人或以旧时意来乞作草，语之以今已不成书，辄不听信，则为画满纸。虽不复入俗，亦不成书，使钱公见之，亦不知所以名之矣。摩围阁老人题。③

这篇小文透露出两个信息：一是景物之美：竹莲苏息，小雨滋润；二是亲人重聚，心情之美。二者交互营造出"殊乐"的心境，故产生提笔挥毫之兴致。但令人费解的是黄庭坚在"殊乐"之际所书写的却是李白以悲愁为主调的《秋浦歌》。这不由引人追问：黄庭坚的"殊乐"背后究竟蕴

---

① （宋）黄庭坚：《与王泸州书》之十，载刘琳、李勇先、王蓉贵校点《黄庭坚全集》，四川大学出版社 2001 年版，第 1798 页。
② 郑永晓：《黄庭坚全集辑校编年》，江西人民出版社 2008 年版，第 784 页。
③ 刘琳、李勇先、王蓉贵校点：《黄庭坚全集》，四川大学出版社 2001 年版，第 1628 页。

含着怎样的情感？李白的《秋浦歌》在哪些方面引发了黄庭坚的共鸣？

对于李白的诗歌和书法，黄庭坚赞誉有加。他有一篇《题李白诗草后》的短文，对李白的诗歌与书法大加推崇，从诗书造诣上高度评价了李白不主故常、不烦绳削而自合的成就："余评李白诗，如黄帝张乐于洞庭之野，无首无尾，不主故常，非墨工槃人所可拟议……及观其稿书，大类其诗，弥使人远想慨然。白在开元、至德间，不以能书传。今其行草殊不减古人，盖所谓不烦绳削而自合者欤。"① 在另一篇《跋李太白诗草》中，黄庭坚更是称赞曰："观此诗草，决定可知是胸中潇洒人也。"② 李白的潇洒之作比比皆是，但其《秋浦歌》却是以"秋浦长似秋，萧条使人愁""秋浦猿夜愁，黄山堪白头"为基调的，詹锳编著的《李白诗文系年》考定该组诗是天宝十三载（754）李白54岁的作品，且就此分析说："第四首云：'两鬓入秋浦，一朝飒已衰。'则太白斯时已届暮年。"③ 该书考定李白于宝应元年（762）62岁去世，则《秋浦歌》距离李白去世仅8年，故云"暮年"。黄庭坚的《书自草秋浦歌后》记载作者是处于"殊乐"之际所作，却避开了李白"胸中潇洒"的作品，而特意选择了李白暮年充满悲情的《秋浦歌》，内中必有其深层的原因。

黄庭坚卒于崇宁四年（1105）九月，是年61岁。他的《书自草秋浦歌后》作于绍圣三年（1096）五月，当时是52岁时，故也可归于暮年之作。在这个年龄回过头来体味一生的遭际，黄庭坚与李白很容易产生隔代的共鸣，并体现在其书法作品之中。

二 政治失意的弃逐之感

李白天宝二载（743）待诏翰林，天宝三载（744）去朝，开始了南北漫游的生涯，时年44岁。詹锳《李白诗文系年》载："太白在翰林，

---

① 刘琳、李勇先、王蓉贵校点：《黄庭坚全集》，四川大学出版社2001年版，第656页。
② 刘琳、李勇先、王蓉贵校点：《黄庭坚全集》，四川大学出版社2001年版，第1582页。
③ 詹锳：《李白诗文系年》，人民文学出版社1984年版，第102页。

代草王言,后为同列所谤,因去朝游邠岐诸州。"① 李白去朝前就有《鞠歌行》诗,内中"所用古事,均关合人主,则白之怨怼实为玄宗而发。诗末慨叹人主之不好贤,则白将效孔子而行矣"。② 在李白看来,赐金放还乃是"我本不弃世,世人自弃我"③的事件。这种浓厚的弃逐感促使李白写下了许多悲愤愁闷的诗篇。本文所关注的李白的《秋浦歌》组诗作于天宝十三载(754),从时间上看,天宝十四载(755)十一月安史之乱爆发,这组诗就写在安史之乱爆发前夕。在此之前,天宝十一载(752)春,李白游广平、邯郸诸地,旋北游蓟门。其秋,抵幽州,亲眼见到了安禄山的猖狂行径,其忧惧之情在诗句中表达得相当清楚:"十月到幽州,戈鋋若罗星。君王弃北海,扫地借长鲸。呼吸走百川,燕然可摧倾。"④ 然而此时的李白早已被逐出朝廷,自然无路进谏,也只能徒叹奈何,自谋隐身避祸:"心知不得语,却欲栖蓬瀛。弯弧惧天狼,挟矢不敢张。揽涕黄金台,呼天哭昭王。无人贵骏骨,绿耳空腾骧。"⑤ 天宝十二载(753)李白作诗《远别离》,"此诗大意谓无借人国柄,借人国柄,则失其权,失其权则虽圣哲不能保其社稷妻子,其祸有必至之势。诗之作,其在天宝之末乎?""诗意切直著明,流出胸臆,非识时忧世之士,存怀君忠国之心者,其孰能与于此哉。"⑥ 李白忧心忡忡却又诉说无门,正是在这种烦乱失意的心境下,天宝十三载(754),往来于广陵、金陵、宣城等地的李白写下了《秋浦歌》组诗⑦。诗中不乏欲进无路、政治失意的深重愁思:

---

① 詹锳:《李白诗文系年》,人民文学出版社1984年版,第40页。
② 安旗、薛天纬、阎琦、房日晰笺注:《李白全集编年笺注》,中华书局2015年版,第536页。
③ (唐)李白:《送蔡山人》,载安旗、薛天纬、阎琦、房日晰笺注《李白全集编年笺注》,中华书局2015年版,第641页。
④ (唐)李白:《经乱离后天恩流夜郎忆旧游书怀赠江夏韦太守良宰》,载安旗、薛天纬、阎琦、房日晰笺注《李白全集编年笺注》,中华书局2015年版,第1404页。
⑤ (唐)李白:《经乱离后天恩流夜郎忆旧游书怀赠江夏韦太守良宰》,载安旗、薛天纬、阎琦、房日晰笺注《李白全集编年笺注》,中华书局2015年版,第1404页。
⑥ 詹锳:《李白诗文系年》引萧士赟注,人民文学出版社1984年版,第87页。
⑦ 安旗、薛天纬、阎琦、房日晰笺注:《李白全集编年笺注》,中华书局2015年版,第1113—1123页。

秋浦长似秋，萧条使人愁。客愁不可度，行上东大楼。正西望长安，下见江水流。寄言向江水，汝意忆侬不。遥传一掬泪，为我达扬州。（其一）

醉上山公马，寒歌宁戚牛。空吟白石烂，泪满黑貂裘。（其七）

从诗句来看，李白的客愁主要源自政治上的失意。他深怀客愁之际的行为是"客愁不可度，行上东大楼。正西望长安，下见江水流"。对此，詹锳《李白诗文系年》引奚禄诒之言曰："白时从金陵客宣，故不能忘情于扬州。然其意实在长安也。""望长安矣，而结云达扬州者，盖长安之途所经处也。"① 长安朝廷乃是李白一生的系念所在，而这组诗开篇即言"正西望长安"，则组诗的"其意实在长安"是非常清晰的。然而现实中的李白却是再入朝廷无望，长期处于弃置漂流状态，所以组诗其七就借用宁戚所唱"生不逢尧与舜禅""长夜漫漫何时旦"② 和苏秦"说秦王，书十上而说不行，黑貂之裘敝"③ 的典故，表达政治上惆怅失意的愁情。加之此前去幽州亲见安禄山"戈鋋若罗星"，却又"心知不得语"，在"弯弧惧天狼，挟矢不敢张"的情形下，他"揽涕黄金台，呼天哭昭王"，其中表现出的忧惧悲切之情相当明白。他说自己"心知不得语，却欲栖蓬瀛"，他随后的东南之行，包括去到秋浦都应该含有避祸的因素。正是入朝不得、黑云压城却又无可奈何的情感促使李白在《秋浦歌》组诗中大量使用夸张的手法写愁："秋浦猿夜愁，黄山堪白头。"（其二）"猿声催白发，长短尽成丝。"（其四）"君莫向秋浦，猿声碎客心。"（其十）"白发三千丈，缘愁似个长"（其十五）。这些诗句的背后渗透着作者有心报国，无路请缨的被弃感与无奈无力的深深悲愁。

如前所述，黄庭坚在朝廷的大变局下，因参与修撰《神宗实录》而被卷入政治旋涡中，被贬涪州别驾，黔州安置，在忧愤悲凉中开始了贬

---

① 詹锳：《李白诗文系年》引奚禄诒所言，人民文学出版社1984年版，第102页。
② （清）李锴：《尚史》卷36《齐诸臣传》，四库全书本。
③ （宋）鲍彪原注，（元）吴师道补正：《战国策校注》卷3，四库全书本。

谪的生涯。他感慨"流人罪垢不可洗湔",说自己"得罪简牍,弃绝明时,万死投荒,一身吊影,不复齿于士大夫矣",叹息"平居其言不见信于人,况于罪戾有言不信之时"①,这些词句的字里行间都饱含着作者内心的被弃投荒的无比忧伤和愤懑。

还是在绍圣二年(1095)去往黔州贬所的路上,黄庭坚途经施州,夜宿歌罗驿梦李白,写下了《予既作竹枝词夜宿歌罗驿梦李白相见于山间曰予往谪夜郎于此闻杜鹃作竹枝词三叠世传之不予细忆集中无有请三诵乃得之》②:

一声望帝花片飞,万里明妃雪打围。马上胡儿那解听,琵琶应道不如归。

竹竿坡面蛇倒退,摩围山腰胡孙愁。杜鹃无血可续泪,何日金鸡赦九州?

命轻人鲊瓮头船,日瘦鬼门关外天。北人堕泪南人笑,青壁无梯闻杜鹃。

昭君出塞、杜鹃啼血、青壁无梯等意象都指向远离朝廷政治中心的无奈,"不如归"三字借他人酒杯浇自己块垒,将眼前的进则绝无可进,退却亦无可如何的悲愁写得极为饱满。"蛇倒退""胡孙愁"乃是借峡路地名传达作者对于此去贬谪地的忧郁情感。李白作于乾元元年(758)的《流夜郎赠辛判官》诗中说:"我愁远谪夜郎去,何日金鸡放赦回",③ 其实,这种远谪荒僻之地的弃逐愁思也正是黄庭坚与李白这两位隔代大诗人产生的情感上的共鸣。

---

① (宋)黄庭坚:《答王补之书》,载刘琳、李勇先、王蓉贵校点《黄庭坚全集》,四川大学出版社2001年版,第466页。
② (宋)任渊、史容、史季温注,黄宝华点校:《山谷诗集注》,上海古籍出版社2003年版,第290页。
③ 安旗、薛天纬、阎琦、房日晰笺注:《李白全集编年笺注》,中华书局2015年版,第1364页。

三 亲人分离的悲戚之情

李白的《秋浦歌》组诗中屡屡出现客愁,表达其远离故乡亲人的思归念归之感伤。这一点也同样是黄庭坚贬谪黔州诗文的重要题材。与李白的漂泊异乡相比,黄庭坚的处境更加险恶。《宋大诏令集》卷二百七有《黄庭坚涪州别驾黔州安置制》,其中载有:"左朝奉郎充集贤校理管勾亳州明道宫黄庭坚:尔擢于诸生,使预著作。罔念朝廷之属任,专怀朋党之私恩。依凭国书,疵诋先烈;变乱事实,轻徇爱憎。古有常刑,宜即诛殛。尚兹屈法,聊示窜投。服我宽恩,无忘自讼"①,其措辞之严厉,被指罪恶之深重都指向贬谪之日的遥遥无期,这样一来,与亲人的聚首自然也就难以期待了。

如前所述,黄庭坚的《书自草秋浦歌后》是作于绍圣三年(1096)五月与其弟黄叔达(知命)团聚之时。据郑永晓《黄庭坚年谱新编》记载,这次团聚是发生在黄庭坚独处贬所一年之后:绍圣三年(1096)五月六日,黄庭坚"弟叔达携带自己和山谷之家眷来到黔州。叔达盖去年自芜湖登舟,经夔州,会见其堂兄叔向后于本年五月六日抵达"②。黄庭坚《与秦世章文思》中也详述其事云:"舍弟叔达将其仲子及所生,并护儿子相及其乳母,附苏伯固宣德船,自芜湖登舟,不得道中一字。"③"比舍弟知命携小子相、小侄梠,并两儿母到黔中,独处客舍一年,得骨肉在眼前。少慰岑寂。"④ 这种骨肉重逢的慰藉对于"窜逐奔迸"的"罪人"⑤ 黄庭坚来说自然是难得的欣喜。

绍圣元年(1094)末,黄庭坚责授涪州别驾,黔州安置,绍圣二年(1095)四月二十三日到达黔州贬所,作《谢黔州安置表》,内中即称

---

① 司义祖点校:《宋大诏令集》,中华书局1962年版,第777页。
② 郑永晓:《黄庭坚年谱新编》,社会科学文献出版社1997年版,第280页。
③ 刘琳、李勇先、王蓉贵校点:《黄庭坚全集》,四川大学出版社2001年版,第1962页。
④ 刘琳、李勇先、王蓉贵校点:《黄庭坚全集》,四川大学出版社2001年版,第1963页。
⑤ (宋)黄庭坚:《答京南君瑞运勾》,载刘琳、李勇先、王蓉贵校点《黄庭坚全集》,四川大学出版社2001年版,第1964页。

"兄弟滨于寒饿,儿女未知存亡",其万里无依,孤独困苦之境可想。绍圣二年(1095)六月,一路陪伴到达贬所的唯一亲人——兄长黄大临(字元明)也在不舍中不得不离去:"送余安置于摩围山之下,淹留数月不忍别。士大夫共慰勉之,乃肯行,掩泪握手,为万里无相见期之别。"① 黄庭坚有诗《和答元明黔南赠别》专记此事曰:

万里相看忘逆旅,三声清泪落离觞。朝云往日攀天梦,夜雨何时对榻凉。

急雪脊令相并影,惊风鸿雁不成行。归舟天际常回首,从此频书慰断肠。②

这次别离既是发生在严厉的贬谪之初,亦即"攀天梦"破碎之时,那么未来将会如何发展自然难以预期,"万里无相见期"也完全可能成为现实,所以黄庭坚在诗句中表达手足情深的同时,更充满不忍离别的哀伤痛楚。

在其兄黄大临离去之后,直到绍圣三年(1096)五月与弟黄叔达等亲人相见并手书李白《秋浦歌》之前,黄庭坚已经"独处客舍一年"③。在"瘴云稍含毒"的黔州,黄庭坚"老色日上面,欢悰日去心。今既不如昔,后当不如今"④,他对故乡和亲人的深情思念屡屡出现在笔端:

举头无语,家在月明生处住。拟上摩围,最上峰头试望之。

---

① (宋)黄庭坚:《书萍乡县厅壁》,载刘琳、李勇先、王蓉贵校点《黄庭坚全集》,四川大学出版社 2001 年版,第 745 页。
② (宋)任渊、史容、史季温注,刘尚荣校点:《黄庭坚诗集注》,中华书局 2003 年版,第 424 页。
③ (宋)黄庭坚:《与秦世章文思》,载刘琳、李勇先、王蓉贵校点《黄庭坚全集》,四川大学出版社 2001 年版,第 1963 页。
④ (宋)黄庭坚:《谪居黔南十首》,载(宋)任渊、史容、史季温注,刘尚荣校点《黄庭坚诗集注》,中华书局 2003 年版,第 445 页。

偏怜络秀，苦淡同甘谁更有。想见牵衣，月到愁边总未知。①
前年江外，儿女传杯兄弟会。此夜登楼，小谢清吟慰白头。②
相望六千里，天地隔江山。十书九不到，何用一开颜。③
冷淡病心情，暄和好时节。故园音信断，远郡亲宾绝。④
喷喷雀引雏，梢梢笋成竹。时物感人情，忆我故乡曲。⑤

  黄庭坚戴罪黔州，满心忧谗畏讥，"自以罪戾不复可湔被，所过人视之，唯恐为渠作祟，故虽平居亲爱能忘其不肖者，亦不敢以书通"⑥。在饱尝这种酸楚悲戚的情绪之后，绍圣三年（1096）五月与其弟及亲人的团聚自然是百感交集，"殊乐"固然是相逢时快乐的一面，但其"罪戾"的身份依旧，"弃绝明时"的境况也没有任何改变，因此一年来的郁闷、孤寂等情绪也必然会在亲人相聚的悲喜交集之际涌上心头。这样就可以理解，黄庭坚在团聚之时，当提笔书写之际，不取李白飘逸潇洒之作，却专取悲愁怨艾的《秋浦歌》，实际上也就是借他人的酒杯，浇自己的块垒，借以疏泄淤积心中的悲情，因为李白的《秋浦歌》中也同样含有深挚的思亲之情。

  唐代开元十五年（727）李白27岁，娶故相许圉师孙女，是为许氏夫人。其《上安州裴长史书》云："见乡人相如大夸云梦之事，云楚有七泽，遂来观焉。而许相公家见招，妻以孙女，便憩迹于此，至移三霜焉。"⑦开

---

① （宋）黄庭坚：《减字木兰花·举头无语》，载刘琳、李勇先、王蓉贵校点《黄庭坚全集》，四川大学出版社2001年版，第380页。
② （宋）黄庭坚：《减字木兰花·中秋无雨》，载刘琳、李勇先、王蓉贵校点《黄庭坚全集》，四川大学出版社2001年版，第380页。
③ （宋）黄庭坚：《谪居黔南十首》其一，载（宋）任渊、史容、史季温注，刘尚荣校点《黄庭坚诗集注》，中华书局2003年版，第443页。
④ 刘琳、李勇先、王蓉贵校点：《黄庭坚全集》，四川大学出版社2001年版，第444页。
⑤ 刘琳、李勇先、王蓉贵校点：《黄庭坚全集》，四川大学出版社2001年版，第445页。
⑥ （宋）黄庭坚：《与王泸州书》之十，载刘琳、李勇先、王蓉贵校点《黄庭坚全集》，四川大学出版社2001年版，第1798页。
⑦ 安旗、薛天纬、阎琦、房日晰笺注：《李白全集编年笺注》，中华书局2015年版，第1762页。

元二十五年（737），李白居东鲁，长女平阳约生于开元二十七年（739），儿子明月奴取名伯禽，约生于开元二十九年（741）①。天宝元年（742）"春夏间居东鲁，旋携妻子入会稽，与道士吴筠隐于剡中"②。其秋，作有《南陵别儿童入京》，此诗"盖白由会稽入京，行至南陵，乃与妻子相别也"③。然而"白待诏翰林，侍从出游，虽极宠荣，迄未授官，其政治抱负无由得展"④。故天宝二年（743）所作《秋夜独坐怀故山》出现了"庄周空说剑，墨翟耻论兵。拙薄遂疏绝，归闲事耦耕"⑤ 的诗句，实际上是"自谓其文韬武略不为君王所用""被君王疏远而恩宠断绝"⑥。天宝三载（744），李白被谤去朝，游邠岐诸州。天宝四载（745），李白"春游坊州，旋返长安，复经商州东出关"⑦，游梁宋。天宝五载（746）之江东。天宝六载（747）后，李白诗中屡屡出现思念儿女的作品。是年春，李白经淮南往游会稽，其秋，由会稽归至金陵。天宝六载（747）李白作《送杨燕之东鲁》，中有"我固侯门士，谬登圣主筵。一辞金华殿，蹭蹬长江边。二子鲁门东，别来已经年。因君此中去，不觉泪如泉"⑧ 的诗句，詹锳考曰："白于天宝五载冬去鲁南下，则此诗当是天宝六七载间作。'二子'指伯禽与女平阳而言。"⑨ 天宝八载（749）春，李白在金陵作《寄东鲁二稚子》："吴地桑叶绿，吴蚕已三眠。我家寄东鲁，谁种龟阴田？春事已不及，江行复茫然。南风吹归心，飞堕酒楼前。楼东一株桃，枝叶拂青烟。此树我所种，别来向三年。桃今与楼齐，我行尚未旋。

---

① 詹锳：《李白诗文系年》，人民文学出版社1984年版，第24页。
② 詹锳：《李白诗文系年》，人民文学出版社1984年版，第25页。
③ 詹锳：《李白诗文系年》，人民文学出版社1984年版，第27页。
④ 安旗、薛天纬、阎琦、房日晰笺注：《李白全集编年笺注》，中华书局2015年版，第411页。
⑤ 安旗、薛天纬、阎琦、房日晰笺注：《李白全集编年笺注》，中华书局2015年版，第519页。
⑥ 安旗、薛天纬、阎琦、房日晰笺注：《李白全集编年笺注》，中华书局2015年版，第521页。
⑦ 詹锳：《李白诗文系年》，人民文学出版社1984年版，第64页。
⑧ 安旗、薛天纬、阎琦、房日晰笺注：《李白全集编年笺注》，中华书局2015年版，第796页。
⑨ 詹锳：《李白诗文系年》，人民文学出版社1984年版，第72页。

娇女字平阳，折花倚桃边。折花不见我，泪下如流泉。小儿名伯禽，与姐亦齐肩。双行桃树下，抚背复谁怜？念此失次第，肝肠日忧煎。裂素写远意，因之汶阳川。"① 又同年夏金陵所作《送萧三十一之鲁中兼问稚子伯禽》："我家寄在沙丘旁，三年不归空断肠。君行既识伯禽子，应驾小车骑白羊。"② 这些诗句中深挚的情感足以让人为之动容。

除挂牵子女的诗作外，李白这一时期还写下了不少思念妻子的诗歌。"魏颢《李翰林集序》曰：'白始娶于许，生一女一男曰明月奴，女既嫁而卒。又合于刘。刘诀。次合于鲁一妇人，生子曰颇黎，终娶于宋'。王注谓宋盖是宗字之讹。此诗所称之'内'，即指宗氏也。"③ 宗氏夫人乃三度拜相的宗楚客的孙女，是李白在许氏夫人死后所娶，婚后宗氏居住在梁苑。天宝十四载（755）秋，李白在由金陵去浔阳途经秋浦时，写下了思念宗氏夫人的《秋浦寄内》：

> 我今寻阳去，辞家千里余。结荷见水宿，却寄大雷书。虽不同辛苦，怆离各自居。我自入秋浦，三年北信疏。红颜愁落尽，白发不能除。有客自梁苑，手携五色鱼。开鱼得锦字，归问我何如？江山虽道阻，意合不为殊。④

李白天宝十二载（753）曾返梁宋，随之又由梁园南下，往来宣城、金陵等地，到天宝十四载（755），李白已经五十五岁。在"红颜愁落尽，白发不能除"的想象中，他自然会兴发与妻子天各一方，"辞家千里余""怆离各自居"的思念之情，以及"三年北信疏"的牵挂。同期所作诗

---

① 安旗、薛天纬、阎琦、房日晰笺注：《李白全集编年笺注》，中华书局 2015 年版，第 829 页。
② 安旗、薛天纬、阎琦、房日晰笺注：《李白全集编年笺注》，中华书局 2015 年版，第 831 页。
③ 詹锳：《李白诗文系年》，人民文学出版社 1984 年版，第 112 页。
④ 安旗、薛天纬、阎琦、房日晰笺注：《李白全集编年笺注》，中华书局 2015 年版，第 1193 页。

《秋浦感主人归燕寄内》云：

> 霜凋楚关木，始知杀气严。寥寥金天廓，婉婉绿红潜。胡燕别主人，双双语前檐。三飞四回顾，欲去复相瞻。岂不恋华屋，终然谢珠帘。我不及此鸟，远行岁已淹。寄书道中叹，泪下不能缄。①

此诗中作者从人与燕两方面落笔，用"我不及此鸟"串起"远行岁已淹"的自述，通过"寄书道中叹，泪下不能缄"的行为表述内心对妻子的思念。此外，同一时期李白还写有《自代内赠》：

> 宝刀裁流水，无有断绝时。妾意逐君行，缠绵亦如之。别来门前草，秋巷春转碧。扫尽更还生，萋萋满行迹。鸣凤始相得，雄惊雌各飞。游云落何山？一往不见归。估客发大楼，知君在秋浦。梁苑空锦衾，阳台梦行雨。妾家三作相，失势去西秦。犹有旧歌管，凄清闻四邻。曲度入紫云，啼无眼中人。妾似井底桃，开花向谁笑？君如天上月，不肯一回照。窥镜不自识，别多憔悴深。安得秦吉了，为人道寸心？②

在此诗中，李白以宗氏夫人的口吻写其家世的荣耀与悲凉，同时更借以抒发夫妻分离后"梁苑空锦衾""别多憔悴深"的彼此挂念之情。

事实上，这里抒发的夫妻别离思念的情感在李白的《秋浦歌》中就已发端，如"秋浦猿夜愁，黄山堪白头。清溪非陇水，翻作断肠流。欲去不得去，薄游成久游。何年是归日，雨泪下孤舟"（其二）；"千千石楠树，万万女贞林。山山白鹭满，涧涧白猿吟。君莫向秋浦，猿声碎客心"

---

① 安旗、薛天纬、阎琦、房日晰笺注：《李白全集编年笺注》，中华书局2015年版，第1196页。
② 安旗、薛天纬、阎琦、房日晰笺注：《李白全集编年笺注》，中华书局2015年版，第1195页。

（其十）等。虽然诗中表达的愁情很难界定是指向政治还是个人生活，但如果把李白这一时期所做的诗歌结合起来观察，或者对此期以"秋浦"为题的诗歌背景加以关注，那么就可以说《秋浦歌》中的愁情在政治上的不得意之外，也包含着李白对亲人的万千挂牵。正是因为李白思归却又"欲去不得去，薄游成久游"，所以诗中以"石楠树"对"女贞林"，借猿声的悲吟渲染作者对妻子对子女的真挚思念之情。

综上所述，李白《秋浦歌》中饱含着的政治失意、思念亲人的深挚情感与异代的黄庭坚在远谪异乡的岁月中所经历的故乡阻隔、忧谗畏讥、亲人别离、形单影只的情感有诸多的共通之处，所以黄庭坚会在期盼已久的亲人聚首之际，于千回百转的万千感慨之下挥毫写就了李白的《秋浦歌》。

南宋绘画中的南方意象与文学书写[*]

李旭婷[**]

内容提要：南宋时期，政权在地域上的南移促进了绘画中南方意象的发展，在山水画中以对西湖的图绘最为突出，在花鸟画中则以对梅花，尤其是墨梅的摹写最为典型。绘画中南方意象的异军突起影响到题画文学的题材变革。从题画文学对南方意象的书写中可以探析南宋人微妙的心理层次。随着恢复之望的日渐渺茫，一方面，以西湖为代表的南方山水成为从身体到心灵的避难区域，促动了偏安心态的形成。另一方面，当地理空间的优越性丧失后，如何维系精神上的正统也成为士人思考的重点，墨梅于是成为寄托君子品格的特殊存在。南方意象由此以其多元的层次内涵，成为观照南宋士人心态的重要依据。

关键词：南宋；南方；绘画；文学；心态

建炎南渡，意味着赵宋王朝的地理重心开始南移。虽然相当一部分南宋人在内心依旧固守着恢复中原的梦想，然而政权在地域上的南移却是事实。绍兴和议后，淮河与大散关成为实际层面的北方边塞，而临安

---

[*]［基金项目］2018 年国家社科基金青年项目"南宋题画文学整理与研究"（编号 18CZW012）。

[**]［作者简介］李旭婷（1989— ）女，文学博士，重庆师范大学文学院副教授，硕士生导师，主要从事唐宋文学、文学与图像研究。

则成为真正的政治文化中心。在这种背景下，南方逐渐发展成南宋绘画中一个新的显著题材，在山水画中以对西湖的图绘最为突出，而在花鸟画中则以对梅花，尤其是墨梅的摹写最为典型。绘画中南方意象的异军突起，带动了题画文学对南方意象的进一步关注，使得南宋时期，南方意象的书写成为此期题画文学的一个重点。学界对文学与图像视域下的南方意象亦有关注，如美国汉学家毕嘉珍便在《墨梅》[①] 一书中，详细梳理了墨梅从自然界梅花发展到画中之梅的过程，而衣若芬则在《文图学理论框架下的东亚"西湖十景"研究》[②] 中，探讨了西湖的图像书写在东亚的传播。然而，本文关注的重点并不仅仅在于绘画本身，而想要进一步探讨南宋人在透过绘画题咏这些意象时的文学呈现，以及由此反映出的心态特征。

一　西湖的图文阐释与偏安心态的滋生

建炎南渡，北方人口大规模南移，为南方带来了充足的劳动力和先进的生产方式，极大地推动了南方经济的发展，中国的经济重心完成了从北向南的推移，由此亦出现了"苏湖熟，天下足"（高斯得《耻堂存稿·宁国府劝农文》）的认定。而临安更是由于南渡后确立的都城地位而备受瞩目。"东南形胜，三吴都会，钱塘自古繁华。烟柳画桥，风帘翠幕，参差十万人家"（柳永《望海潮》），钱塘在北宋之时已成为"东南第一州"（《淳祐临安志·卷5》），至南宋时更进一步成为世界最繁华的都市之一。据《咸淳临安志》载，宋理宗淳祐时期，临安的人口已达三十九万多户一百二十四万多口，相比北宋时柳永词中的参差十万人家有数倍增长。临安城内店铺林立，热闹非凡，吴自牧在《梦粱录》中便记录了临安城中茶肆、酒肆、分茶酒店、面食店、荤素从食店、米铺、肉铺和鲞铺的盛况，其中关于茶肆部分写道：

[①] 参见［美］毕嘉珍《墨梅》，陆敏珍译，江苏人民出版社2012年版。
[②] 参见衣若芬《文图学理论框架下的东亚"西湖十景"研究》，《域外汉籍研究集刊》2018年第2期。

> 汴京熟食店,张挂名画,所以勾引观者,留连食客。今杭城茶肆亦如之,插四时花,挂名人画,装点店面。四时卖奇茶异汤,冬月添卖七宝擂茶、撒子、葱茶,或卖盐豉汤;暑天添卖雪泡梅花酒,或缩脾饮暑药之属。①

这段话透露出两个信息,一是临安商铺多沿袭汴京风貌,同样张挂名画吸引客人,这种对北宋生活方式的沿袭一定程度上舒缓了南宋人的故都之思。二是临安对饮食和生活质量的讲究丝毫不亚于汴京,《梦粱录》的细致描述,宛如一幅临安版的《清明上河图》。安定富足的生活容易使人产生懈怠心理,沉醉于南方的繁华与热闹之中乐不思蜀。此时,面对着无望的恢复和现实的繁华,很多士大夫不再力图恢复中原,而是满足于临安的柔靡。孝宗时的诗人林升便有感于这种繁华对士大夫心态的消磨,沉痛写下了"山外青山楼外楼,西湖歌舞几时休。暖风熏得游人醉,直把杭州作汴州"(《题临安邸》)。

作为临安的眼睛,西湖可以算是南方意象最典型的代表。周密《武林旧事·西湖游幸》记载道:

> 西湖天下景,朝昏晴雨,四序总宜;杭人亦无时而不游,而春游特盛焉。承平时,头船如大绿、间绿、十样锦、百花宝、胜明玉之类,何啻百余;其次则不计其数,皆华丽雅靓,夸奇竞好。而都人凡缔姻、赛社、会亲、送葬、经会、献神,仕宦恩赏之经营,禁省台府之嘱托,贵珰要地,大贾豪民,买笑千金,呼卢百万,以至痴儿骏子,密约幽期,无不在焉。日糜金钱,靡有纪极,故杭谚有"销金锅儿"之号,此语不为过也。②

这样一个风景绝佳的"销金锅儿",自然会成为画家钟情的表现

---

① (宋) 吴自牧:《梦粱录》,古典文学出版社 1956 年版,第 262 页。
② (宋) 周密著,李小龙、赵锐评注:《武林旧事》卷 3,中华书局 2007 年版,第 71 页。

题材。

南宋之前题咏西湖的文学作品不少，从唐代白居易《钱塘湖春行》到北宋苏轼《饮湖上初晴后雨》，多有名句传世。然而，相较于文学的繁荣而言，以西湖为对象的图画却并不多。据王双阳《古代西湖山水图研究》① 统计，唐代只有一幅有关西湖的图画《杭州郡楼登望图》，五代则唯有巨然《松阴论古图》。北宋时有关西湖的图绘增加至4幅，包括潘淳《江湖八境图》、佚名僧人《云林山人隐居图》、佚名画工《西湖图》以及佚名画工《潘阆词意图》，数量依旧不多。因此，南宋之前题咏西湖图的文学作品亦绝少，仅林逋《酬昼师西湖春望》《僧有示西湖墨本者就孤山左侧林萝秘邃间状出》和惠洪《汪履道家观所蓄烟雨芦雁图》这三首作品涉及对西湖图绘的题咏。

绘画和题画文学中的西湖图景要到南宋才正式建立。南宋人以西湖为对象创作的图画数量有非常明显的提升，据王双阳《古代西湖山水图研究》统计，共出现35幅与西湖有关的图画，其中既包括全景类的图绘，如传为李嵩的《西湖图》，也包括以具体地点为对象的图绘，如僧若芬《孤山图》。南宋后期还归纳出"西湖十景"：

> 近者画家称湖山四时景色最奇者有十，曰苏堤春晓、曲院风荷、平湖秋月、断桥残雪、柳浪闻莺、花港观鱼、雷峰夕照、两峰插云、南屏晚钟、三潭印月。②

从这段叙述中可以看到，西湖十景的名称最早便是由画家提出的，名称背后的意象组合蕴含着浓烈的画者之思，形之笔端，便出现了"西湖十景"的相关图画，如马麟《西湖十景册》、叶肖岩《西湖十景册》、陈清波《三潭映月图》《苏堤春晓图》《断桥残雪图》等。西湖成为画家非常钟情的图绘对象。据台湾学者李慧漱分析，西湖的地理位置非常特

---

① 王双阳：《古代西湖山水图研究》，博士学位论文，中国美术学院，2009年。
② （宋）吴自牧：《梦粱录》，古典文学出版社1956年版，第230页。

殊，三面环山，一面临城，成为沟通圣、俗两界的枢纽。① 因此，西湖成为世人所共享共存的空间，对西湖的图绘者不仅有宫廷画家，如夏圭《西湖柳艇图》、刘松年《西湖风景图》，也有僧人画家，如玉涧若芬《孤山图》《六桥图》，甚至他们之间的绘画风格也因与西湖的相邻而出现不可截然分割的特征。例如李嵩本为宫廷画家，然而他所画的《西湖图》工笔写意兼用，画面中央为宽阔的湖面，左下方是以工笔画成的雷峰塔，而远处归属于隐士栖居地的北高峰则为带有写意风格的渲染，绘画结合了画院画家和文人的审美，正如西湖的地理位置融合了圣、俗两界一样。

西湖图绘的繁多造就了西湖图题咏的热潮。题春日者如"西湖景物天与奇，岁晚春风常探支"（章甫《张使君以画屏求题》），题夏日者有"四月曾湖上，荷钱劣可穿。归来开短纸，十里已红莲"（杨万里《题文发叔所藏潘子真水墨江湖八境小轴·西湖夏日》），题秋日者像"湖上秋山翠作堆，湖光千顷漾涟漪。晓云帖水菰蒲冷，正是吴江枫落时"（曹勋《题董亨道画西湖》），题冬日者有"一童一鹤两相随，闲步梅边赋小诗。疏影暗香真绝句，至今谁复继新辞"（钱选《题孤山图》）。四时风物不同，四时题咏者亦不绝。

绘画之所长在于赋形，当其与西湖之湖光山色遭遇时，很容易以其赋形之长将西湖的清绝旖旎进一步提炼，形成不同于北方"大山堂堂"式山水的静谧优容。而文人在面对这样的图景时，很容易被画面之优游所吸引，从而产生对这样山水的依恋。又如扬无咎《水龙吟·赵祖文画西湖图，名曰总相宜》：

> 西湖天下应如是。谁唤作、真西子。云凝山秀，日增波媚，宜晴宜雨。况是深秋，更当遥夜，月华如水。记词人解道，丹青妙手，应难写、真奇语。
>
> 往事输他范蠡。泛扁舟、仍携佳丽。毫端幻出，淡妆浓抹，可

---

① 参见李慧漱《壶中天地：西湖与南宋都城临安的艺术与文化》，载何传馨主编《文艺绍兴：南宋艺术与文化特展》（书画卷），台北故宫博物院2010年版。

人风味。和靖幽居，老坡遗迹，也应堪记。更凭君画我，追随二老，游千家寺。①

从题目可知，赵祖文所画的这幅西湖图是对苏轼"淡妆浓抹总相宜"诗意的转译，然而苏诗中的"晴""雨""淡妆""浓抹"描述的是西湖不同的姿态，而绘画却很难将这些各异且矛盾的姿态在同一空间中协调呈现。因此，本身便是画家的扬无咎亦不得不感叹"丹青妙手，应难写、真奇语"。从词作来看，赵祖文在绘图时并未黏着于苏诗的各种变化姿态，而是选取了一个深秋月夜作为特写，通过描绘现实风景来想象变化姿态，从而消解了绘画空间对诗歌流动性转译的困难。在对画作进行描绘后，扬无咎感叹，希望能被绘入画中，追随林逋与东坡，这意味着扬无咎对于西湖风景和人文的追慕。

虽然南宋这些以西湖图为对象的题画作品皆无法望苏轼项背，但是却体现出南宋人对西湖的热情。他们沉醉于以西湖为代表的南方山水之中，悠游自在。罗宗强在谈论东晋山水审美与偏安心态时曾言："山水审美意识的形成，不仅是个性觉醒、提倡任自然的玄学思潮的产物，而且是江南秀丽山水和这片秀丽山水中偏安一隅、经营庄园的士人生活的产物。是偏安心态、闲适情趣、闲适生活促进了山水的美的发现。"② 山水审美在一定程度上与偏安心态可能是相辅相成的，南宋的地理环境和士人心态与东晋之时极为相似，同样是半壁江山，同样是秀丽山水，也造成了士大夫同样的偏安心态。以西湖为代表的南方山水为他们提供了一个安宁的环境，在恢复中原无望的情况下，他们在很大的程度上希望通过寄情山水来寻求内心的平静。南方山水多清绝，相比于北方的险峻，南方山水之柔和更容易契合内心对安宁的向往。郭熙曾在《林泉高致》中提出画山水的"三远"，分别是高远、深远、平远：

---

① 唐圭璋：《全宋词》第2册，中华书局1965年版，第1177页。
② 罗宗强：《玄学与魏晋士人心态》，浙江人民出版社1991年版，第313页。

> 山有三远：自山下而仰山颠，谓之高远；自山前而窥山后，谓之深远；自近山而望远山，谓之平远。①

这种提法实际上更适合北方的山水，韩拙则在《山水纯全集》中又补充了另外"三远"：

> 愚又论三远者：有近岸广水，旷阔遥山者，谓之"阔远"；有烟雾溟漠，野水隔而仿佛不见者，谓之"迷远"；景物至绝，而微茫缥缈者，谓之"幽远"。②

韩拙的新"三远"更像是以江南为代表的南方山水，李嵩《西湖图》便非常符合"有近岸广水，旷阔遥山"之"阔远"一说。南方山水这样一种阔远、迷远、幽远的意境，更容易让人内心放掉拘束，获得宁静，从而产生偏安不思进取的思想。对于士大夫的这种偏安心态，吴龙翰颇为伤感，他在《题西湖画轴》中写道：

> 丹青谁写满轴莲，濯濯西施一段妍。汴水百年尘隔断，可无人作画图传。③

诗人观西湖图画，想到的不是如其他人一样的山水美景、四季风物，而是对偏安心态的反思。南宋时，大量的画家以西湖为题材进行绘画创作，然而无人再去图画汴京山水。考察南宋题画作品，会发现偶尔有题

---

① （宋）郭思编，杨伯编著：《林泉高致》，中华书局2010年版，第69页。《林泉高致》为郭思整理其父郭熙的山水画观念而成，故关于其作者问题，有的版本标注是郭熙，有的则标注为郭思。

② （宋）韩拙：《山水纯全集》，载沈子丞主编《历代论画名著汇编》，文物出版社1982年版，第135页。

③ 北京大学古文献研究所：《全宋诗》卷3590，第68册，北京大学出版社1998年版，第42894页。

盘谷图，关外山水图等北方意象，却极少题咏汴京山水的，可见南宋很可能确实少画汴京风物，如《清明上河图》那样的汴梁画作已绝，而《清明上河图》的作者张择端入南宋后也开始图绘西湖，在文献记载中留下了《西湖春晓图》和《南屏晚钟图》两幅相关绘画。吴龙翰出生于理宗绍定二年（1229），此时距离南渡已有百年，很多士人早已忘却故都，而沉醉于这销金锅儿里。图画的内容反映出心态的变迁，而题画文学的内容亦然，大量的作家题咏西湖美景，却很少有人有吴龙翰这样的反思。他们春游夏赏，早已逍遥在这山水窟中去了。

与西湖图景类似的还有对于武夷山水的发现。随着政权的南移，山水的寄托对象亦开始随之南移。北方山水因处于金人占领区，不再能够作为安置心灵的地方。因此，士大夫开始将目光移往南方，试图在南方寻找到新的寄托之处。他们曾经寻找到过潇湘，然而，潇湘曾是屈原的故乡，又产生过湘君、湘夫人的神话传说，使此地图景天然带有一种哀伤[1]，"潇湘八景"虽是绘画中的重要母题，然而士大夫题咏时却常带有放逐的悲伤，无法完全徜徉其中，也无法通过其获得内心的安顿，因此，他们需要寻找另一个可以安置心灵的地方，于是，他们找到了更为南方的武夷。武夷山为闽中名山，北宋理学家杨时曾在闽中讲学，朱熹又建"武夷精舍"，在此倡道讲学，因此，武夷成为理学的一个重要发源地，被清人称为"道南理窟"。武夷远离宋金边界，景致安宁，有"峰峦岩壑，秀拔奇伟，清溪九曲，流出其间"（朱熹《武夷图序》）。此地静谧清绝的风光使其成为南宋士人新的心灵安顿之所，在南宋出现了很多以武夷图为中心的题咏之作，如留元刚[2]"唤回白马宾云梦，来看桑麻万里天"（《武夷九曲棹歌图》），徐瑞"山灵有凤契，清风为前驱"（《邻翁王道人送武夷图》）。他们试图在南方的秀丽山水中安顿内心，寻求栖息之所。

---

[1] 关于潇湘山水的内涵，在衣若芬《云影天光：潇湘山水之画意与诗情》和［美］姜斐德《宋代诗画中的政治隐情》中有过详细解读，此处便不再展开论述。

[2] 《全宋诗》作刘元刚，《全宋诗订补》修正为留元刚。

以西湖为代表的南方山水以其阔远、迷远和幽远的静谧清绝为南宋人提供了一个心灵安顿的空间，在社会逐渐安定、北伐恢复无望的情形下甚至进一步促生了他们的偏安心态，南方似乎成为一种从身体到心灵的避难区域。然而，这种回避姿态并不是所有南方意象的共同特点，另一种意象——梅花，则反映出南宋士人的另一个心理侧面。

二 梅画摹写与君子人格的形成

梅在文学中有着悠久的书写传统，早在《诗经》中便已有对梅的提及，如"摽有梅，其实七兮"（《召南·摽有梅》），"终南何有？有条有梅"（《秦风·终南》）（当然，《诗经》中提到的梅实际上多是梅子）。虽然北方也长有梅树，然而梅花的习性更适合在温暖的地方生长，因此，南方的梅花更为繁盛，品种也更为丰富，这种对自然环境的需求决定了梅花的南方属性，这也就不奇怪为何文学中梅花书写的第一个高峰在南朝。随着永嘉南渡后南方的开拓，梅花书写在文学作品中日渐频繁。而无论是"江南无所有，聊赠一枝春"（陆凯《赠范晔》），还是"忆梅下西洲，折梅寄江北"（《西洲曲》），都凸显出梅花作为南方意象的文化符号特性。

经历了唐代的沉寂期后，北宋时期再次诞生出大量关于梅花的优秀作品，如林逋写于西湖的"疏影横斜水清浅，暗香浮动月黄昏"（《山园小梅》），王安石作于钟山的"遥知不是雪，为有暗香来"（《梅》），苏轼作于黄州的"江头千树春欲暗，竹外一枝斜更好"（《和秦太虚梅花》）等，这些梅花诗作大部分创作于南方，梅花作为一种独特的南方意象，在北宋诸位名家的推动下逐渐成熟，呈现出更加丰富的层次内涵。建炎南渡后，梅花作为东道主进一步获得空前的关注，由于地域的相似，出现了对南朝咏梅的回应和螺旋式提升，相较北宋而言，形成了书写的系统化。此期出现了第一本关于梅的植物学著作——范成大《范村梅谱》，第一本厘定梅花欣赏标准的著作——张镃《玉照堂梅品》，第一本咏梅词集——黄大舆《梅苑》，还出现了第一本梅花画谱——宋伯仁《梅花喜神谱》,第一篇关于墨梅画法的论述——赵孟坚《梅竹谱》。这种对梅花的狂热离不开南方作为地域条件的推动。

与南朝便出现了梅花热潮不同,梅花在绘画中的成熟相对来说是比较晚的。成书于北宋后期的《宣和画谱》大致可以反映出南宋之前梅画的发展情况,在此书的著录中,题目里包含"梅"字的作品唐代共有3位作家3幅作品,包括边鸾《梅花鹌鸽图》、于锡《雪梅双雉图》和萧悦《梅竹郭鹩图》,五代则有包括滕昌佑《梅花图》《梅花鹅图》等在内的5位作家16幅作品,北宋时数量有所提高,共著录8位画家35幅作品。这个数字相对于其他花卉,如牡丹来看,并不算多。梅画的大量出现始于北宋后期,其中以江南画家仲仁作品最为重要。

> 墨梅自华光始,华光者乃故宋哲宗时人也,尝住持湖南潭州华光寺,人以华光而称之也。爱梅,静居丈室,植梅数本,每发花时,辄床于其树下终日,人莫能知其意。值月夜,见疏影横窗疏淡可爱,遂以笔戏摹其状,凌晨视之殊有月夜之思,由是得其三昧,名播于世。山谷见而叹曰:"如嫩寒清晓行孤山篱落间,只欠香尔。"[①]

仲仁对梅花的图绘以及名家对其梅花的高评,使其成为宋代梅画,尤其是墨梅的重要奠基人。对梅花图绘的热情在南宋时随着政权的南移进一步高涨。就宫廷而言,著名宫廷画家如马远、马麟等皆有梅画传世,如马远《梅石溪凫图》,马麟《层叠冰绡图》等,广受宫廷帝后喜爱。而文人群体中,则有扬无咎、汤正仲、赵孟坚等画梅名家,将仲仁文人式的梅花图绘发扬光大。尤其是对墨梅的图绘,更在此后逐渐成为文人绘画的主流题材。

梅画的繁荣与南宋梅花热潮的碰撞,其直接结果便是南宋梅画题咏的繁荣。对历代题画文学中的梅花题材进行统计可以发现,宋朝的题画

---

① (元)吴太素:《松斋梅谱》,载卢辅圣主编《中国书画全书》第2册,上海书画出版社1993年版,第679页。

文学中并未出现以梅为中心的题咏,仅庾信《咏画屏风诗二十四首》中有一句"今朝梅树下,定有咏花人",可以猜测屏风上画有梅花,然而更多是作为人物活动的背景存在。北宋时虽然咏物诗文中的梅花书写已经成熟,但题画文学中的梅花却并不算多,以梅为题者共题画诗 29 首,题画词 5 首,题画文 6 篇,且大部分是以仲仁梅画为题咏对象,如黄庭坚《题花光老为曾公卷作水边梅》、邹浩《观华光长老仲仁墨梅》、惠洪《王舍人宏道家中蓄花光所作墨梅甚妙戏为之赋》等。南宋时期,对梅画的题咏呈现井喷之势,共出现题画诗 334 首(其中宋伯仁《梅花喜神谱》100 首),题画词 23 首,题画文 36 篇,较之前代有非常明显的发展。

南宋题画文学中的梅花书写,具有非常典型的南方特色。就地点而言,梅花常与江南和岭南发生联系。如张元干《龙眠墨梅》"江南一枝春,岁久暗香灭"、葛立方《题卧屏十八花》"何似江南觅春信,和香先得最南枝"、吕居仁《墨梅》"岭南十月春渐回,妍暖先到前村梅"、王柏《题花光梅十首》"夜半传香来庾岭,至今拈起作家风"。除了梅花本来在此二地生长较多外,陆凯《赠范晔》中的"江南无所有,聊赠一枝春"和宋之问《度大庾岭》中的"魂随南翥鸟,泪尽北枝花"亦是促使这两处地点与梅花联系的重要原因。重要的文学典故往往会对后世文学书写产生深远的影响,除以上古诗外,林逋的《山园小梅》之于南宋乃至后世的梅花写作意义更为重大。因此,在南宋题画文学中,常会出现对林逋这位西湖处士以及他笔下"疏影横斜"的借用。如张守《席大光邀同赋墨梅花》颜博士画:

> 墨白何妨俗眼疑,写真妙处足天机。横斜疏影黄昏月,貌尽西湖处士诗。[1]

此诗将林逋原句"疏影横斜水清浅,暗香浮动月黄昏"浓缩为"横

---

[1] 北京大学古文献研究所:《全宋诗》卷 1604,第 28 册,第 18030 页。

斜疏影黄昏月"七个字,并明确说明是借西湖处士林逋这句诗来形容颜博士绘画,这种题画方式可以说是一种取巧的行为。林逋与梅及西湖的关系,使得题画文学中的梅花大量地与西湖发生联系,加之南宋定都于临安,西湖本身便是书写的重心,这便让本身存在于典故中的西湖梅花成为可见之事实,进一步加强了梅花与西湖的关联,也强化了梅花的南方属性。据鲁茜《南宋杭州西湖梅花名胜考》考察,西湖附近共有"孤山、皇家宫苑官署、官员别业园林、佛寺名山、百姓名居五个层面十五处赏梅景点"①,西湖由此成为南宋咏梅史中最重要的空间。

南宋题画文学中梅花书写的南方特色,除地点标记外,还表现为对梅花所处环境的营造。在与梅花组合的意象中,除了因其本身开于冬天且多与雪相联系外,月、烟、雾、雨、黄昏亦是常见组合方式,这一方面是受到林逋"疏影"一联所构建意象的影响,另一方面也与南方景致本身的空濛有关。如曾几《黄嗣深尚书自临川省其兄嗣文户部于宜春用元明鲁直唱题李生墨竹梅》:

> 纷纷画手调红绿,好以桃花配丛竹。岂无短纸作江梅,雪里溪边太幽独。
> 李侯胸中有佳处,研滴松煤聊寓目。与梅择对无可人,分付此君真不俗。
> 淡烟小雨空濛地,何得月明疏影足。始知璀璨出斜枝,诗画古来真一族。②

与梅相呼应的植物应是同样不俗的竹,而与这种不俗相呼应的环境则是"淡烟""小雨"这样的空濛之境。这些意象混合出江南清新疏朗而又湿润朦胧的环境特点。这种环境大量出现在南宋题梅画作品中,如张嵲《墨梅四首》中的"还似故园江上影,半笼烟月在疏篱""忆向溪桥

---

① 鲁茜:《南宋杭州西湖梅花名胜考》,《暨南史学》2012 年第 7 辑。
② 北京大学古文献研究所:《全宋诗》卷 1654,第 29 册,第 18521 页。

曾驻马，却疑浑是雾中看""寂寞沙村烟雨里，如看竹外一枝斜"，又如朱松《三峰康道人墨梅三首》"一枝春晓破霜烟，影写清陂最可怜"、李纲《戏赋墨画梅花》"炯如落月耿寒影，翳若宿雾含疏枝"、吴文英《暗香疏影·夹钟宫赋墨梅》"相将初试红盐味，到烟雨、青黄时节"。在烟雨黄昏的滤镜下，梅花本身的颜色往往被淡化为黑白，南方这种自然环境也因此成为南宋墨梅绘画发展的重要因素。

南方与梅的契合，使得画梅题梅在南宋成为一种社会性的狂欢，南宋重要作家如陆游、杨万里、刘克庄、朱熹皆有题画梅诗流传，而吴文英、周密、辛弃疾、张炎等则留下了不少题梅画词。南宋文人将梅花孤高清绝的特质进一步发展，并在与南宋社会文化语境的碰撞中完成了梅花君子人格的形塑。

首先，刘子健曾提出："北宋的特征是外向的，而南宋却在本质上趋向于内敛。"① 梅花不与繁花争艳的幽静正好契合了南宋士人的内敛性格，尤其是墨梅，颜色的滤去象征着内心进一步的收敛和纯粹。如王柏《题墨梅》：

> 岁寒我与偶，独抱幽贞长。笔下孤梢瘦，冰花纸上香。
> 笔头开造化，花外越精神。偃蹇蟉龙表，新梢最可人。
> 冰蕤开雪颖，墨妙发孤香。不袭逃禅印，枝头有异光。
> 穷冬天地闭，万物正雕残。玉立清梢表，天然独耐寒。
> 胸中含静操，笔下走寒梢。一见孤山客，清香尽折苞。
> 素质天然静，清芬绕鼻根。更于翘楚上，一笔起冰魂。
> 一枝横出晓，霜外数花开。谁识生绡上，清香静处来。②

从外形气质来看，墨梅形容清癯，虬龙之资，"胸中含静操"，"素质

---

① ［美］刘子健：《中国转向内在——两宋之际的文化转向》，赵冬梅译，江苏人民出版社2012年版，第10页。
② 北京大学古文献研究所：《全宋诗》卷3170，第60册，第38069页。

天然静"，颇似朱熹在《涑水先生画像赞》中对司马光的形容"深衣大带，张拱徐趋"，这种稳重低调而又从容不迫的气质正是士人对自身的要求。从内在精神来看，墨梅"天然独耐寒"，"独抱幽贞长"，万物凋残之时更显其孤芳，不惧岁寒，不怨冰雪，好似颜回居陋巷而不改其乐。对梅花君子人格的塑造日渐成为南宋士人的自我剖白，南宋士人将自身对君子所需具有的品性赋予墨梅，从而使之从花卉中脱颖而出，成为题画文学君子传统的重要载体。

其次，梅花这种以瘦弱的身躯抗衡恶劣环境时所展现出来的坚强恰如南宋士人在面对家国之变时内心的坚守。在地理上的优越性无法保持之后，士人只能以自身对"道"的坚守来谋求精神上的正统。于是，梅花的岁寒之姿成为南宋士人坚守道德节操的精神隐喻。如萧立之《邓梅曜雪篱图》：

> 夜凉北风三尺雪，悬崖冻崩树冻折。此时梅花独清绝，箕山高风首阳节。①

萧立之生于宋末元初，诗中之风雪恰似严苛危急的外部环境。在宋元易代之际，很多人或许都无法保全自身，然而梅花始终不改清绝，一如伯夷叔齐采薇首阳。从诗中亦可看出，梅花在宋末的书写甚至在孤高内敛的基础上进一步表现出遗民姿态。又如"梅花瘦而贞，霜磨雪折骨愈奇。……梅也似伯夷，矾也似叔齐"（赵文《三香图》），"千红万紫争烂漫，梅竹携手隐空山"（谢枋得《赠画梅吴雪坞》），这种遗民隐喻为元代不与官方合作文人借梅抒情提供了先导范式。

在中国绘画中，常有梅兰竹菊"四君子"之称，虽然南宋时这种称呼尚未形成，但在绘画和题画文学中，却常常出现梅与不同植物的组合，如王炎《题徐参议画轴三首·岁寒三友》、葛绍体《题松竹梅画扇》、家

---

① 北京大学古文献研究所：《全宋诗》卷3285，第62册，第39146页。

铉翁《题梅竹图》等。在这种并举中，梅花孤高内敛的君子特质通过对比被进一步强化，如曾由基《题画梅水仙山矾三友图》：

> 野梅清靖节，水仙韵坡公。山谷秀而野，厥有山矾风。
> 陶苏黄三君，时异风味同。后人思典刑，写入画图中。①

曾由基之诗载于《江湖后集》，在此诗中，他将梅、水仙和山矾并举，并分别比附为陶渊明、苏轼和黄庭坚。与陶渊明发生关联的花卉一般是菊花，梅花则多会想到林逋。此处弃林和靖用陶靖节的原因，或许是作者认为林逋不足以与苏黄并提，承担"典刑"的意义。那么，既能作为"典刑"担当，又具有"清""野"特质的，便只能是前代的陶渊明了。从林逋到陶渊明的转化，使梅花的意义从单纯的隐士和文学语典的层面，上升到更高的人格层面，梅花由此突破宋代的时间限制，成为整个中国文化中的最高范式之一。由于地域的促动，梅花成为南宋绘画中的重要意象，并随着文学书写被逐渐赋予孤高内敛的君子人格。此时，梅花不仅是南方的象征，更成为南宋的象征，在宋元之际面对民族危亡时甚至进一步成为中国的象征，"三百年间一梦同，人与梅花几荣辱"（俞德邻《为郭元德题和靖探梅图》），"在宋代最后几十年的动乱期中以及宋亡所带来的影响中，梅花保持并进一步超越了它的南方特性，……在蒙古统治及其以后的中国士大夫的思想里，梅花和墨梅画不仅是南方的象征，也是中国文化价值的具体体现"②。同时，当梅花描摹从咏物文学蔓延到绘画后，文人再次题咏画梅时对固有文学抒情模式的借鉴又促使文学中的比德观念转移到梅画中，从而使得梅画也具有了本来隶属于文学典故的君子人格比附，为中国绘画中"四君子"概念意象的生成奠定了重要的基础。

---

① 北京大学古文献研究所：《全宋诗》卷3028，第57册，第36081页。
② ［美］毕嘉珍：《墨梅》，陆敏珍译，江苏人民出版社2012年版，第79—80页。

三 结语

综上所述，南宋异于传统中原王朝的地理属性使得南方成为南宋绘画中新起的重要题材，绘画中南方意象的异军突起也影响到题画文学的题材变革。从对南方意象的书写中可以探析南宋人微妙的心理层次。当北伐一次次失利，恢复之望日渐渺茫时，一方面，面对着以西湖为代表的南方旖旎山水时，难免萌生偏安心态。另一方面，在地理空间的优越性丧失后，如何维系精神上的正统也成为士人思考的重点，于是梅花，尤其是墨梅便成为他们寄托君子品格的特殊存在。南方意象由此以其多元的层次内涵，成为观照南宋士人心态的重要依据。

潮汕文化与文学
档案·林培源

主持人：张慧敏副教授

主持人语：

在中国文化广袤的地理版图中，作为广东三大文化之一的潮汕文化，应可谓源远流长，厚重悠久，时至全球化时代的今日仍不失其极为鲜明的地域特色。本期关注的，即是在这一文化传统中成长起来的青年作家林培源。林培源生于广东汕头，直到读大学后才离开故乡到深圳、广州，进而京城，乃至海外。作为作家，他的文学创作已走过了十余年，由此也渐渐地写出了自己的风格。其中，出版于2019年的《神童与录音机》和2020年的《小镇生活指南》两部短篇小说集可作为其创作的阶段性代表作品。用林培源在自己的创作心得《"常识"与"反常识"：我的小说观》中的话来讲，这两部小说集分别代表了他所谓"常识"性和"反常识"性两种风格。前者侧重于小说的"小说性"，后者则更多地侧重于小说的"故事性"。但无论哪种风格，其精神所系都没有离开"潮汕"。

陈润庭的文章《"先锋"余火的继承与重燃——林培源短篇小说创作论》即是从这两个层面来面对林培源的两部小说集。既和林培源是汕头老乡，又同样地具有创作经验，陈润庭的解读因此更能贴近林培源和他的小说世界。他一方面深究在"土地的黄昏"时代如何及怎样再书写乡土，另一方面又检视着所谓带着先锋性的"反常识"和"常识"之间的关系，进而来考察林培源如何借助"转化与重燃"去实现自己的小说诗学。

张慧敏的文章《关于"潮汕"的记忆、想象与认同》则主要聚焦于林培源的《小镇生活指南》，考察其文学与作为地方的故乡之间的关系问题。文学与故乡或曰乡土文学是一个老话题，在这样一个带着"影响的焦虑"的强大的传统下，林培源的乡土书写也自有他的特色。他既写潮汕，文化意义上的"潮汕性"是小说之独特性的重要元素，而其实骨子里也可以非关潮汕，"小镇生活"中形形色色人的命运才是其普遍性的重要支撑。与此同时，虽然潮汕文化丰富博大，但林培源通过自己的文学书写，创造了一个属于他自己的文学"潮汕"或精神故乡，也进而达成了一种地理意义上的身份认同。这一点也许是很多作家涉及文学与地域地理的创作所共有的一个问题。

"常识"与"反常识":我的小说观

林培源[*]

从高中初拾小说到现在,我写作的年份几乎是我现在年龄的一半。十余年的时间里,我的写作分成了两半,衍化出两种不同的类别(风格):一类带有些寓言和传奇色彩,注重形式、结构和叙事技巧。在这类小说身上,虚构文体和现实之间呈现出一种扭结的姿态,小说的切入视角通常是反常识的,它赖以为继的运行机制甚至违反了现实生活的逻辑;另一类小说,则带有传统现实主义文学的基调,注重讲故事、塑造人物,利用工笔和细描,尽可能地摹写人物的心理、行为和情态,并且带有地域小说的色彩。这里的地域,指的是我生于斯、长于斯的潮汕地区——具体而言,是地处粤东的潮汕小镇。我将这一类小说归为"潮汕故事",它们被辑录在一部名为《小镇生活指南》(中信出版社2020年版)的"潮汕故事集"里。

这两类小说,就像林中分叉的小径一样延伸开来,它们从同一个起点出发,试图抵达不同的远方。

如果说第一类作品侧重于"小说",那么它试图把握的是小说这一文体所包孕的"文学性",并借此打开小说形式所承载的空间。因此,它会

---

[*] [作者简介] 林培源(1987—)男,广东澄海人,清华大学文学博士、美国杜克大学东亚系访问学者(2017—2018),从事中国现当代文学与小说叙事研究。曾获第四届"紫金·人民文学之星短篇小说佳作奖",作品入选《2019短篇小说》《2019年中国短篇小说20家》等。出版有小说集《小镇生活指南》(中信出版社2020年版)、《神童与录音机》(北京十月文艺出版社2019年版)等。《小镇生活指南》获选《亚洲周刊》2020年十大小说。

有意无意地沿用元小说、不确定叙事者等技法。在这类小说身上，形式并非凌空虚蹈，而有着坚实的现实经验作为地基。换句话说，形式只是作为一种显在的标志，并最终变成一个包着内核的果壳。用《哈姆雷特》的台词来形容，它宣称的是这样的姿态——"即便我身处果壳之中，仍自以为是无限宇宙之王"。

这类小说比较典型的有《白鸦》《神童与录音机》《诞生》《消失的父亲》等（均收录在小说集《神童与录音机》，北京十月文艺出版社2019年版）。以《白鸦》（首发《青年文学》2014年第7期，《长江文艺·好小说》2014年8月刊转载）为例，这是一篇典型的"反常识"的短篇小说，何为"反常识"呢？简单来说，就是其叙事的起点，是有悖现实逻辑和日常认知的。

谈及"反常识"时，文学史上有一系列小说会跃入我们的视线，比如卡夫卡《变形记》，博尔赫斯《小径分叉的花园》、卡尔维诺《分成两半的子爵》、科塔萨尔《万火归一》……这类小说以笃信无疑的姿态告诉读者：现实生活中"不可能"的事，在虚构文体中是可以"真实"发生的——人变成甲虫（《变形记》），虚构和现实相互重叠（《小径分叉的花园》）、人裂变为两半（《分成两半的子爵》）、身份互换与时空错位（《万火归一》）……诸如此类的"反常识"既挑战了我们的日常认知，同时也构建起文学独特的"真实"。

《白鸦》是篇"概念先行"（此处并非贬义）的作品，它的灵感来自对"天下乌鸦一般黑"这句话的反驳。小说写的是叙述人"我"（一个少年郎）的父亲与一只浑身白色的乌鸦之间的故事：白鸦进入"我"的家庭，在我父亲这个鸟痴挣得名声的同时，又隐藏了"祸患"。小说写了"我"眼中的父亲、白鸦，以及在瘟疫（禽流感）背景下爱鸟成痴的父亲与乡民之间的对抗。小说用了许多魔幻的笔法，将白鸦塑造为既神秘又神奇的形象，但其内在聚焦的还是世道人心。《白鸦》将这种神秘主义揉成齑粉，撒进小镇之中，它写了日常生活的"不可能"和"可能"，也写了人与人之间关系的悖谬与溃散。当然，这一切若要成立，最好是借儿童的目光来窥视。这位叙事人远离成人世界非此即彼的道德评判，同时又是故事的见证者和转述人，他赋予这个亦真亦幻的寓言性故事以存在的合法性。因此，在这个"反常识"的小说中，视角的选取，故事如何开端，就显得极为重要了，它们需要慎重的考量，最终落到细节之中，每一处针脚，都要精巧、密实。

接下来的问题指向了"反常识"写作的对立面，即"常识性"写作。

何为"常识性"写作呢？它的标志之一是"没有颠覆和挑战读者的认知，而是在现实的缝隙中揭开普通人的生存和精神困境，注重日常生活的情感、体验和细节的描摹与刻画"[①]（《现实主义的"常识"与"反常识"》）。这一类小说指向了我们惯常认知中的现实主义文学，它侧重的是"故事"的一端——如果我们将小说这一叙事性文体比喻成天平的话，那么，它的一端是现代意义上的"小说"（既带有西方近现代小说的特征，也离不开中国"小说"的传统），另一端则是读者津津乐道的"故事"。在这里，我将小说和故事略作区分，小说家可以是"讲故事的人"，但"讲故事的人"却不一定是小说家。它们之间存在一种相伴并行的关系，一旦小说试图脱离故事的束缚，它就会在形式、叙述和语言等方面进行变革，做出种种有违故事惯例的惊人举措来。这方面，卡尔维诺的《看不见的城市》或许是个突出的例子。

然而不讲故事的小说，就是好小说吗？这个问题恐怕没有绝对答案。

在"常识性"或者说传统现实主义的小说中，我们往往会在记住故事的同时，记住某些动人的细节。多年前我曾读过张万新的短篇小说《马口鱼》，一方面你可以在里面读到延续自沈从文那一脉的小说腔调，另一方面它又是自成一格的，主人公对马口鱼的痴念，带有些志人志怪小说的意味，这是很让人难忘的。这样的小说，读多少遍都不觉得腻烦。它有一个无法复制的好故事，而好故事的标志之一是可以被复述并口口相传。甚至，当它脱离小说这一形式时，作为单纯的故事也是非常迷人

[①] 林培源：《现实主义的"常识"与"反常识"——对〈第七天〉〈出家〉〈耶路撒冷〉等当代小说的反思》，《中国图书评论》2017 年第 7 期。

的。这时候,好故事就长出了翅膀,自由自在地飞翔,它想栖息在哪里,就栖息在哪里。

《小镇生活指南》中收录的 10 篇小说,大致上是些遵循"讲故事"原则的小说,它们带有很强的"常识性"写作的色彩。这是我初拾写作时便习以为常的小说作法,它们大多以潮汕小镇为背景,聚焦于一些边缘的、被遗忘的、生活在困厄中的人。这些人包括退伍的越战老兵、远嫁他乡的越南新娘(《奥黛》),守庙的老人(《他杀死了鲤鱼》)、制棺人和他的儿子(《躺下去就好》)、离异的中年妇女(《水泥广场》)、游戏厅老板娘(《姚美丽》)等。小镇人物构成这部"潮汕故事集"得以成立的最核心的元素——另一个元素是潮汕方言的有效使用。

我们知道,西方 19 世纪的批判现实主义小说有个典型特征——多以故事主人翁的名字来命名。关于这一点,可参考伊恩·瓦特《小说的兴起》中对笛福、理查逊和菲尔丁等小说家作品的分析(笛福的《鲁滨逊》、理查逊的《克拉丽莎》、菲尔丁的《汤姆·琼斯》)。这个现象一方面和西方的启蒙思想、人文主义传统有关,另一方面也离不开小说观念的演变。人成为小说家焦点的同时,也成为透视社会的镜像。《小镇生活指南》试图延续的,就是这一传统,它着力呈现的是人与人、人与生活、人与自我的关系。

从写法上,为了呈现这种关系,除开第一人称叙事(《青梅》),剩余篇目多数严格遵照第三人称叙事的规则。这样做的好处,是可以最大限度地将作者的声音抹去,用故事人物的视角代替作者观察、行动和思考,以人物的"声口"取代作者开口说话。在我看来,作者不应该用操纵木偶的方式去操控人物,而应该尽量贴合人物的精神世界,如同昆德拉所言,创造一个"道德悬置的领域"。也因此,这些小说的结尾多是开放性的,比如《姚美丽》和《秋声赋》两篇,姚美丽在故事结尾坐上哑巴司机驾驶的摩托车后座,思绪在过去、现在和未来间飘忽不定,而阿秋在精神失常后,被父亲用绳索缚住,这个苦命人的未来如何,既是已知,也是未知。

当然，分成两半的写作并非全然迥异，它们都发端于我的潮汕故乡，是广义上的现实主义小说。正如韦勒克所言，"现实主义是一种理想的典型，它可能并不能在任何一部作品中得到彻底的实现，而在每一部具体的作品中又肯定会同不同的特征、过去时代的遗留、对未来的期望，以及各种独具的特点结合起来"①。

　　以上，就是我对如何写小说、何为现实主义文学的"独抒己见"。

---

① ［美］勒内·韦勒克：《批评的诸种概念》，罗钢、王馨钵、杨德友译，曹雷雨校，上海人民出版社 2015 年版，第 237 页。

"先锋"余火的继承与重燃
——林培源短篇小说创作论

陈润庭*

内容摘要：作为"80后"代际的代表作家，林培源的短篇小说自觉继承先锋文学的余火，以流动的乡土性书写乡村，为我们提供了书写当代乡土的一种叙事进路。作为林培源小说诗学的核心概念，"常识"与"反常识"汲取了中国当代小说创作的文学经验，在继承先锋文学的探索精神的同时，探索其在当下重燃的可能。

关键词：林培源；现实主义；乡土文学；反常识

林培源是"80后"代际作家中颇具代表性的优秀小说家。回溯林培源迄今走过的文学道路——从蝉联两届全国新概念作文大赛一等奖（2007—2008年），到获得第四届"紫金·人民文学之星"奖（2016年）；从故乡小镇出发，到负笈美国访学；从"小镇文学少年"到青年作家，再从清华大学获得文学博士学位，成为青年学者——我们不难发现，他的文学之路既与文学的时代潮流顺势合力，体现了"80后"一代作家登场与走向成熟的经典轨迹，但在关键转折处又充满个人选择的印记，使得其奔流不定的"岔道"最后获得自我汇聚与并流的能力。创作者与学者、潮汕小镇与清华大学、青春与严肃，这些标签的二元对立多有人

---

* ［作者简介］陈润庭（1993— ），男，广东澄海人，北京师范大学文学院博士在读，主要从事中国当代文学研究。

为构建的痕迹，但词组之间构成的张力却十分真实。也正是张力，为我们打开了谈论林培源小说创作的多重路径。

近两年，林培源在短篇小说创作上持续发力，接连出版的两部小说集《神童与录音机》（北京十月文艺出版社2019年版）与《小镇生活指南》（中信出版社2020年版）均取得不俗成绩。《神童与录音机》获得第二届"《钟山》之星"年度青年佳作奖，《小镇生活指南》则荣获《亚洲周刊》2020年度"十大中文小说"。两部小说集在风格与形式上皆有诸多不同之处：《神童与录音机》充满了魔幻与寓言色彩，《小镇生活指南》则具有现实与日常的叙事面孔。用林培源自己的话说："《小镇生活指南》基本上是'讲故事'的'现实主义'，没有过多的炫技和先锋实验的东西（相反，《神童与录音机》收录的小说就带有很强的寓言性和实验色彩）。"收录在《小镇生活指南》的篇目多创作于2012年到2019年，部分篇目也曾收录于小说集《第三条河岸》与《钻石与灰烬》中。因而，《神童与录音机》与《小镇生活指南》面貌的交叠与差异，既是林培源小说创作本有的两条支流的显现，也是林培源对自身文学之路的反观与检视。当作家开始检视自身的写作时，也往往是其写作走向成熟的时刻。这样的时刻十分私人，因为它仿佛只属于作家本人。但也正是在这样的时刻，作家及其作品才向外展露出前所未有的开放性，成为"开放的作品"。对过去的作品重新规整与梳理，就如士兵出征前的整装待发，收拾完行李，朝向的却是未来与远方。在过去与未来相交际的时刻，让我们走进林培源的文学世界，迈进属于他的河流。

一 流动的乡土性：清平镇的群像书写

林培源的小说有相当一部分以潮汕小镇——一个虚拟的文学小镇"清平镇"为故事发生地。书写"像邮票大小的故乡"，把自己成长的乡土小镇作为文学创作策源地的做法并不罕见。自威廉·福克纳的"约克纳帕塔法世系"始，到加西亚·马尔克斯的"马孔多"、莫言的"东北高密乡"及苏童的"香椿树街故事"，等等，都是堪称这一典范的先例。不妨将书写"像邮票大小的故乡"视作小说家常用的文学策略。在纸上圈地,继而在这片圈定的土地上如老农一般反复耕耘,挥洒自己的想象力。这种做法,可以上溯到现代小说诞生以来,作者与读者之间签订的文本契约,即小说(fiction)是虚构的。小说既然是虚构的,那么小说可以无限虚构,而不"妨害"现实;反之,小说既然是虚构的,即便是真人真事,写在小说里也是虚构的,不可以真事论之。文本契约的签订,释放了现代小说家磅礴的虚构动力,让他们在文本的疆域里开疆辟土,占山为王;让他们在虚实之间,创造一个比真实故乡更圆满的"像邮票大小的故乡"。

不难看出,林培源的"清平镇"也在"像邮票大小的故乡"的文学序列之中。我所感兴趣的是,这一文学策略生效的前提。无论是"约克纳帕塔法世系"抑或"香椿树街故事"与"清平镇","像邮票大小的故乡"始终是乡土的,而非城市的。由这一社会形态延伸开去,是熟人社会、差序格局、礼治秩序、无讼政治等一系列主要概念。这构成了乡土小说发生的前提。只有在这样的前提下,作家笔下的人物才能在同一片土地反复相遇,彼此之间共享着相近的世界观,认同相似的生活方式。而这恰好也是很多故事读之可信的前提。

乡土文学概念的发端,始于鲁迅《中国新文学大系·小说二集·导言》中。鲁迅敏锐地观察到蹇先艾、彭家煌等作家作品的身份特征与地域特色,并称为"乡土文学"。而乡土文学的土壤,正是费孝通所谓的"乡土中国"。跨入21世纪以来,经过近百年的结构变迁,中国的城乡关系终于在21世纪出现革命性的跃迁,进入所谓的"城乡中国"阶段。社会形态的变化带来乡土文学基础的变革,有论者称为"危机",甚至断言乡土文学将要终结:"当今乡村社会已经解体,作为乡土文学的土壤和根基均已不复存在,乡村也日渐'虚空化',因而乡土文学在当下中国已经终结了。"[①] 这也正是我们当下讨论林培源乡土题材小说所不得不面对的

---

① 张继红、雷达:《世纪转型:从"乡土中国"到"城乡中国"——雷达访谈录》,《文艺争鸣》2015年第12期。

语境。那么，当书写逐渐步入"土地的黄昏"（张柠语），文学的意义又何在？被凝视了一百年的中国乡土，是否还存在继续书写的空间？作为作家的林培源是年轻的，而他书写的乡土，可以说是古老的。从林培源的乡土题材小说中，我们见到了怎样的乡土景观？这一切的答案，只有通过作为文学策略的"清平镇"细细地检视，我们才有可能寻找到答案。

《小镇生活指南》又称为"潮汕故事集"。很显然，书名的"小镇"指的就是"清平镇"。在这部由10篇小说组成的集子里，清平镇始终是小说人物活动的主要场所。小说主人公如阿雄、蓝姨和顺伯等男女老少，虽然身份各异，命运殊途，但清平镇是他们共同的故乡。我在阅读中，尤为关注的是清平镇与外部世界之间的联系。

《奥黛》是一个关于婚娶的故事。清平镇人阿雄年长未婚，乡人阿伯自越南归来，为他介绍越南女人陈文瑛作妻。当阿伯跟他说，姿娘仔叫陈文瑛时，阿伯的信纸上也写了陈文瑛的年龄与籍贯："年龄（二十一岁，和他相差十二岁，刚好一轮，也是属兔的）和地址（没看清，他也记不住越南地名）。"[1] 括号内是阿雄目睹信纸时的心理活动。但无疑，阿雄更在意的是陈文瑛的年龄而非籍贯。因为年龄大小，阿雄心里有数；而对越南，阿雄一无所知，更别说越南的具体地名。越南和陈文瑛的美好，在于相对清平镇的异域风情；而阿雄之所以能获得陈文瑛，则在于越南与清平镇同样弱势而贫穷。就此，越南与潮汕的清平镇之间，建立了奇妙而特殊的联系。陈文瑛与阿雄之间的婚娶并非自由恋爱，更不是爱情，他们的结合暧昧不清，介于人口买卖与婚娶之间。陈文瑛的到来，给了阿雄生活暂时的安稳。作为"越南新娘"，陈文瑛的出走是必然的。在陈文瑛出走之后，阿雄的身边只剩下一件奥黛。这是越南女人的传统服饰，带着陈文瑛穿过的气息。与我们熟知的很多移民故事不同的是，《奥黛》聚焦的并非陈文瑛远嫁中国的悲喜，而是越南新娘陈文瑛的来去之间，给阿雄的小镇生活带来的忧愁与失衡。在《奥黛》中越南始终是

---

[1] 林培源：《小镇生活指南》，中信出版社2020年7月版，第11页。

模糊而抽象的,但它是阿雄心中挥之不去的远方。然而细细想来,阿雄心中得而复失的美好远方,不过是另外一个同样弱势的存在。当乡土脱去故土的外衣,两个遥远的地方,在一段并不光彩的跨国婚姻之中被联结,对贫穷与受辱的展现也有了更深广的延展。

或许我们可以以"清平镇"为界,将《小镇生活指南》中的故事一分为二:一边是如《他杀死了鲤鱼》《姚美丽》这样的"在地"故事,另一边则是像《青梅》这样的"异乡"故事。《青梅》里的蓝姨一生为一双儿女辛劳,晚年为了带孙子来到深圳,却没享受到福气,反而差点断了一根手指。在小说结尾,"我"回到乡间,在一次和父母吃饭时,父亲找出蓝姨多年前酿的一樽青梅酒,"酒樽里的青梅明显老了,皮肉绽开,只剩下果核,在一片混浊中,晃悠悠地浮动"。[①] 这是关于蓝姨一世人操劳苦命的隐喻。蓝姨的辛劳,并未随着走出清平镇而终结,而是换了一种方式持续着。乡土的价值观与生活方式始终是她所能见到的地平线,其走出并非出于自愿,她的命运也不可能因之而发生根本性的改变。

如果说福克纳的"约克纳帕塔法世系"是固定的、边界清晰的,是乡土的经典面貌,那么林培源笔下的潮汕"清平镇"就是流动的、边界模糊的。清平镇人命运的困境,无法通过简单地"纳入"与"出走"这一模式得以解决。清平镇并非对过往乡土田园牧歌式的回忆,而是直指向当下。在乡村社会逐渐解体的今天,乡土题材的小说并未失去它本有的价值。在过往乡土文学之中反复被提起的命题,在阿雄与蓝姨等清平镇人群像中,依旧值得今日的我们思考与玩味。诚然,百年来的现代化深刻地改变了乡村的面貌与乡人的内心。假若我们将现代性视为一种淘洗,那么在这百年来反复淘洗之中,乡土究竟留下了什么?或许林培源也给出了自己答案,那么就是在乡村逐渐空心化的今天,地理意义上的乡土已然化整为零,沦为一种精神的乡土性,伴随着人的流动与迁徙,如幽灵一般如影随形。

[①] 林培源:《小镇生活指南》,中信出版社2020年7月版,第53页。

二 重燃的先锋:"反常识"与"常识"

如果说《小镇生活指南》是林培源对生命经验的内向探索,以写作实现"精神还乡",那么《神童与录音机》则体现了林培源基于阅读经验的文本冒险,是他对小说形式探索最为集中的展现。《神童与录音机》共收录《邮差》《白鸦》《烧梦》《消失的父亲》《诞生》《秘密》《神童与录音机》《蜂巢》《金蝉》9则短篇小说。这些小说题材无拘于乡土城市,书写对象跨越中国南北。初读之,我们难以某个标签将这部小说集的特色归纳妥当。在对比这两部小说集时,林培源曾说,"这是'反常识'(《神童与录音机》)和'常识'(《小镇生活指南》)的写作,前者带有一些传奇、寓言和实验色彩,虽然同样是写潮汕,但试图从日常生活的经验中提炼出某种抽象的、带有魔幻现实主义的东西;后者,则用的是相对克制、朴实的'现实主义'手法,老老实实讲故事,小心地写人物,试图传达某种更为鲜明的地域色彩,在小说中,也会加入一些潮汕方言作为人物的标志。"[①]

林培源所言的"常识"与"反常识",最早出现在他评论若拉·萨拉马戈的文章《若泽·萨拉马戈〈双生〉:小说的"反常识"和"常识"》(《名作欣赏》2015年第16期)中。林培源将小说语境中的"常识"归为三层:第一,日常生活逻辑的常识;第二,小说叙事的常识;第三,关于人类存在境况的"常识"。小说的这三层"常识"由表及里,层层推进。林培源继而指出:"萨拉马戈创造了自己独特的'原初文本'。这部小说最伟大的创造在于,他用'反常识'构建'常识'。"[②] 在这里林培源强调的是,有一类小说的创造始于对日常的乖离,也就是所谓的"反常识";随着"反常识"叙事推进,生活常识脱落,取而代之的是叙事

[①] 林培源:《写小说从来不是一个泾渭分明的过程》,中国作家网,2021年3月30日(http://www.chinawriter.com.cn/n1/2021/0326/c437157-32061791.html)。

[②] 林培源:《若泽·萨拉马戈〈双生〉:小说的"反常识"和"常识"》,《名作欣赏》2015年第16期。

"常识"的建立；但小说叙事的完成与诞生，仍要依靠在认识论层面，对常识的彻底扭转，也就是用反常识构建常识。

新的常识诞生于对旧常识的"否定之否定"之中。在《神童与录音机》中，林培源也遵循这一创作机制，依靠"常识"与"反常识"作为小说叙事的动力。《邮差》可为一例。这篇小说的叙述始于死去的主人公邮差"反常识"的"苏醒"。他发现自己虽然死去，却仍然可以在小镇街头游荡，以幽灵的视角重新检视自己的生活。邮差的生命状态介于亡灵与生人之间，叙事也在"反常识"与"常识"间徘徊。邮差并非死而复生，也不是彻底的虚空，他是一个纯粹的幽灵，一个充满情感的叙事视角。我们之所以可以接受并理解这一亡灵视角下的小镇巡游，依靠的并非现实常识与经验，而是魏晋南北朝以来的志怪小说传统。在志怪小说中，生者与亡灵可以共处于同一天地，亡灵也常常以生者不具有的神通，对日常世界造成干预。林培源借用了小说与读者签订的历史契约，暗暗地撬起日常常识的地砖，窥探生活私密的内里。

随着死亡日久，邮差发现妻子与孩子都在努力地忘掉自己。妻子学会了抽烟，厌恶死去的丈夫反复进入她的梦境。可以说，邮差赖以生存的世界正在离他而去，他生前固有的那套"常识"正在失效。如果说以亡灵的视角开始生活是"常识"的第一次否定，那么，这种否定尚未构成颠覆。但在一个自己已被遗忘的世界里永恒地存在着，却是一种绝对的酷刑和持续的炼狱。《邮差》并未像《双生》一般以强力完成对常识的彻底扭转，而是将其导向悬置的开放式结局。小说结尾，一辆货车朝邮差亡灵驶来——在此，"常识"与"反常识"又一次碰撞。司机狂按喇叭，表明看见了邮差，"货车像一头巨兽，咆哮着冲过来，冲过来，将他撞翻在地"。[1] 死去的人可以再死去吗？抑或是邮差在不知不觉的某刻，已经死而复生，方生的生命又要重新死去？

既然"反常识"最终的指向仍是为了建构新的"常识"，那我们不妨

---

[1] 林培源：《神童与录音机》，北京十月文艺出版社2019年8月版，第51页。

以草堆与菌菇为喻,"反常识"的菌菇必须长于"常识"的草堆之上,并以此为养分。长成的菌菇之于草堆,无疑是新的,但菌菇与草堆之间,并非毫无关系,二者在大类上仍同属于植物。因而,"常识"与"反常识"的否定与转换,类似于知识的生产过程。在这一过程中,最要紧的是新生事物之于旧事物的异质性。正是这异质性带来了崭新质地。《诞生》正关于此。

《诞生》的主人公是北京某大学的文学教授。中年的他已是京城各类文学活动的座上宾,参与文学奖的评选、"指点"文学青年的人生,是他生活的日常。应该说,他过上了一种"文学的生活"。但"文学的生活"并不等于"文学生活"。事实上,在文学的专业化与职业化背后,"什么是文学"反而成了他最迷茫的问题。以文学为安身立命之志业的他,生活失去了鲜活感,堕入一种虚无的危机之中。此时,一封来自"福建省龙岩市长汀县看守所"的手稿,闯进了他的世界。手稿叙述了"我"的故事:"我"的父亲生意失败,为了躲避债主,"我"寄居于舅舅家生活,表弟遭遇车祸等各种不幸,使"我"在流离之中,感到命运的漂泊与无常;潜逃的父亲在深夜回归,将"我"带到仇人的别墅讨债。因为煤气管道泄漏,父亲讨债不成,反而丢了性命,而"我"也成了同案犯。大学教授被这个故事深深感动,决定将它推荐给刊物发表。在《诞生》中,林培源虚构了一封来自南方的"野生"文学手稿,它刺激了处于文化中心北京的文学教授,让教授重拾讲故事的初衷:"讲故事,就是将世界不为人知的'内面'翻过来。"[①] 在小说的结尾,这份充满了生活气息的手稿经由教授推荐,像一滴墨水一样,被纳入产品化的文学生产体系之中。在小说中,手稿的"诞生"并不指向"我"写作完成的时刻,而指向手稿被世人看见的时刻。只有当它被纳入文学生产的环节才得以诞生,并获得实质性的存在。然而在另一面,小说对教授处于盛名之下却空虚无聊的生活的展现,无疑在揭示这样的道理:当下文学的"常识"早已问

---

① 林培源:《神童与录音机》,北京十月文艺出版社2019年8月版,第81页。

题重重。在《诞生》中,"反常识"以反讽的面目出现,暴露出的所谓"常识",恰恰是一种已然"异化"了的事实。

三　转化与重燃：林培源的小说诗学

在2016年与2019年,笔者为林培源做过两次访谈,访谈全文都发表在中国作家网。有意思的是,这两次访谈的标题均是"我想避免平庸的现实主义"。这个题目出自为围绕其长篇小说《以父之名》所做的首次访谈。在这次访谈中,林培源坦言:"我说的'平庸的现实主义',指的是那种依靠巧合、人为制造的戏剧性并且使用揭开悬念的方式营造情节的现实主义小说。这是我较为排斥也试图去避开的一种写作模式。"① 不同于第一次访谈,第二次访谈中题目的"平庸"加上了双引号,变成了:我想避免"平庸"的现实主义。这番改动可作如是理解：倘若第一次访谈剑指文学中的现实主义,斥其平庸,那么第二次访谈经过修订之后,则姿态相对温和,其言下之意是作者并不排斥现实主义,只是摒弃现实主义中的平庸一脉。

这是林培源对自己写作之路的经验之谈。自2007年获第九届全国新概念作文大赛一等奖算起,林培源的小说创作已近十五个年头。从"新概念"时期的《打马而过的旧时光》与《我的石头祖父》,不难看出林培源最初的文学师承。随着改革开放而催生的文学翻译高潮,把一大批拉美文学爆炸时期的代表作家带到了中国作家面前。其中反响最大的当属马尔克斯的《百年孤独》。在《打马而过的旧时光》的开头,林培源以仿写的形式完成了对《百年孤独》的致敬。但马孔多毕竟不是中国,更不是潮汕乡村。《百年孤独》带来魔幻现实主义的同时,还掀起了一阵家族史的书写热潮。莫言《红高粱家族》与苏童《一九四三年的逃亡》等具有典范意义的创作探索与实践,让马孔多得以在中国文学的土壤落地

---

① 陈润庭、林培源：《林培源长篇小说〈以父之名〉访谈："我想避免平庸的现实主义"》,中国作家网,2016年12月23日（http://www.chinawriter.com.cn/n1/2016/1223/c405057-28970826.html）。

生根。少年的林培源或许很早地意识到马孔多与潮汕乡村之间的相似之处。但《打马而过的旧时光》中潮汕乡村与马孔多的转化得以完成，却更应该归功于中国文学八九十年代小说创作形成的文学经验。

中学时期的文学阅读经验，促成了林培源早期小说的基本样貌。写作源于阅读，将文学阅读习得的小说技巧与观念化用进小说创作，是很多小说家隐秘的功夫。但突破知识经验在当下重重的学科藩篱，把自身学术研究形成的知识与视野，滋养自身的小说创作，再将高度专业化的知识重新文学化，却并非每个小说家都能出色完成的转化。进入中文学科以来，小说与立论的双轨阅读，让林培源拥有了不同于一般创作者的广阔视野，这让他有能力在头绪芜杂、支脉繁多的作家作品中，厘清各家之长短，有选择性地汲取养分，形成一套独特的小说观念与创作风格。近些年来，林培源从事中国当代文学研究，并取得不俗成绩。学术训练对其创作的影响是显而易见的。虽然，"学院派"的标签不足以完全涵盖其小说的审美取向，但它也起码说出了部分事实。凭借着在"社会史"视野的观照下完成对赵树理及其文学实践的研究，林培源从清华大学取得了文学博士的学位。

攻读博士学位期间，林培源阅读了大量有关近现代中国乡村社会的原始文献，对中国乡土乡村问题有了更具历史视野和学理性的认识。在他最新创作的短篇小说《灰地》(《花城》2021年第3期)中，林培源借一个外乡人在乡村的"留"与"走"的故事，重新审视了当下乡村社会里人与土地的关系。作为一篇乡土题材的小说，《灰地》所涉猎的"乡土"是多重的。小说中展现的乡村生活的方方面面由表及里，无疑都说明林培源对于乡土社会的熟稔。更值得注意的是《灰地》中对农村土地和农民盖房子的书写，其中对农民盖房子的象征意义与实际作用的展现与辨析，在完成小说书写的叙事功能外，还展现出相当广度和深度的社会学视野。因而，在避免落入现实主义之中"平庸"的窠臼的同时，《灰地》还焕发着许多乡土题材小说所欠缺的品质与色彩。

因而我们不难理解，为什么林培源拒绝一种"平庸"的现实主义小说。依靠人为的巧合与戏剧性造成悬念的叙事，对于勾起读者的兴趣似乎永远是奏效的。但此处应该追问的是，这一叙事形式背后有何种意义？如果支撑叙事的动力仅仅是故事悬念，那么小说中很多更具深意的肌理与深层脉络都要为此做出让步和牺牲。很难相信秉持此种小说观的作者能够进行有效的写作。因为这样的写作恰恰是"反现实主义"的。与"平庸"的现实主义最成对照的，是20世纪80年代兴起的先锋文学。彼时的先锋文学以狂飙突进的精神，高举"纯文学"和文学实验的大纛，创造出了一批个性鲜明、极具代表性的文本，也让马原、残雪、格非等作家一举成名。作为一种文学思潮的先锋文学其生命无疑也是短暂的。在先锋文学落潮之后，取而代之是在文艺观念上近似自然主义的"新写实"小说。从绝对的形式追求转向贴近现实的"新写实"主义，中国当代文学的流向似乎总是摆脱不了某种"矫枉过正"的习性。

　　进入新世纪以来，中国文学不再有主潮等级的文学思潮出现。从先锋文学的脉络来看，这或许正是陈晓明所言的"先锋的隐匿、转化与更新"。大刀阔斧、大张旗鼓要求形式革命的年代已经离我们远去了。"告别革命"之后，言说立论的难度日渐增加。"避免'平庸'的现实主义"作为一个文学口号和宣言并不吸引人，但作为一种哲学上的拒绝姿态，却饱含了向未来生长的可能性。拒绝平庸这一姿态是确定的，那么需要拥抱的是什么呢？也许只有探索能够给予答案。这恰恰也暗合了21世纪以来中国文学的趋于平衡的流向。小说的实验与创新，在更精细、更微妙之处见真章，先锋的隐匿化为一种潜流继续存在，"先锋是一种精神，是一种变革的超越，更是一种更新的创造力"①。从《小镇生活指南》与《神童与录音机》两部短篇小说集中，我们不难发现林培源借以小说这一文体书写当地中国的野心，其对小说本体的革新意识也随着创作的推进而渐渐显形。数度灵巧地转化与并轨，让林培源的小说创作日渐走向圆

---

① 陈晓明：《先锋的隐匿、转化与更新——关于先锋文学30年的再思考》，《中国文学批评》2016年第2期。

熟。从拒绝"平庸"的现实主义开始,我们仿佛已经预见到,属于林培源的小说诗学正在悄然形成。

2021年6月18日星期五　北京师范大学沙河校区

关于"潮汕"的记忆、想象与认同
——评林培源小说集《小镇生活指南》

张慧敏*

内容提要：青年小说家林培源 2020 年出版了他的小说集《小镇生活指南》，引起了文学界一定的关注。其中所收入的十个短篇小说，共同表现了一个作者虚构的潮汕小镇，以及生活在这里形形色色的底层小人物的悲欢离合。在这部小说集中，林培源不仅将自己的写作主动接入中国现当代文学强大的乡土文学的传统，而且努力展示出自己的特色。这些作品既事关作者的原型故乡潮汕，也在更普遍的意义上写出了当下社会底层小人物的命运浮沉。同时，作为地方的潮汕，在文学意义上被再一次地生产和表征。在这种文学的想象和生产实践中，作者与地方两者之间构成一种镜像关系，他们互相生产着对方，最终两者统一于作者的地方感，也即林培源对其故乡"潮汕"的想象与认同之中。

关键词：林培源；《小镇生活指南》；地方；认同

每逢年终岁末，各行各界都不乏一些总结盘点性的榜单。在 2020 年的文学界，关注当下文学的读者也许都注意到了一本小说集，它同时进

---

* ［作者简介］张慧敏（1982—　），男，山西晋城人，文学博士，博士后，山西大学文学院副教授，硕士生导师，山西省作家协会第二届签约评论家，主要从事中国现当代文学理论与批评研究。

入了"《亚洲周刊》2020年十大小说"和《南方周末》2020年图书文化原创榜"虚构类"两个榜单。这本小说集便是青年作家林培源的《小镇生活指南》(中信出版集团2020年版,以下简称《小镇》)。对于一部文学作品来说,虽然并不能单纯以所谓榜单或获奖等荣誉信息来评判其价值,但至少也说明其在某些方面获得了同时代不同类型读者的关注和认可。《小镇》已是林培源公开出版的第四部小说(集),收入其中的10个短篇,据作者自称,也可谓"潮汕故事集",它们共同表现了一个"虚构的潮汕小镇"以及生活在这里形形色色的底层小人物的悲欢离合。因此,"潮汕小镇"和"小镇人们的命运和生活"显然是构成这部小说集的内容图景的两个关键要点。以地域特色入小说当然已是近现代以来中国文学的一个重要传统,所谓不绝如缕的乡土文学,但我以为作者还是在这个传统中努力表现出了自己的独特之处。潮汕,不仅仅是一个有待想象和书写的真实的空间,也是一个作者想要为其文学安营扎根的"原型故乡"。通过这种方式,我以为,培源也试图对他与他的故乡潮汕之间的关系作一次认真的清理和思考,从而实现一种自身身份与其文学观念以及作为"地方"的潮汕之间的认同。

一

林培源算不上是文学新人了,他已有十年以上的创作经历。十年对于一个青年作家来说,已是一笔不菲的经验财富。如果说之前的《第三条河岸》(2013)、《钻石与灰烬》(2014)、《以父之名》(2016)、《神童与录音机》(2019)等都可谓是这一阶段创作所收获的一枚枚果实,而《小镇》至少也应该算是培源整个创作过程中一个重要的节点。对地方的表现和对现实生活的审视、摹写及批判构成了这部小说集基本的面向和维度。可以说,无论是从历史内容的一面,还是从艺术美学的一面都显示出培源有一种试图走进或融入传统的倾向,如果在艾略特看来,这就既是一个作家开始走向成熟的标志,也是他开始发现并形成自己艺术风格的表现。

《小镇》所面对和书写的原型是"潮汕"。作为一个地方,潮汕当然自有其完整自足的现实物理空间,也即那个位于中国东南沿海一角的"潮汕地区"。但林培源小说中的"潮汕"和这一真实存在于世界上的"潮汕"如何关联?这个地方将如何被再现?这自然并非一个崭新的问题,20世纪以来的中国文学以其对乡土强大的关注与丰富的书写,形成了一个内涵上多元化的乡土文学(小说)的传统。从鲁迅到莫言,一大批的现当代作家都以其文学实践做出了各自的思考和探索,众多的文学"故乡"或"地方"因此被生产出来,"对于'家乡'或'乡土'的现代迷恋是有关地方(the local)或区域(the regional,汉语中称为乡土、地方)的现代表征的重要组成部分"[①],"乡土小说对20世纪的中国小说的贡献则在于它除了宏大的思想力度以外,还阈定了乡土小说以强烈的地方色彩和风土人情为这类小说根本的审美形态"[②]。而汕头,或者宽泛意义上的潮汕地区,正是林培源的故乡。小说名为"小镇",但这里的"镇",在"城—镇—乡"的空间结构中的位置虽略显暧昧与含混,其实用来指称"乡镇"的一面要大于"城镇"的一面。因此,若要为《小镇》贴上一个"乡土小说"的标签应该大致是不会错的。

在《小镇》中,借助于对于故乡潮汕的记忆与想象,林培源虚构了一个叫作"清平镇/清平街"的地方,然后在其中尽情地展现了所谓关于潮汕的那些独特的地方性,例如,生活在小镇上人们的潮汕语言、潮汕饮食、潮汕风俗,潮汕人的性格特征,可谓涵盖了整个潮汕地区人们的生活方式。像我这样远离潮汕的北方读者是不太能够明白"厝"或"刣"的含义;很难想象出"牛肉丸粿条"是一种什么样的食物;或者也绝不使用"姿娘仔"来称年轻女性;虽然也过中元节,但并不称"七月半",更不了解所谓"普度"或"施孤"的风俗习惯。所有这些,既是作者有意为之,当然也是带有强烈地方性的"乡土小说"的题中应有之义,地

---

① 杜赞奇:《地方世界:现代中国的乡土诗学与政治》,载王铭铭主编《中国人类学评论》(第二辑),世界图书出版公司·后浪出版公司2007年版,第21页。
② 丁帆:《中国乡土小说史》,北京大学出版社2007年版,第41页。

方文化的差异性所造成的地方色彩或异域情调，可以说永远都是乡土小说表现的广袤空间。

但不应忽略的一点是，《小镇》当然绝不是一部专一写给潮汕人阅读的小说集或写给外地人阅读的地方风物指南，任何乡土小说的潜在或隐含读者都不仅是它所展示或表现那一地域的人们。仅就语言而论，无论作者如何使用地方语言，即便极端如《海上花列传》这样的作品，都不可能将它的读者群体限定于某一区域。鲁迅的小说中自然不免有浙江方言的痕迹，赵树理的通俗故事中更难免有山西方言的色彩，但这绝不影响全世界的读者都可以进入鲁迅和赵树理的文学世界。在小说集的后记中，培源深谙此道，"潮汕方言异于现代汉语，它并非'言文一致'，一些口语没有对应的字，一些方言的用字如果照搬进小说，恐怕会让别处的人读得云里雾里。我的做法是，只保留个别的潮汕方言用词，将其植入叙事，像蝉蛹一样，蜕掉累赘的外壳，露出真身。不过这样一种语言，是经过裁剪和修饰的，它们附着于小说表面，尚不足以构成一种独立的风格，这是《小镇生活指南》得以存在的理由之一。语言是最大的公约数"。[①] 这自然不能不说是聪明的做法，也是我等北方读者可以阅读它并为之感动的理由之一。而另外的一些理由其实更为重要，这些理由甚至非关《小镇》的地方性，非关潮汕。如果真的要依据"小镇生活指南"而将其简单地理解为一部了解潮汕文化的生活指南，那就实在是南辕北辙了。因此，虽然前面说可以大致地将《小镇》理解为一部乡土小说集，但这又是不够的。贴标签的坏处就在于揭示一面的同时，又遮蔽了更多的丰富性。这也就是为什么说林培源在接近乡土传统的同时又能够保有自己独特的思考和探索。

《小镇》创作的时间，已进入21世纪的第二个十年，其中所表现的"乡土"或曰"乡镇"，也不同于20世纪的中国乡土了。很大程度上，20世纪的中国的确是一个如费孝通所谓的"乡土中国"，但21世纪的中国，还能再继续简单地沿用这一指称吗？21世纪以来在全球化的大背景中，

---

① 林培源：《小说故乡，或潮汕故事集》，载《小镇生活指南·后记》，中信出版社2020年版，第240页。

借助于现代通信和交通的飞速发展，中国的城市化进程和城市化水平可谓一日千里，而由此所导致的后果，一方面是城乡差距的进一步加大，另一方面则又是人们物质和精神生活的同质化趋势。世界上每一个地方都在遭受着全球资本无情的侵蚀，"大众传播、增强的移动力，以及消费社会，三者一起被视为急剧加速世界同质化的元凶"。[①] 如果去除小镇中的潮汕色彩，将其移植到另一个地方或小镇，这些小说成立吗？当然，这并非意味着《小镇》是一部披着"潮汕"的特殊性外壳的小说集，好像它们随时可以被剥离之后就剩下普遍性的小镇故事。但读者需穿透这个外壳而抵达核心，因为说到底，小说中的空间必须得有人物的活动才有意义，我相信培源通过这些故事真正要落脚的一定是这个社会中形形色色的个体，是被时代所冲刷、被历史所裹挟的人的命运。因此可以说《小镇》既是一部"潮汕小说集"，其实也可以非关潮汕，"潮汕性"是小说的独特性来源之一，而"小镇生活"则是其普遍性的重要支撑。如此再来看《小镇》和小镇上形形色色的人的生活与命运，便可发现，他们可以走出潮汕，但他们永远走不出同样的生活和命运。我以为，这样的一种悲剧风格才是小说集最重要的题旨之一。

二

《小镇》中人物的生活和命运无一例外是灰色的。

《奥黛》中的养蜂人阿雄，因参加对越自卫反击战而患上了战后应激障碍，下体难以勃起导致无法娶亲，在乡村这自然会成为流言所向。在一次偶然的机会中，因为一件奥黛而重新激发起了阿雄久被压抑的欲望，他通过阿伯花钱购买了这个越南新娘，但终因生活的坎坷而又顺理成章地失去了她，阿雄最终流入都市，都市的欲望填充了阿雄的欲望，但那个关于奥黛的痛苦的梦却永远挥之不去，他的身体的和心灵的双重的创伤大概也永远无人理解甚至遭人唾弃；《青梅》中的蓝姨，像众多的农村

[①] Tim Gresswell：《地方：记忆、想像与认同》，徐苔玲、王志弘译，群学出版有限公司2006年版，第73页。

底层女性一样，为家庭生儿育女，辛苦操劳，企盼着儿子考上好的大学，期待着女儿嫁到好的人家，然而，她的重担，她的艰辛，她的忍受着生活给予她的一切细碎的磨难，又有谁可以理解，可以分担呢？无论是在自家的小镇，还是在远离小镇的大都会深圳，她的生活都一样的卑微而辛酸；《躺下去就好》中的"棺材仔"庆丰，也时时刻刻"感到命运重重地压在头上"，他的一生，既在父亲和他的棺材的阴影下无奈地承受着命运的轮回，也在和妻子文珍的琐屑而无聊的日常吵闹中浑浑噩噩，他的最终的超脱竟是在父亲打造的最后一口棺材中"躺下去就好"；《水泥广场》中的慕云是一个单亲妈妈，在失去那本就不幸的婚姻后，她在养育儿子的同时经营一家窗帘店。像大多大城小镇的中老年妇女一样，跳广场舞成了她度过困顿生活的唯一消遣，"这些人平日被家务缠身，跳起舞来就像换了个人，脸上露出富足和活泛的表情。广场是生活旋涡里辟出来的一口避风塘，她们来这里躲避人生的琐屑，找找活着的乐趣"①，这一笔真是写尽了慕云的人生底色；广场的另一边演绎着慕云生命中的另一段隐秘：那个昔日曾对她窥浴的老六，在外出至广州打拼失败后成为过客又出现在小镇，并托付慕云转交其母亲一笔现金。在见到老六苍老的母亲之后，慕云所有的愤恨与不安似乎全都消失了，她是否在老六母亲的身上，看到了她自己呢？《姚美丽》中的姚美丽，写的是另一类女性，虽然看似独立、刚强，就像她的摩托车一样。她有着一条颇为不小的生活轨迹，从小镇到漳州、再到福州、厦门，流浪多年最后又回到小镇；她在小镇上的活动场所，从游戏厅到网吧，再到歌舞团，都是嘈杂与热闹的空间，但在她风风火火的背后却终是无法安顿的柔软的灵魂，与她比邻而居称姐道妹的桃花妹无法进入她的内心，她的片刻的温馨与安宁竟来自在夜间的沿海公路上与一个萍水相逢的哑巴司机的一段骑行时光——姚美丽的未来又在哪里？《他杀死了鲤鱼》中写几乎被小镇居民所遗忘的守庙老人顺伯，因十五年前一场游神赛会导致的警民冲突连带

---

① 林培源：《小镇生活指南·水泥广场》，中信出版社 2020 年版，第 85 页。

杀死了宫庙内放生池的六只乌龟而心生恐惧，又因难以摆脱的牙痛去找周医生拔牙却被误诊误治而造成一场医疗事故，甚至险些丧命。想到自己内心深处对那种尖厉的杂音的莫名恐惧，在绝望之下，他最终用力地拧出放生池的木塞，眼看着池中的鲤鱼扭曲、跳跃，直至死去。绝望的老人和挣扎的鲤鱼又是什么样的关系？老人杀死了鲤鱼，然而谁又杀死了老人？

《最后一次"普度"》中高裁缝一家人的命运实在令人唏嘘。从潮州城迁到清平镇清平街的高裁缝，作为一个外来户，经过了艰难的磨合与适应，克服了台风带来的灾难，稳固了房子的屋顶，为了与小镇本地人与邻为善不惜痛打惹事的儿子常润，讨好修车铺的阿彬，走投无路不得不重启昔日的裁缝铺营生，好不容易在小镇上安居下来，却在一次七月半普度祭祀的忙乱中被人贩子拐走了儿子常润，导致妻子张翠霞因痛发疯继而死去，高裁缝在清平镇妻离子散，家破人亡。拐卖妇女儿童的案件遍布四野，那么造成这场悲剧的原因是什么？从何寻起？生活还是命运？同样遭受失偶失子之痛的还有《拐脚喜》中的张寡妇，她的丈夫死在矿井之中，她独自养育一双儿女，还要忍受小镇人的恶意欺侮，家门口被人家吊上一双诅咒死人的脏鞋子。然而，小说开头的这个预言般的迷信之举，在最后竟变成了现实。在张寡妇粗暴地阻挠并拆散了儿子庆喜和刘晴的恋爱后，庆喜先是被三个不明男子痛殴，割断左脚脚筋以致落下残疾，变成了"拐脚喜"，继而变得颓废麻木堕落，最后终于醉酒坠河而死。庆喜之死，谁该负责？是悬挂鞋子的小镇人，还是意图报复的不明男子，抑或是他的母亲张寡妇？

最令人动容的故事非《秋声赋》莫属，看到小说名字，不能不想起欧阳修那篇著名的同名文章，虽然两者内容相去千里，但还是能感受到同样的浓浓的悲凉气氛。小说中的阿秋，生于一个普通到不能再普通的（潮汕）小镇之家，他希望通过高考，走出那个令人窒息的家庭，改变命运，实现理想。然而，这样一个寻常到不能再寻常的梦想却被他的父亲所扼杀而导致破灭，阿秋从此陷入精神异常，在他相亲恋爱失败之后终至完全崩溃，像动物一般终生被锁链锁在家中，"世界缩成一个躯壳将他裹挟起来。他出生的这个家，成了他最后的精神病院。阿秋父母将口服的镇静药掺进饭菜里，喂阿秋吃下去。吃了药，阿秋就会昏昏沉沉睡过去，只有睡过去时，阿秋才像个人，也只有睡过去时，父母才会觉得阿秋还活着，他们没有失去他"。① 任何一个读到这段结尾的读者都不能不为之动容，我甚至觉得，作者何以如此残忍，要这样将一个家庭和一个少年的命运推向那万劫不复之地。然而，我们又不得不承认，这个世界从来就是自有它的残忍之处，这样的家庭并不稀少，这样的父亲也并不陌生，作者以他所想象到的最极端的一种可能性发出了他的诅咒和悲叹；弥漫在《濒死之夜》全篇中的是一种彻骨的冰冷和绝望的气息。小说中无名无姓的"他"，从小母亲因不堪丈夫家暴而离家出走，父亲因吸毒而被祖父赶出家门，生死不明，这样的家庭既造就了他的孤独，也造就了他的残忍和冷血，世界所给予他的残酷，他以同样的残酷还给了世界。他殴打怀孕的女友使其流产，他偷盗五金行的货物，甚至杀死了佛堂中的阿娘，最后"他绝望地发现，绕到最后，依旧没有出路"，终于"他将身体投入饥饿的池塘"。

在最后一篇《濒死之夜》中，那种冰冷绝望的氛围甚至可以视为整部小说集的一个隐喻，其中有一句描写，"整座小镇落入空寂的沉默中，秋虫啁啾，硕鼠横行"也可以视为作者对他想象与虚构出的清平镇的一个高度概括。从而，就如同《秋声赋》的题名一样，"小镇生活指南"这一题名显然也是带着强烈的反讽意味。这十篇小说共同组成的"清平镇"的悲剧，显示出培源对所谓"小镇"中现实生活的审视与批判，他以一种冷静的叙述姿态观照了那些生活在这个小镇的底层人物命运的悲苦与凄惨。

在一次接受澎湃新闻的访谈中，林培源说，"小说的存在……是去靠近、去触摸和呈现人的精神世界。在这点上，我是个绝对的'批判现实

---

① 林培源：《小镇生活指南·秋声赋》，中信出版社 2020 年版，第 219 页。

主义文学'的拥护者。写作者需要和当下时代保持一定距离，要带着批判性的目光，去凝视、去质疑生活"①。如前所述，培源的写作不仅在乡土的意义，同时也在叙述姿态上渐趋融入传统。因此，《小镇》叙述上这种清醒的现实主义无疑是林培源在写作渐趋成熟后的有意的选择，同时作为青年学者的他对于文学史上的现实主义传统自然也是了然于胸。在对自己的创作带有阶段性总结性的一篇文章中，他谈道：

> "十余年的时间里，我的写作分成了两半，衍化出两种不同的类别（风格）：一类带有些寓言和传奇色彩，注重形式、结构和叙事技巧。在这类小说身上，虚构文体和现实之间呈现出一种扭结的姿态，小说的切入视角通常是反常识的，它赖以为继的运行机制甚至违反了现实生活的逻辑；另一类带有传统现实主义文学的基调，注重讲故事、塑造人物，利用工笔和细描，尽可能地摹写人物的心理、行为和情态，并且带有地域小说的色彩。这里的地域，指的是我生于斯、长于斯的潮汕地区——具体而言，是地处粤东的潮汕小镇。我将这一类小说归为'潮汕故事'，它们被辑录在一部名为《小镇生活指南》的'潮汕故事集'里。"

> "西方19世纪的批判现实主义小说有个典型特征——多以故事主人翁的名字来命名。……人成为小说家焦点的同时，也成为透视社会的镜像。《小镇生活指南》试图延续的，就是这一传统，它着力呈现的是人与人、人与生活、人与自我的关系。"②

《小镇》中的"清平镇/清平街"，既是林培源生于斯长于斯的潮汕文

---

① 澎湃新闻专访：《林培源〈小镇生活指南〉：我的根在小镇，魂也在那里》（https://www.thepaper.cn/newsDetail_forward_8349982）。

② 林培源：《如幻如真的小镇生活，是小说最好的博弈场》，搜狐文学报（https://mp.weixin.qq.com/s?__biz=MzA4MDM0MDUzMQ==&mid=2652714800&idx=1&sn=c11e2b11c0746b43e87fef17eea59ab6&chksm=844c246cb33bad7a278c8a9c5094b3563a090e5d688b649697b2d38a0dc9fe19dbc14f9d1882#rd）。

化的代表,更是中国当下处于急速现代化转型过程中无数乡镇社会的真实写照,清平镇里那些被生活抛弃的男女老少,不只存在于作者自己记忆中的小镇生活里,他们同样真实地存在于世界的每一个角落。因此,当培源还在疑问,"我在小说中'虚构'的潮汕小镇,多大程度提供了'真实'?这些问题一直困扰着我,或许永远没有答案"。[①] 其实答案也是很明显的。在谁有权再现和如何再现"地方"的问题上,前者毋庸置疑,而后者也显然可从不同的维度进入。地方政府和房地产开发商眼中的潮汕当然不同于艺术家眼中的潮汕,而电影和音乐所再现的潮汕也会迥异于文学或小说中的潮汕(譬如五条人的音乐风格所代表的潮汕),更甚而每一个潮汕籍的作家都有他们各自虚构与想象潮汕的权力,当然,它们也绝不会同于林培源记忆中的"潮汕小镇",但无论哪个作家、何种艺术形式,对人的生活与命运的关注也许是唯一可能的共通点。

三

作为故乡的潮汕,以及在潮汕的成长经历,当然是林培源书写潮汕小镇生活的坚实的资本。然而,在读完整部小说集之后,我不禁又在想,在他和潮汕之间,仅仅是一种故乡的关系吗?通过虚构这样一个潮汕小镇,想象其中那些人的生活,对林培源自身来说,又意味着什么呢?他在为出版社制作的推荐视频中说:"我对世界的想象与瞭望,都与潮汕有关。"诚哉斯言!每个人都对某一地方有一种主观和情感上的依附,也即所谓地方感,文艺作品尤其是能唤起这种地方感的媒介形式。显然地,地方就绝不仅是某一空间,它还是认识世界的一种方式,"地方也是一种观看、认识和理解世界的方式。我们把世界视为包括各种地方的世界时,就会看见不同的事物。我们看见人与地方之间的情感依附和关联。我们

[①] 林培源:《小说故乡,或潮汕故事集》,载《小镇生活指南·后记》,中信出版社2020年版,第241页。

看见意义和经验的世界"①。这种情感依附不仅体现在《小镇》中人对小镇的经验，当然也包括林培源自己对潮汕小镇的经验和理解，虽然这种经验会经历一个随历史而变迁的过程。

与其说林培源通过潮汕故事集来表现和书写他想象与记忆中的"潮汕小镇"，毋宁说他是在小说中召唤出这一地方，并借此来宣称一种对地方的认同感。如他在后记中所言，"十几年来，我一直辗转各地求学和生活，从写小说，到做学术，从珠三角到北京（中间又美国访学一年）……从地理空间看，我离潮汕故乡越来越远了，但在小说中，在情感认知里，我和它反而越来越近"。② 即使是在地方和生活已高度同质化的现代世界，虽然这种力量有可能在逐渐减小，但地方还是对每一个体界定了其文化和认同，地方其实在某种程度上位居人类生活的核心地位。

思考林培源在其文学中与作为地方的潮汕的认同关系，还需注意到一点，他是在离开真实的潮汕故乡很多年后才开始创造他的"原型故乡"。也就是说，在这一"原型故乡"中毫无疑问地隐含了他者的视角，还是用他自己的话来讲，就是从城市的"侨寓者"变成小镇的"异乡人"，这一逻辑如同鲁迅先生在那个著名的乡土文学定义中所言，"凡在北京用笔写出他的胸臆的人们，无论他自称为用主观或客观，其实往往是乡土文学，从北京这方面说，则是侨寓文学的作者"。③ 鲁迅先生所言的"凡在北京"，当然是一个宽泛的所指，意思是那些离开故乡乡土走向都市，走向世界的知识分子。用这一概念来理解林培源依然具有合理性，他自己的人生经历和文学实践便是证明。就如同从未离开土地的农民绝不会写出乡土文学一样，如果没有走出潮汕，或者世界上任何一个"地方"，又如何能够对那个"地方"来进行审视和摹写呢？他所经历的每一

---

① Tim Gresswell：《地方：记忆、想像与认同》，徐苔玲、王志弘译，群学出版有限公司2006年版，第21页。
② 林培源：《小说故乡，或潮汕故事集》，载《小镇生活指南·后记》，中信出版社2020年版，第241页。
③ 鲁迅：《〈中国新文学大系〉小说二集序》，载《鲁迅全集》第6卷，人民文学出版社2005年版，第246页。

个"他者地方",深圳、北京、美国、广州等都内化为观照潮汕的眼光和视角,在作为"地方"的潮汕和另一些他者地方之间,当它们进入主体的世界之后便构成一种互相观看的关系。如前所述,培源不仅是在潮汕生活经验的基础上使用地方作为思考和观看世界的方式,同时也反过来使用(他者)世界来思考和观看潮汕,它们不仅彼此作为对方的镜像,也互相生产着对方,最终两者统一于作者的地方感,也即他对"潮汕"的想象与认同之中。

在前述的那篇访谈中,林培源还谈道:

"……在深圳的那个暑假,我开了眼界,除了学好普通话,就是暗下决心长大后要到大城市生活。那时候深圳给我的冲击太大了,我从小性格比较敏感,乡下人的自卑和落差大概就是从那时冒出来的。后来一路求学,到外地生活,那种自卑演变成了焦虑,即使投身写作,出了书,读了博士,焦虑感还是挥之不去。到现在,我还是觉得自己就是夹心饼干里的那块小小的'夹心'——不过我有一种能力,不论身处什么样的境地,总是可以抽开身,用一种局外人的目光来打量自己和周边的世界。我写小镇可能也受这种经历的影响吧,可以和人物共情,也可以拉开距离,变成一个'冷漠'的叙述者。我喜欢加缪的《局外人》(这部小说也被翻译成《异乡人》《陌路人》),用'小镇异乡人'来形容自己,倒不如用'局外人',后者可能更贴切。"①

认同的过程伴随着一种焦虑感,看上去似乎有些矛盾,但其实也顺理成章。这个"小镇局外人"并坦言,虽然过去与故乡潮汕有过的种种或现实的,或虚构的不和谐之处,都最终消失,但他是不太可能重回潮汕生活和工作。在《秋声赋》这篇小说中,通过那个没钱上大学而发疯

---

① 澎湃新闻专访:《林培源〈小镇生活指南〉:我的根在小镇,魂也在那里》(https://www.thepaper.cn/newsDetail_forward_8349982)。

的阿秋的悲剧命运，他已经完全扼杀了留在或返回潮汕的可能性，我想这也正是林培源小说发轫地"原型故乡"的真正意义吧。

十年虽然对一个人来说已是不短的时间，但林培源毕竟还是一个青年作家，他还有更多的"十年"，还有更多的可能性。有了这个"原型故乡"，无论在之后的创作中是不断地继续观照她，还是以此为视角去观照更广阔的世界，那自然是培源自己的选择和探索了，但我觉得，无论他此后的文学旅程走到多远，《小镇》无疑会是其中一个永远的节点。

巴渝学人掠影·杨星映

主持人：熊飞宇副研究员

主持人语：

2006年上半年，本人作为比较文学专业的学生，曾旁听过杨星映教授的古代文论课。每次赶往教室，便见老师已端然凝坐于讲台前，桌上放一杯水、一叠讲义。俟铃声响毕，即开始娓娓而谈。此刻回想起来，仍有余韵未绝。彼时虽耳闻老师不少趣事，但对其治学经历，尚无深入了解。今藉两位学兄大文（即周和军《博观约取 丹心育人——杨星映先生的学术人生》与肖锋《杨星映先生学术年谱》），方得一瞻全貌。

星映老师是北京大学中文系在"文化大革命"结束后招收的首届文艺理论硕士研究生，由杨晦先生领衔培养。时杨晦老已逾八秩，具体指导者则是吕德申教授，胡经之等学者亦曾为之授课。1982年7月，星映老师与董学文、郭建模、曾镇南学成毕业，临行前去杨晦先生家中辞别，曾在屋前留影一帧，今詹冬华所著《杨晦评传》（黄山书社2016年8月版）即收此合影。藤萝架下，星映老师立于杨晦、吕德申两位恩师身后，笑靥如花，风华正茂。

1982年12月，星映老师分配至重庆师范学院。从教十余年后，星映老师将其所思所得，融会贯通为《文艺学基本原理》，于1995年8月，在重庆出版社出版。对于此书，吴中杰先生多有称赏。他在《谈文艺学教材的编写——致〈文艺学基本原理〉主编杨星映》（初载1995年11月2日《文学报》，后收入《曦园语丝》，复旦大学出版社2012年版）中认为，"稳定性和变革性的关系，是文艺学基础课教材编写中的一大难题"，而《文艺学基本原理》在保留五大板块构架的基础上，充分吸收西方文学理论和中国古典文学理论的成果，"加以补充、改造"，使理论"进一步丰富、完善，更趋科学化"。在引用西方文学理论时，该书并不亦步亦趋，而是"以我为主，在相应的部分加以吸收"，且"有所匡正"；同时，对中国古典文论范畴的引入，也"很入味"。在吴中杰先生看来，"美学史应该是审美意识发展史"，因此对星映老师将审美意识形态放在本质论的中心位置来考察，亦深表赞同。

星映老师自读研开始，一直深耕于古代文论。20世纪90年代是中国文学批评史研究的丰收时期，各种批评史专著，以及具有批评史性质的文论概要、教程络绎而出，一时云蒸霞蔚；而批评通史的撰写更趋成熟与完备。1996年5月，星映老师的专著《中国古代文学理论批评纲要》由重庆大学出版社出版；1999年10月，又有修订版梓行。在黄霖主编的《20世纪中国古代文学研究史》之"文论卷"中，作者黄念然认为，杨星映的《中国古代文学理论批评纲要》、张少康与刘三富合著的《中国文学理论批评发展史》、王运熙与顾易生主编的七卷本《中国文学批评通史》，是上述高潮中"最有代表性"者，尤其是星映老师的著作，是"在多年教学讲义的基础上撰写而成，具有教材和专著的双重特点"。其突出特色有三：一是"敢于对中国文学批评的重点部分、重点问题提出自己的研究心得和看法，注重研究和总结文学批评史上带有规律性的问题"，如其关于批评史的历史分期，"较之郭绍虞的分期法更能展示批评史的全貌和中国文学批评流变的总体特点"；二是"十分注重文学内部规律的研究，对批评史长期以来局限于外部研究的不足也颇有校正作用"；三是"能以求实的学风认真吸收当代研究成果"。

如果说批评史的撰写更多侧重于总结，那么古代文论如何实现现代转换，则是星映老师重点关注、思考的另一论域。1997年11月1日至4日，中国古代文学理论学会和广西师范大学主办的中国古代文学理论国际学术研讨会暨第10届年会在桂林举行，古代文论的现代转换，以及古代文论与当代文论的融合，成为会议的中心议题。星映老师认为，与其说"古代文论的现代转换"，不如说"古代文论范畴的现代运用"。在她看来，古代文论范畴进入当代文艺学体系大抵有两种方式，一是直接借用，二是间接溶入。此后，其《切换与对话、整合——20世纪文学理论的回顾与前瞻》《重建中国文论话语与古代文论的"现代转换"》等论文，也多围绕这一议题展开。

古代文论的现代转换，离不开西方文论的借鉴与参照。星映老师既立足于中国古代文论，对西方文论也相当熟稔，曾为研究生开设"西方叙事学"和"小说文体学"的课程。其《中西文化的异质性与中国古代文学理论批评》（论文）、《中西小说文体形态》（专著）、《中西小说文体比较》（主编）等，均是左采右撷，中西贯通，堪称比较文学和比较文论的典范之作。

星映老师对于学校的学科建设，亦贡献良多。如在申报中国古代文学、文艺学硕士学位授权点的过程中，每逢关键时刻，辄奋身而往。重庆师范大学的中国语言文学，经过长期发展，逐渐形成两大学科特色：一是抗战文学与文化研究，二是区域文化与文学研究。对此，星映老师也多有参与、支持。2002年4月24日至26日，中国社会科学院文学研究所《文学评论》编辑部和重庆师范学院中文系联合举办的"区域文化与文学"学术研讨会在渝召开，星映老师在会上作了发言。针对"全球化与文化和文学的关系"，她认为，从文化的产生基础和构成要素来看，全球文化、区域文化，"永远不会整齐划一"，经济的全球化并不能导致文化的全球趋同。2005年5月14日至16日，重庆师范大学文学与新闻学院再度与中国社会科学院文学研究所《文学评论》编辑部联合主办"纪念抗日战争胜利60周年暨抗战文学学术研讨会"。会上，星映老师指出：抗战时期全国文艺界杰出人士汇聚重庆，大批文艺社团迁渝，促成文化上抗日民族统一战线的形成，取得了以戏剧创作和演出、小说创作、诗歌创作为代表的抗战文艺的辉煌成就，诞生了一系列在中国现代文学史上都有影响和地位的高水平的作品，成为中国现代文学的重要组成部分，而且由此大大提升了重庆文化的现代品格，影响了重庆人的文化性格，对于当下建构重庆新文化形态，具有重要意义。

2010年7月，星映老师从教坛荣休，但仍笔耕不辍，精进不已。2015年8月，与肖锋、邓心强合著的《中国古代文论元范畴论析——气、象、味的生成与泛化》，由上海古籍出版社出版。本刊将发表此书之序。序中，党圣元先生对该著的研究内容、学术见解、研究方法、主攻方向等，均有条分缕析的点睛之评。其后，星映老师马不停蹄，率弟子江南、管才君，再度合力撰成《玄韵流芳——〈世说新语〉的审美精神》，2019年7月由中国社会科学出版社推出。本刊也将发表姜军委女士的书评《〈世说新语〉美学研究的新成果》。而《生命之美——中国古代审美意识的基本特征》则是星映老师最近完成的新作。老师一生致力于文艺学研究，最终归趋于生命美学。学术与生命，自此两不乖谬，而渐臻圆融之境。

行文至此，祝愿星映老师身健笔健，以璀璨的"星"光，持续辉"映"于学术的天空。

生命之美

——中国古代审美意识的基本特征

杨星映*

内容提要：文章通过对先秦两汉、魏晋六朝、明代末期三个历史阶段审美意识发生发展的分析，论述了生命之美是中国古代审美意识的基本特征，是研究中国古代美学的领导线索。

关键词：生命之美；道德生命；自然生命；个体生命；个性解放

牟宗三先生说："中国文化之开端，哲学观念之呈现，着眼点在生命，故中国文化关心的是'生命'，而西方文化的重点，其所关心的是'自然'或'外在的对象'（nature or external object），这是领导线索。"① 他将"生命"与"自然"作为中西哲学观念的根本差异。我认为牟先生的论断一语中的，提纲挈领地抓住了中西文化的根本差异！正是这"生命"与"自然"导致了中西文艺不同的走向：古希腊文艺侧重对外在物象、事件的摹仿，重结构的和谐，无论雕塑、史诗、悲剧，均是如此，并由此产生了文艺理论的"摹仿说"，形成西方文艺及文论注重审美客体、以美与真的统一为审美标准的传统；中国文艺从《诗经》开始就着重表现主体的心灵，形成以抒情为主导、以物象的自由呈现、浑然天全

---

* ［作者简介］杨星映（1945—　）女，文学博士，重庆师范大学文学院退休教授。
① 牟宗三：《中西哲学之会通十四讲》，上海古籍出版社1997年版，第11页。

来表现心灵化的对象世界、以美与善的统一为标准的审美传统。中国古代美学往往以生命为美,以人体为喻。其突出表现有三个阶段:先秦两汉、魏晋六朝、明代末期。先秦阶段,儒家以道德生命为美,道家以自然(无为而无不为)生命为美,特别是庄子突出了个体生命的人格独立和精神自由之美,对后世文艺创作产生了巨大影响,闻一多先生就曾说"中国文艺出于道家"[①]。魏晋六朝战乱频仍,瘟疫丛生,政治险恶,朝代更迭频繁,剧烈动荡的社会现实造成人的生命短暂,促使个体生命意识觉醒。人的觉醒造就文的自觉,体味感悟个体生命情调之美成为时代风尚,纵情抒写、表现个体生命意绪情感成为魏晋六朝的创作潮流。魏晋玄学企图建构"富有情感而独立自足、绝对自由和无限超越的人格本体"[②],禅宗的"顿悟"及其"空观"则引领魏晋六朝士人的精神和文艺创作翱翔于更加高远的生命之美的境界。在这一时期,中国古代文艺理论网络的最基本、最核心的审美范畴气、象、味达到成熟并泛化为一系列的范畴和范畴群,形成中国古代文艺理论网络的主干网络,而审美范畴气、象、味的根本特性就在于是表达生命之美。气是从人和自然的生命本体生发出的审美范畴,像是人观照体悟中的物象生命之美,味则是对人与自然的生命况味、生命之美的体验认知。明代末期,由于资本主义萌芽、新的社会经济因素出现和市民阶层的日益壮大,客观上产生了人的解放的社会要求,反映到思想文化上,便出现了泰州学派的自然人性论和以李贽、徐渭、汤显祖、公安三袁等为代表的"以情反理"文学新思潮,以个性自由、个性解放为根柢的人的率性而为的真情之美得到充分张扬,审美意识上人的生命本性、生命本真的情感得到充分的肯定与褒扬,生命之美再一次绽放光采。

一 生命审美意识的萌发

先秦阶段,中国古代审美意识从萌发开始便关注生命。古人在对于

---

① 刘烜:《闻一多评传》,北京大学出版社1983年版,第282页。
② 李泽厚:《中国古代思想史论》,人民出版社1986年版,第196页。

空气、呼吸、气息等的体验、感悟之中发现了气，由气息—呼吸之气是生命的体征进而推衍到气为万物的生命之源；由于认识到人的呼吸与其精神状态密切相关，古人逐渐将精神"气化"，用"气"来解释难以具体说明的精神现象，即用生理现象来解释难以言说的心理现象。从而形成了一个不仅关涉天地自然，而且涉及主体的生命、精神的范畴。与西方的"气"指物质形态的空气不同，中国古代这个"气"范畴既是对人与万物生命运动的体验，也是对人与万物生命运动的概括。① 气本于虚空，有象无形。气聚为生，气聚成形。气可以"充一切虚，贯一切实"，是具象与抽象的统一。在中国传统哲学中，它是一个兼务"形质与本体"、描述生命和心灵的基本范畴。②

"气"从哲学范畴向审美范畴的衍变在音乐中发端，在文学理论批评中确立。巫术礼仪和图腾歌舞是远古各民族文化中不可或缺的重要组成部分，它们在培育发展人的心理功能中起了重要作用，并成为人类最早的文化符号。而中国远古的巫术礼仪和诗乐舞三位一体的原始歌舞进一步完备，便形成了中国古代特有的礼（礼仪规范）乐（配合礼的诗乐舞）文化。先秦儒家以礼乐为教，认为礼乐不仅改善人的心志德行，而且改善人的生命品质——使其耳目聪明，血气和平；不仅改善社会——移风易俗，天下皆宁，而且最终可以达到天、人、社会三者美善相乐的境界。孔子要求音乐符合礼教："子谓《韶》，尽美矣，又尽善也。谓《武》，尽美矣，未尽善也。"（《论语·八佾》）荀子《乐论》要求以乐陶冶性情，化性起伪，"善民心"，"移风易俗"，"正其乐，而天下顺焉"。成书于西汉儒生的《礼记·乐记》继承并发挥了荀子《乐论》"礼以节外，乐以和内"的思想，主张"致乐以治心"，"反情以和其志"。都是要求符合道德规范、改善生命品质。《乐论》与《乐记》在阐述音乐与伦理道德、社会政治关系的同时，又阐述了音乐的本源，音乐与情感、心性的

---

① 参见杨星映、肖锋、邓心强《中国古代文论元范畴论析——气、象、味的生成与泛化》第一章《"气"范畴的生成》，上海古籍出版社2015年版。
② 参见冯契等主编《中国哲学范畴》，商务印书馆2001年版，第77页。

关系，音乐的特征、功能等问题，其中便涉及音乐与气的关系。荀子《乐论》曰："乐行而志清，礼修而行成，耳目聪明，血气和平，移风易俗，天下皆宁，美善相乐。"《乐记》言："凡奸声感人，而逆气应之，逆气成象，而淫乐兴焉。正声感人，而顺气应之，顺气成象，而和乐兴焉。"并且说："诗言其志也。歌咏其声也，舞动其容也。三者本于心，然后乐气从之。是故情深而文明，气盛而化神。"在《乐记》中，我们看到：诗乐舞三者本于心，因有乐气的推动而表现出来。而且气如盛，诗乐舞便可以出神入化。"乐气"是什么？《乐记》认为地气上升，天气下降，"阴阳相摩，天地相荡……而百化生焉。如此则乐者天地之和也"。也就是说乐之和是阴阳二气的运动对立统一而达到和谐。乐就是气的运动。乐的"情深"——情感深挚，气盛——气的运行充沛茂盛，便能达到出神入化、文采斐然的地步。这样，"乐气"作为一个音乐审美范畴，实现了气从哲学本体论向审美意识的衍变。《乐论》《乐记》以气论乐，首开后世以气论文艺的先河，后世以气论诗文、论音乐、论绘画、论书法等不绝如缕。因此，乐"气"是"气"审美范畴的发端，乐"气"是儒家生命审美意识的典型表现。此外，孔子的"兴观群怨"说、"尽美""尽善"说，孟子的"知言养气"说，等等，都体现出以道德生命为美的审美意识。

"味"范畴也如是。"味"的概念是从对饮食的体验中获得的，食物刺激人的味觉、嗅觉等感觉器官，感知到酸、甜、苦、辣、咸、鲜、香、臭等不同感觉。在先秦时代，人们大多认为"味"皆由"气"生成，是"气"的具体转化与表现，"味"的实质就是"气"。受先秦气论和阴阳五行说的影响，"味"被理解为物的某种基本属性或功用，形成五味说。咸、苦、酸、辛、甘五味对应水、火、木、辛、土，即被认为是水、火、木、辛、土的性、味。随着饮食及饮食器具的发展，其对生命、人生、社会的影响日益扩大，人们对于"味"的体验认知遂逐渐上升为对生命、人生、社会的体验，并上升到哲学的层面。"味"的内涵由单纯的味觉、嗅觉等感觉扩大到物质的属性，甚至人的属性，由味道（一切味）到

"道"（宇宙本体），由名词的味（性味）到动词的味（品赏、品味）。"味"哲学范畴由体验中产生，并实现了体验与概括结合、具象与抽象统一、确定性与多样性并存。"味"在春秋时期就用以比喻音乐，晏婴就说"声亦如味"，"先王之济五味、和五声也，以平其心，成其政也。"用"味"之和比喻音乐的协调，再以和味、和声喻政事。《礼记·乐记》用"大羹不和，有遗味者矣"来比喻"清庙之瑟"朱弦之音的质而无文。①

先秦时期的诗歌创作《诗经》，其三个组成部分《风》《雅》《颂》涉及劳动与爱情、战争与徭役、压迫与反抗、风俗与婚姻、祭祖与宴会，乃至天象地貌、动植物等，反映了周初至周代晚期五百年间的社会面貌，周代人对自己的生存状况、生命体验的歌咏玩味，体现了儒家的礼乐观，特别是其中的《风》诗"饥者歌其食，劳者歌其事"，显示出鲜明的道德倾向。其后汉代的《毛诗序》对《诗经》抒情言志、讽喻教化的肯定，都充分体现出鲜明的道德指向和对道德生命肯定的审美意识。

而先秦时期道家的"无为而无不为"则显示出对人的自然生命肯定的审美意识。气为人与自然万物的生命之根是先秦诸子的共识。《老子》的"道"，是自然万物的本源、本根，生命之根的"气"。《老子》提出了一个支配宇宙的无为无不为的"道"："有物混成，先天地生。寂兮寥兮，独立而不改，周行而不殆，可以为天地母。吾不知其名，强字之曰'道'。"（第二十五章）"道""视之不见""听之不闻""搏之不得"。"道"是"无状之状，无物之象"："'道'之为物，惟恍惟惚。惚兮恍兮，其中有象；恍兮惚兮，其中有物。窈兮冥兮，其中有精；其精甚真，其中有信。"（第二十一章）"道生一，一生二，二生三，三生万物。万物负阴而抱阳，冲气以为和"。（第四十二章）老子把"道"作为天地之本源，天地由道而生，而道中有精，这是可以确证的。（"信"，训为确证。）

---

① 参见杨星映、肖锋、邓心强《中国古代文论元范畴论析——气、象、味的生成与泛化》第七章《"味"范畴的生成》，上海古籍出版社2015年版。

"精"是什么?《管子》①认为是气:"精也者,气之精者也。"(《管子·内业》)《管子》继《老子》之后直接以"气"名"道":"道在天地之间也,其大无外,其小无内,故曰不远而难极也。"(《心术上》)又曰:"灵气在心,一来一逝,其细无内,其大无外。""凡道,无根无茎,无叶无荣,万物以生,万物以成,命之曰道。"道既使万物以生,也在人的体内心中:"定心在中,耳目聪明,四枝艰固,可以为精舍。精也者,气之精者也。"(以上均见《内业》)这样,就将精气与道联系起来,气道合一,气即道,精气即道,精气使万物与人得以生,精气存于万物与人之身。

先秦时已认识到气息(呼吸之气)是生命的体征,生命之根源在于气的聚集。《庄子·刻意》曰:"吹呴呼吸,吐故纳新,熊经鸟申,为寿而已矣。"《管子·心术下》云:"气者身之充也。"《管子·枢言》云:"有气则生,无气则死,生者以其气。"都是把生命与气息联系起来。《庄子·知北游》提出"通天下一气"的命题:"生也死之徒,死也生之始,孰知其纪?人之生,气之聚也,聚则为生,散则为死。若死生为徒,吾又何患?故万物一也。……故曰'通天下一气耳。'"庄子把人的生命与万物的生命都看作气的变化:"察其始而本无生,非徒无生也,而本无形,非徒无形也,而本无气。杂乎芒芴之间,变而有气,气变而有形,形变而有生。今又变而之死,是相与为春秋冬夏四时行也。"(《至乐》)气是无形的存在,但气是有形的生命之根源。"气变而有形,形变而有生"。气是由形而上的"道"通向形而下的万物的中介。

老子与庄子将"道"看作自然万物的始基本源,而"道常无为而无不为"(《老子》第三十七章),"无为"即顺应自然规律,不追求另外的目的,但恰恰能达到一切目的,即"无不为"。因此,"道"是合规律与合目的性的统一,这实际上就是一种超功利的审美境界,就是要求人与自然万物不要作为,要回到其自然本性,以自然本性为美。"道之尊,德

---

① 《管子》,相传为春秋时齐相管仲所著,实为战国时齐国稷下学者的著作集,其中一些篇章反映了管仲的事迹与思想。

之贵,夫莫之命而常自然。"(《老子》第五十一章)这里的"自然"即自然而然。所以,老子说:"大音希声,大象无形",批判文明社会真善美不统一:"信言不美,美言不信。善者不辩,辩者不善。"(《老子》第八十一章)而庄子则主张遂情任性的逍遥游,"物物而不物于物"(《庄子·山木》),使个体生命超越一切现实的局限,达到"万物与我为一"的自由境界,实现精神自由与人格独立。所以庄子以天地自然为美、以真为美。如果说,儒家要求"尽美""尽善"是以道德生命为美,道家以自然无为为美便是以自然生命为美。

二 个体生命意识的觉醒

中国美学史有三个重要的阶段:先秦、魏晋、明末,魏晋是承上启下极为重要的一个阶段。其重要性正如宗白华先生所说:"奠定了后代文学艺术的根基与趋向。"即魏晋美学对后世审美意识和文学艺术创作产生了决定性影响。通过研究[①],我认为,由社会动乱造成的生命短暂促成个体生命意识觉醒,这是魏晋以生命为美的审美意识产生的社会根源,魏晋玄学则是生命美学产生的哲学基础,而人物品藻及其评价标准转向则是生命之美意识产生的土壤。题为刘义庆编撰的志人小说《世说新语》用简约精美的语言描绘了魏晋士人追求个体生命之美的种种形态及士人的评赞,显示出以个体生命的自然形貌为美、以个体自身的才性生命为美的审美意识,对后世审美意识、文艺美学范畴、文艺创作的审美倾向都产生了深刻的影响。

魏晋南北朝时期,国家陷于长期的分裂与动乱。民族纷争和此起彼伏的农民起义不断发生,统治阶级内部自相残杀,王朝频繁更替,政治险恶,变幻不定。特别是汉末农民起义及三国时期,战乱区域广大,生灵涂炭,道殣相望,瘟疫丛生。在这样的生存境况下人的生命极其短暂,即使侥幸免于兵燹,也往往难逃时疫之灾。不仅生民为艰,就是达

---

① 参见杨星映、江南、管才君《玄韵流芳——〈世说新语〉的审美精神》,中国社会科学出版社 2019 年版。

官贵人也难免于战乱与疾疫。史载"天子入洛阳，宫室烧尽，街陌荒芜，百官披荆棘，依丘墙间。州郡各拥兵自卫，莫有至者，饥穷稍甚，尚书郎以下，自出樵采，或饥死墙壁间"。① 由于战乱丛生，瘟疫频发，生命短暂，三四十岁病逝的比比皆是。曹丕《与吴质书》感叹："昔年疾疫，亲故多离其灾，徐陈应刘，一时俱逝，痛何可言邪！"② 而曹丕病逝时也仅四十岁，王粲病卒时年四十一岁。更甚者，王弼"遇疠疾亡，时年二十四"③。而在频繁更替的王朝变动中，政治斗争极其险恶，不仅皇室贵胄争斗残酷，名士们也无可避免地被卷进政治旋涡，往往命丧黄泉。何晏、嵇康、陆机、张华、潘岳、郭璞、刘琨、谢灵运、范晔、裴𫖳……众多哲学家、诗人、作家也被杀戮残害，常令人深感朝不保夕，忧惧交加。

在长期的战争、瘟疫和社会动乱中，人生无常，生离死别便成为家常便饭。对死的悲哀、忧惧，促成对生的觉醒。唯其生命特别短暂，人们便倍加珍惜。从建安到晋宋，从中下层文人到皇室贵胄，对生死存亡的关怀、哀伤，对人生短促的感慨、喟叹，对生命意义价值的追寻、探究，成为整个时代的典型思绪。如何把握苦难而短促的一生，使其更有意义？此时个体生命存在的意义和价值的问题便得以凸显，于是，人的觉醒的时代到来了。从建安的慷慨悲歌到正始的不拘礼法到陶潜的悠然南山……人们对自己的个体生命、生存的意义与价值重新发现、思索、把握和追求，人们对自己个体本真生命的存在状貌细细地品味、咀嚼。

先秦阶段，儒家以道德生命为美，道家以自然（无为而无不为）生命为美，特别是庄子突出了人格独立和精神自由之美。但是，从总体上说，儒家对人的价值和人的生命的思考、把握是从人们的群体人伦关系、

---

① 中华书局编辑部编：《二十四史》（简体字本）第10册，中华书局2000年版，第140页。
② 中华书局编辑部编：《二十四史》（简体字本）第10册，中华书局2000年版，第453页。
③ 中华书局编辑部编：《二十四史》（简体字本）第10册，中华书局2000年版，第591页。

人在群体中的地位作用来认识的,突出的是人作为人的"类"价值,是对人之为人的人的"类"本质的认识,将道德生命本体论凌驾于个体感性生命价值论上。道家虽然主张超越污浊黑暗而翱翔于自由自在的境界,但让个体生命回归不可能实现的自然天道的本性,不现实旳"无为"并不能达到现实的"无不为",究其实,自然天道生命本性论屏蔽了个体感性生命的存在。而在灾难深重的魏晋南北朝,血雨腥风激发了个体生命意识的觉醒,生离死别更令人回味珍惜个体生命的宝贵。特别是在魏晋,体味感悟个体生命情调之美成为时代风尚,纵情表达个体生命意绪、情感成为社会潮流,对人的价值的品评由外在的事功、道德、操守、儒学等转向个体自身内在的气质、才情、格调、风度等,即对个体生命存在风貌、情调的肯定。

魏晋士人的情感、思想、气质、才性等,最具有审美意味,这集中体现为一种人格之美。于其时,人物品藻盛行于世,这种注重个体生命审美特征的品评和鉴赏,扭转了汉代以来实用功利的政治性人物品藻之趋向,更多地带有超功利的审美色彩。在汉代礼法统治下,人的思想、情感和个性被束缚,人成为伦理政治的附庸,魏晋士人的"深情",把人的主体性放在首位,从美的观念出发,张扬人物的形貌之美和个性才情,讴歌发自内心的真挚情感,正所谓"情之所钟,正在我辈"。

魏晋人格美的兴起,与魏晋玄学有着不可分割的联系。时人的放旷玄远,正是以玄思为基调的人格气质的展现,是兼具智慧与深情的审美化人格特征。这种人格美实质是从老庄以来一直提倡的超功利的审美人生态度的体现。它表现为魏晋士人崇尚"虚静",追求个体精神自由,即魏晋士人在放达闲逸的生存状态下所表现出来的潇洒自如,这是一种全新的生活态度和生活方式。时人纵情山水,归栖田园,以玄思观照自然山水,反思生命的自然本性。这种充满反思性的自由精神,超越时空的局限,在有限的个体生命中追求无限的宇宙本体,从而使得魏晋审美精神具有了宇宙情怀、达致高远的审美境界。

《世说新语》对人物、故事的选取重在个体生命情调的品味体悟,对任诞旷达的魏晋风流的颂美张扬。在《世说新语》中，历史事件往往只是背景，着重描述的是人物机智的谈吐、脱俗的品行、漂亮的外表、高雅的风度、旷达的情怀、自由的精神。特别是重点勾勒名人名士的风度神貌、心灵脉动，从而展现其精神气质、人格魅力。明代胡应麟赞曰："读其语言，晋人面目气韵恍惚生动，而简约玄澹，真致不穷，古今绝唱也。"可谓一语中的。

对人物形貌美的描绘古已有之，《诗经》、楚辞中比比皆是，对人格美的肯定和颂扬也不自魏晋始。但先秦对人格美的赞扬，"人"的意涵乃为群体的人"类"。儒家的人格美建立在德行基础上，以合礼仪为美；道家的理想人格则以自然而然为准则，以"无为无不为"为美。在先秦两汉时期，对形体美的赞颂主要依附和体现伦理道德准则，个体生命的形体美并没有获得真正的独立与自觉意识。而魏晋形体美的基础是人的感性的个体生命、个体生命独特的精神个性，所以与大自然的山川草木的形象化生命相比拟，自然美与人格美相互映衬。正如宗白华先生所言："拿自然界的美来形容人物品格的美……。这两方面的美——自然美和人格美——同时被魏晋人发现。"[①] 自然物不再仅仅是诗文中观念意识的喻体，自然物本身成为独立的审美对象，自然界的美成为独立的美——自然美。而魏晋时代人的个体生命、形体之美也成为独立的审美对象，是人的个体生命意识觉醒的表现。所以，对人的形貌举止和才情格调之美的称颂在《世说新语》中被置于至高无上的地位，在《言语》《雅量》《容止》《赏誉》《品藻》等诸多篇目中大量予以记述褒扬。

魏晋士人在品鉴个体生命的多姿多态时，亦在论辩人与天地万物的自然本体的同一，于是，个体生命之美、人格之美与天地万物之美融汇在一起。审美由先秦两汉的比德转而趋向比拟，以山川景物自然美比拟个体生命形貌之美、人格之美，甚至二者融合在一起。在《世说新语》里，我们看到：深情的感伤结合着智慧的哲学，转化为审美的思绪，品

[①] 宗白华：《美学散步》，上海人民出版社1981年版，第186页。

赏着人物的言语、容止、风度、神韵……将个体生命的自然本性转化为审美的人格本体。于是，通过人物品藻，魏晋的审美倾向由先秦两汉的群体性的道德审美和以无为本的自然本体审美，转化为以个体生命的清新刚健的外在形貌与内在精神的玄远神韵为美。

在《世说新语》中，我们常看到魏晋士人不拘于礼，放达形体，甚至于出现裸裎、驴鸣、服药等荒诞之举；我们看到，诸名士流连于山岗、茂林修竹，在曲水流觞之中畅叙幽情，这种闲适、恬淡与雅致，正是基于对人生的反思与彻悟。因而，魏晋时审美意识在人的生命与生活中得到了极大拓展，身体之美、人格之美、山水之美、生活之美，尽收魏晋士人之眼底。魏晋时代是生命之美的美学精神勃发的伟大时代，《世说新语》集中体现了这一时代个体生命之美的审美意识。

《世说新语》所包蕴的魏晋生命美学精神，奠定了中华美学的基本逻辑框架，可以说，《世说新语》全方位开拓了中华美学的结构、内容和意蕴，其重要性不容忽视。因此，研究《世说新语》所体现的魏晋这一阶段生命之美的呈现和发展，对于研究中国美学史具有重要意义。

魏晋六朝生命美学的另一重要表现，是中国古代美学网络的主干范畴气、象、味的生成和泛化。曹丕《典论·论文》提出"文以气为主"，标志着文论元范畴文"气"的确立。曹丕的"文以气为主"张扬创作主体的天赋素质、才能个性，是对个体生命特质的充分肯定，体现了个体生命意识的觉醒，具有鲜明的时代特色。曹丕"文气论"是对先秦及汉代气论的继承和弘扬，之后，以气论文学就分别从文学的本源、创作主体的精神品格和创作客体的审美特质三个方面衍生开去。

在魏晋六朝，"气"审美范畴在文艺批评中充分展开，并在玄学、人物品藻、佛学影响下走向成熟。人物品藻对于人的才能、情性异同的分辨，客观上影响了对作家艺术家的个性才情的认识，并影响后世文学批评将气质才性作为"气"审美范畴最基本、最核心的含义。气质才性实际上就是个体生命之美的具体表现。人物品藻提供了众多新范畴，如神、韵、风、骨，等等，这对于气范畴的丰富和泛化具有重要意义。

"气"审美范畴在魏晋确立之后，便在文艺批评中衍生泛化开去，形成以"气"为中心的范畴群。"气"审美范畴的"泛化"首先在于其自身的拓展，形成以"气"为核心的范畴群，其外观形态是语词"气"加前缀或后缀，如正气、邪气、豪气、逸气、志气、意气……与气象、气韵、气骨、气格、气势、气力……"气"的泛化，最典型的是刘勰《文心雕龙》、钟嵘《诗品》以之论文评诗，大大推动了"气"审美范畴在文学理论批评中的运用。《文心雕龙》50篇，其中刘勰论"气"共计72处，"气"的意涵从声气、血气、体气到意气、正气、气度，从天气、气象到才气、气势、气性，从精气、元气到气韵、辞气、风气，涵盖了从生理到心理、从自然物候到人的气质才性，从创作主体身上所体现的生命本根到灌注于创作客体中呈现出来的生气、气势、气韵及风格特色等。《文心雕龙》中的"气"显示出众多的含义，充分体现了"气"审美范畴内涵外延的包容性、延展性、浑融性、模糊性。继刘勰之后，钟嵘将"文气论"贯彻于诗歌品评，其《诗品》中涉及气有12处，其中10处都是指文气，是对诗人诗作的评价。其运用"气"范畴评价诗人的气质才性和创作客体中呈现出来的气势、气韵等风格特色，恰到好处，议论精凿。钟嵘的"气"与曹丕、刘勰的"气"意涵一致，指创作主体的精神品格和创作客体的审美特质，波及后世诗话词话，也以"气"作为评论诗的重要标准。

由于中国古代各门艺术拥有共同的思维方式和哲学基础，又由于中国古代文人琴棋书画皆通（即使不能兼擅，也都兼晓），于是各门艺术的审美范畴相互影响、借鉴、交融。所以，"气"审美范畴的泛化在诗文、音乐、戏剧、书法、绘画等艺术中同时发生且互相交融。在中国文化中，气是万物生命的体现，"气"既指生生不息的宇宙之气，又指审美主体生命之气。"气"还指作品的内在生命之气，它往往是宇宙之气和创作主体之气的对象化。就书艺而言，书家之气与自然之气相通相感，凝结在笔意墨象中而成为书法作品之气。故王羲之曰："书之气，必达乎道，同混元之理。七宝者贵，万古能名。阳气明则华壁立，阴气太则风神生。把笔抵锋，肇乎本性。"（《记白云先生书诀》）因此，中国书法线条依于笔，本乎道，通于神，达乎气。"气"成为书法理论的基本范畴，广泛运用于书法批评之中。气为生命力，又是精神气质的呈现，所以又被奉为绘画艺术的根本并泛化出"神气""清气""气貌""气势""气力""气格""气概""气韵"等一系列气审美范畴来标举各种绘画作品不同的审美特质。

自魏晋始，"气"审美范畴的意涵在文艺批评中不断拓展、衍生、泛化，逐步发展为以"气"为内核的一系列范畴和范畴群，成为支撑中国古代美学网络的骨干范畴。众多古代文艺美学中的"气"范畴，或指作品显示出的作者精神气质，或指作品显示出的作者情感、意绪之生命精神，或指作品中的人物、景象显示出的精神气质、生命意味，总之，其底色都是生命之味、生命之美，生命之美是气范畴的基本特征。

又如"象"范畴。在先秦，"象"的含义由动物"大象"发展到模仿、效法、相似、物象、想象、天象等，并进入诸子百家和《周易》而开始成为中国哲学的范畴，特别是在《周易》中获得了象征各种事物的意义，被提到了十分突出的地位。《易》像包括《经》中的卦象、卦辞、爻辞与《传》中的系辞。《易》象同时具备了象征万物、比喻人事与指称具体物象的功能，是抽象与具象的统一。"象"在魏晋六朝实现由哲学范畴向文学、美学范畴的衍生、转变，从模仿、效法、象征等含义向文学构思的意象、作品中的审美物象以及作品的余韵和想象空间等含义转换扩展，成为确定性与多样性并存的具有模糊性、包容性、延展性的审美范畴。

魏晋六朝"味"审美范畴由艺术形象的内涵、品味向诗歌的余韵、想象空间延伸。晋时陆机承接汉《礼记·乐记》，用"缺大羹之遗味，同朱弦之清汜"来批判那种"雅而不艳"、清淡缺味的文学作品，"味"成为审美范畴。之后刘勰《文心雕龙》、钟嵘《诗品》以"味"论文评诗，钟嵘明确提出"滋味"说，对诗歌的"滋味"作了"指事造形，穷情写物，最为详切者"的界定，即"味"是诗歌的形象、情感最为具体生动带给欣赏者的美感。而且这样的诗歌应该是"文已尽而意有余","味之者无极",即"味"具有无穷的想象空间,具有模糊性、包容性、延展性。

在魏晋六朝,"象"与"味"也衍生、泛化出"意象""兴象""景象""虚象""实象""乐象""境象""象外之象"等与"气味""滋味""意味""情味""真味""韵味""兴味""余味""至味""风味""味外味"等众多审美范畴。而"气""象""味"范畴群又交融、渗透、泛化出"气象""气味""气韵""风骨""韵味""意境"等范畴群及许多理论命题,如"文以气为主""情与气偕""气韵生动",等等。① 而"象外之象,景外之景,味外之旨,韵外之致"便形成"意境"。而且我们看到,气、象、味范畴及其泛化的范畴群不论怎么变化,都是表述创作主体、创作客体或欣赏主体的生命体验,其底色或者说基本特征都是在表述、表征生命形态、生命之美。

三 个性解放与以情反理

魏晋士人在死亡阴影、政治高压下陷入无穷的忧惧和深重的痛苦,唯以嗜酒放达、谈玄论道来摆脱现实羁绊和精神苦痛。任诞洒脱的外表下是企图向死而生,活出自我的挣扎和对生命的执着。这给后世士大夫提供了一种在黑暗现实中活得自在通脱(随便)的生活方式,因而佯狂放达、嗜酒任诞的魏晋风流对后世产生了巨大影响。明代末期高举"以情反理"旗帜的李贽、公安三袁、徐渭、汤显祖等人,更是发扬了魏晋风流潇洒任诞、不拘成法的做派,把魏晋风流的表现自我、任情遂性发展到审美意识上对人的生命本性、生命本真的情感进行充分的肯定与褒扬,生命之美再一次绽放光采,呈现出个性解放的新维度。

明代中后期,由于资本主义萌芽的出现和市民阶层的日益壮大,客观上产生了人的解放的社会要求,并反映到思想文化上来。王阳明继承

---

① 关于"气"范畴及其衍生出的硕大无朋的审美范畴群,蒲震元先生在《生气远出,妙造自然》一文中有详细统计,可参之。

了南宋陆象山的心学，大倡"致良知""知行合一"，其弟子王艮打着王学旗号却修正了王学以心反理的唯心主义，形成了以"百姓日用为道"，以自然天则、不受束缚的人性对抗作伪的程朱理学的泰州学派，成为明代后期人的解放的文学新思潮的哲学基础。

著名思想家、文学家李贽出生的福建泉州，从宋末元初开始，就是中国通往西洋、南洋、东洋的总港口。李贽生于世代航海巨商的家庭，生活于泉州这样的涉外港口，对于他狂放不羁思想性格的形成有很大影响。他青年时便对科举、时文不感兴趣，但因父早逝，家道中落，不得已奔波仕途以养家，直待儿女长大成家立业，五十四岁才得以辞官讲学。李贽曾师从王艮弟子王襞，并与王艮再传弟子罗汝芳有交往。李贽继承和发展了泰州学派的进步思想，公开以"异端"自居，激烈抨击孔孟之道。他以泰州学派的自然人性论为基础，以"童心"（未受封建伦理道德污染的最初一念本心）为旗帜摇旗呐喊，对明代后期的思想文化产生了巨大影响。受泰州学派和李贽影响，公安三袁、徐渭、冯梦龙、汤显祖等人共同掀起了反对封建正统思想束缚、要求人的解放的"以情反理"文学新思潮。

李贽的代表作《童心说》是人的解放、"以情反理"文学新思潮的旗帜，对明代后期乃至清代前期的文学批评和文学创作产生了巨大影响。"童心"就是真心："夫童心者，绝假纯真，最初一念之本心也。"《童心说》的核心内容是肯定被封建伦理道德扼杀的人的正常情感愿望，强调抒写真情实感，体现了市民经济力量对个性自由、个性解放的热烈追求和向往。之后，李贽、徐渭肯定人欲的观念由汤显祖、冯梦龙等人发展为以"情"反"理"，以"情"为人性的根本、为人和世界的主宰，反对理学禁欲主义对人性的扼杀压制。这股文学新思潮以人的解放为核心，以恢复和提高人性、人情在文学中的地位为目的，在更高的层次上绽放出生命之美的审美意识之花。

"公安三袁"即湖北公安人袁宗道、袁宏道、袁中道三兄弟，他们尊崇李贽的"童心说"，主张独抒性灵，不拘格套，自由抒写真情实感，率性而为，即表达自己的个性和真性情，"言人之所欲言，言人之所不能言，言人之所不敢言"（雷思霈《潇碧堂集序》）。他们在现实生活中放浪不羁，追求个性自由，避世而追求闲情逸趣，甚至"为酒肉""为声伎"，率心而行，任性而为，无所忌惮。

徐渭，字文长，浙江绍兴人，是其父晚年纳妾所得之子，在家庭中地位低下，于世态炎凉中形成了既孤傲自赏，又郁郁寡欢的性格。徐渭聪颖异常，文思敏捷，但科举不顺，只中过秀才，一生未能做官，只担任过慕僚、文书等职。时常中夜呼啸，渲泄愤慨。晚年乡居的日子里狷傲愈甚，越发厌恶富贵之人与礼法之士。以卖字画度日，贫病交加，也不肯向富贵者乞食。有时豪饮酒肆，有时持斧毁面破头，精神发狂。在广交文友的活动中，徐渭博采众长，诗、书、画、戏剧兼擅。其诗如袁宏道所评："文长既不得志于有司，遂乃放浪于曲蘗，恣情山水……其所见山奔海立，如寡妇之夜泣，羁人之寒起。当其放意，平畴千里；偶而幽峭，鬼语秋愤。"书法，徐渭最擅长气势磅礴的狂草。绘画，徐渭的泼墨写意花鸟画，别开生面自成一家，笔法劲健，水墨淋漓，生动无比。其书画正是他狂放不羁、绝世独立人格的写照。戏曲作品有《四声猿》等，具有反抗思想与革新精神。徐渭身上时有魏晋风流的余风且更为倨傲狷狂。

汤显祖，江西临川人，出身书香门第，早有才名，曾中进士，官至太常寺博士等。因目睹官僚腐败愤而上疏，触怒皇帝被贬为徐闻典史。后调任浙江遂昌知县，一任五年，政绩斐然，却因压制豪强，触忤权贵而招致上司非议和地方势力反对，他不愿与之同流合污，愤而弃官归家。汤显祖曾为王艮再传弟子罗汝芳的学生，并十分敬仰李贽，接受了泰州学派和李贽离经叛道的思想，形成了他政治上、文学上的反抗性和斗争性，被人称为"狂奴"。有戏剧作品"临川四梦"，诗集《玉茗堂全集》等。汤显祖反对封建礼教，否定宋明理学，主张以情反理，追求个性自由解放。他说："情有者，理必无；理有者，情必无。"（《与达观》）他的戏剧代表作《牡丹亭》主人公杜丽娘是一个为了情"生者可以死，死可以生"的有情人。汤显祖所言之"情",不仅是指爱情,也包括真情。他强调在作品中抒发才情,以情反理,变"有法之天下"为"有情之天下",就是要求冲破封建道统的束缚,追求个性的自由解放、思想的自由施展。

冯梦龙,吴县长洲人(今苏州市),明代通俗文学家。少有才情,博学多识,但青壮年时期却于乡试屡考不中,落魄奔走,曾以坐馆教书为生。为人旷达,治学不拘一格,行为不受名教束缚,出入青楼酒肆,与妓女相交。冯梦龙酷嗜"李氏(贽)之学,奉为蓍蔡"。(许自昌《樗斋漫录》)受李贽离经叛道思想影响,又长期生活于酒肆青楼社会底层,熟悉市民生活,编撰了大量通俗文学作品,其代表作为"三言":《喻世明言》《警世通言》《醒世恒言》。明中叶以来,在人的解放的思潮涌现的时代背景下,与宋明"存天理,灭人欲"的程朱理学背道而驰,人们个体感性存在的自然情欲、特别是男女之间的性欲突出,人们由争取身体的自由解放到争取心灵的自由解放。在创作领域中,这种倾向表现得十分鲜明,"例如,明末小说中众多淫秽、贪婪、凶残、欺诈的描绘,津津乐道丑行恶事,追求官能性的挑逗、戏剧性的紧张……等等。"① 冯梦龙以"喻世""警世""醒世"命名其书,其描写体现了新兴市民阶层具有个性解放色彩的思想观念,特别是以男女之间的性欲为代表的自然人欲,以男女个性解放与人格平等的爱情为基础的婚姻观念,以及为争取婚姻爱情而斗争的精神,还有市民阶层的道德观念"义气"——"出门靠朋友"的互相救助的友谊和信任;又有忠孝节义、封建迷信(宿命论、因果报应)、清官政治等,充满了民主新思潮与封建落后思想的深刻矛盾。但应当说,"三言"的突出特色是充分肯定和描绘了个性自由、个性解放,具有强烈的时代色彩。

明中叶以后,从风流浪荡才子唐寅等人到李贽、公安三袁、徐渭、冯梦龙、汤显祖等人,其倡导的"情"虽然是继承魏晋风流,发自个体,

---

① 李泽厚:《美学三书》,安徽文艺出版社1999年版,第410页。

但已不仅是对个体的才情、本性的存在与生死存亡的品咂感喟，而是与个体肉身感性存在紧密联系在一起的个体情感。情包含着欲，这种情欲继承了魏晋风流的情，高度肯定个体的才情、本性、真情实感，体现着人的个性解放的要求。因此，晚明士人的审美意识、其建立在情性基础上对生命的品咂抒写所体现的生命之美，是在个性解放的维度上呈现的。

综上所述，我们看到，生命之美的审美意识是中国古代美学的基本特征。虽然不同历史阶段的审美意识之花各有自己的具体形态，但其底色都呈现为生命之美。所以，"生命"不仅是中国哲学的"领导线索"，也是中国美学的"领导线索"。纲举才能目张，研究中国古代美学，我们应当抓住生命之美这个"纲"。

2021 年 7 月 26 日

博观约取　丹心育人
——杨星映先生的学术人生

周和军*

内容提要：杨星映先生在教书上践行以德施教、秉烛铸魂，在学术研究上强调问题意识与创新精神，在研究生培养上注重言传身教与躬亲示范，在学科建设上，敢于迎难而上，坚持奋发作为。教学、科研、学科建设、研究生培养是杨星映先生事业的四个支柱，撑起了她生命的蓝天，也为学生撑起学术的晴空与梦想。

关键词：教学；科研；学科建设；研究生培养

杨星映先生，1945年6月生，四川长宁县人，重庆师范大学文学院教授。1968年毕业于北京大学中文系文学专业。1982年毕业于北京大学中文系文艺学专业，获文学硕士学位。2004年毕业于中国社科院研究生院文艺美学专业，获文学博士学位。曾任中外文艺理论学会理事、中国古代文论学会理事、中国《文心雕龙》学会理事、省级重点学科带头人、文艺学硕士点领衔导师、重庆市精品课程《文学概论》主讲人和主持人。曾获得重庆市优秀教学成果一等奖、重庆市优秀社会科学成果三等奖（三次）、重庆市政府名师奖（授予重庆市名师称号）（2007年）等。有学术著作（独撰与合著）7部、教材（主编和参编）2部、辞典（参编）

---

* [作者简介] 周和军，文学博士，天津外国语大学教授，《天津外国语大学学报》副主编，硕士生导师。

1 部等多种著述，在《文学评论》《文艺理论与批评》《文艺理论研究》《北京大学学报》《学术月刊》《西南师范大学学报》《苏州大学学报》《中国文学批评》《重庆师范大学学报》等刊物发表学术论文近五十篇，致力于古代文论、《文心雕龙》、文学原理等方面的研究，是国内学界有重要影响的专家学者。

一 突破传统藩篱 勇于学术创新

1979 年 9 月至 1982 年 7 月，杨星映先生考入北京大学中文系文艺学专业，师从杨晦先生、吕德申先生，获硕士学位。杨晦先生原名杨兴栋，因感当时社会黑暗，遂改名杨晦，是 1919 年五四运动中火烧赵家楼的先驱者，是 30 年代著名的左翼作家。1925 年，杨晦先生与冯至、陈炜谟等先生成立"沉钟社"，为中国现代文学的发展与西方文学的传播做出了重要贡献。1950 年起，杨晦先生一直任教于北京大学中文系。1952 年至 1966 年担任北京大学中文系系主任，是著名的马克思主义文艺理论家，主要从事戏剧创作、文学翻译和文艺评论，著有戏剧剧本集《除夕》《楚灵王》等，论文集《文艺与社会》《杨晦文学论集》《杨晦选集》，译著《悲多汶传》等。杨晦先生自学德语，是为了更准确地理解马克思、恩格斯的著作。杨晦先生在学术研究中尤为"强调运用辩证唯物主义与历史唯物主义的方法论，摒弃庸俗社会学和形而上学思想方法的片面性，重视政治思想、宗教思想、哲学思想对文艺思想的影响"，"必须避免教条主义的套用"。① 杨晦先生有著名的"自转""公转"说，他用地球与太阳的关系来比喻文艺与经济基础的关系，"我们研究文艺思想，不仅要研究它'自转'的规律，研究它自身发生发展的历史承继关系；而且要研究它的公转规律，从人类的物质生产实践中去探求它的终极原因"。"探讨人类最初审美意识的萌发和文艺观念的产生，脱离人类早期物质生活实践，就根本说不清楚问题。如果把'基础'抛到一边，仅仅把文艺思

---

① 杨星映：《开启理论宝库的钥匙——杨晦先生治学方法的启示》，《文艺理论与批评》2000 年第 1 期。

想当成无源之水，无本之木去刻意追求，把文艺思想当成'空中楼阁'来对待，那这'楼阁'不论多么漂亮，早晚都是要塌下来的。"[①] 杨晦先生这段论述切中肯綮，别具炉锤，体现了他历史唯物主义与辩证唯物主义的文艺观。他还强调要深入挖掘中国古代文艺思想的理论遗产，厘清其承继关系，努力构建中国古代文艺理论体系。

吕德申先生1945年毕业于西南联大中文系，师从沈从文、杨振声等先生从事小说、散文创作，发表了一系列作品，被视为当时的"新进青年作家"之一。吕先生的毕业论文《游仙诗研究》获得朱自清先生嘉许。1946年起，吕先生一直任教于北京大学中文系，主要从事古代文论、马列文论的教学和科研，著有《钟嵘诗品校释》《吕德申文集》《马克思主义文艺理论发展史》（主编）。吕先生还协助杨晦先生从事新文艺理论学科的开创工作。

1968年至1978年，杨星映先生曾在四川省中江县广播站、重庆轻工业机械厂工作，十年的基层工作经历，中文专业知识有所荒废，研究生毕业去向将是高校文艺理论教师，杨晦先生强调学术研究要坚持和运用马克思主义的世界观和方法论，吕德申先生则因材施教，要求她在研一、研二两个学年通读文学原理、马列文论、西方文论、古代文论的重要著作，建立扎实的古今中外文论的知识谱系与理论架构。研三学年从某个角度切入，或对某个专题进行深度挖掘阐释，撰写学位论文。这些要求为杨星映先生以后在高校的教学科研和研究生培养工作打下了坚实基础。两位著名学者的耳提面命拓展和丰富了杨星映先生学术研究的视野与领域。

80年代初，正处于思想解放、拨乱反正的特殊时期，当时学界对于阶级性、人性的讨论较为深入。马克思曾提出："人的本质不是单个人所固有的抽象物，在其现实性上，它是一切社会关系的总和。"[②] 当时学界

---

① 北京大学中文系文艺理论教研室编：《中国新文论的拓荒与探索——杨晦先生纪念集》，北京大学出版社2001年版，第182页。
② 《马克思恩格斯选集》第1卷，人民出版社2012年版，第135页。

根据这句话得出这样的结论：阶级社会中的一切社会关系只能是阶级关系，人的本质、人性即阶级性。杨星映先生当时读研二，她通过比较这段话的德文版、英文版、俄文版，认为马克思此话是说"人的本质通过一切社会关系的总和即社会表现出来，因而要从分析解剖社会入手来研究人的本质。这只是告诉我们研究人的本质的历史唯物主义方法"。[1] 现实社会中的人性有很多具体表现，而且在各个历史时期都存在着不断发展变化的具体人性，"阶级社会中的人性是带着阶级性的人性"。[2] 杨星映先生对马克思"人的本质"的内涵进行了科学分析与学理阐释，对人性与阶级性进行了正确区分，是当时具有代表性的正确观点，推进了学界对马克思主义人性观的认识和理解。

80年代初，小说评点理论没有得到学界应有的重视，学者们更多从考据学出发，从评点中去考证作者身世、写作情况、人物性格与情节发展的内在关联等，忽视了从"小说理论和艺术美学的高度"[3] 去聚焦小说评点。杨星映先生发表的《脂砚斋论人物塑造管窥》，总结了脂评在小说理论史上的成就和意义，对人物形象塑造的艺术手法进行了全面的梳理与探究，为此后的红学研究、脂评研究提供了新的思路和方法。

受"四人帮"庸俗社会学的影响，马克思主义典型理论被误读为"只有典型环境才能产生典型人物""一个阶级一个典型"，直接导致了作家对社会主义现实主义文艺观的错误理解，致使文艺创作产生公式化、概念化与模式化的倾向。杨星映先生梳理了亚里士多德以来西方典型理论的发展、变迁，强调马克思恩格斯运用辩证唯物主义和历史唯物主义对西方典型理论进行批判的继承，从而建立了马克思主义典型观，"典型是阶级的、历史的、个性化的，没有超阶级的抽象的人类典型"[4]，典型要体现社会生活的本质，要反映客观现实社会。杨星映先生的文章对当

---

[1] 杨星映：《怎样理解马克思对人性的论述》，《学术月刊》1981年第8期。
[2] 杨星映：《怎样理解马克思对人性的论述》，《学术月刊》1981年第8期。
[3] 杨星映：《脂砚斋论人物塑造管窥》，《红楼梦学刊》1982年第3期。
[4] 杨星映：《马克思恩格斯对西方典型理论的批判继承和发展》，《北京大学学报》（哲学社会科学版）1982年第4期。

时典型理论的错误看法、不良影响具有正本清源的作用，对马克思主义典型理论进行了系统分析与学理诠释，丰富和发展了马克思恩格斯的典型理论。

杨星映先生在读研期间与时代同频共振，以笔为锋，积极参与学术争鸣，在《北京大学学报》《学术月刊》《红楼梦学刊》发表了三篇高质量的学术论文，一方面彰显了两位先生重视学生专业基础素养、科学研究能力的提升，强化了她独立的思想、批判的精神与创新的意识，另一方面杨星映先生的勤奋刻苦、一心向学，培养了她严谨求实的科学态度和迎难而上的进取精神，为以后的学术研究奠定了基础。

二　关注学科前沿　深耕古代文论

20世纪是批评的世纪，西方各种文论话语被译介到中国，你方唱罢我登场，各领风骚三五年。今天的学者在研究阐发中国的文学现象时言必称西方，完全采用西方文论来诠释分析中国文艺实践，显然是削足适履，必然导致水土不服，南辕北辙。最具有民族特色的中国古代文论不是被弃之敝屣，就是被束之高阁。中国古代文论确实是明日黄花，古调不弹？中国文论的"失语症"真的是内在资源的枯竭而丧失了自主言说的权利？中国当代文论建设只能追随西方文论话语，舍此别无他途？中国学者对此究竟是不能还是不为？

90年代开始，学界对当代文论的建设、古代文论的现代转换等问题进行了热烈的探讨。钱中文先生早在1992年就提出："如何在不同理论形态中，分离出那些表现了文学创作普遍规律的理论观念，使之与当代文学理论接轨，融入当代文论，成为它的组成部分。"[①] 杨星映先生长期从事古代文论的教学与研究，对此有清醒的认识和深入的思考，她认为，中国当代文学理论的发展建设必须立足于本土，必须要继承中国古代文论的精华要义，对其进行创造性转化、创新性发展，加强古今文论的对

---

① 钱中文：《会当凌绝顶——回眸二十世纪文学理论》，《文学评论》1996年第1期。

话、融合与转换，使之融入中国当代文论建设中去，从而构建具有中国作风、中国气派、中国特色的社会主义文艺理论的学科体系、学术体系、话语体系。她从20世纪90年代初开始思考"中国古代文论的现代转换问题"，为此发表了十余篇学术论文，对此问题进行了系统性的理论探讨与建构。

最初，她思考当代文艺学的学科建设与体系建构的问题，提出坚持民族性与开放性的统一。"民族性即继承中国古代文论的优秀传统，开放性即吸纳外国文学理论的精华。"① 其中更重要的是要以"吸取、溶入中国古代文论理论范畴和研究方法的原则为指导思想，将古代文论范畴引入文艺学，转换为当代文艺学理论范畴"。② 她在前期思考的基础上进一步直面问题：重建中国文论话语与古代文论的"现代转换"，古代文论有自己独特的概念范畴、理论体系与特色优势，我们要深入发掘和精准阐释古代文论的范畴体系、基本内涵，实现古今文论的融会贯通。古代文论的"现代转换"要把握其前提与原则，"必须从古代文学理论自身的思想基础、思维方式的角度深入发掘古代文学理论范畴的含义，绝不能生搬硬套当代文学理论和西方文学理论的概念来解释"。③ 只有对古代文论的深入阐释和科学运用，使它融入当代文学理论话语体系，才能建设有中国特色的社会主义文艺学。

如何实现"中国古代文论的现代转换"？她经过深入的思考与系统的探索，紧密结合历史与现实、理论与实践，对古代文论的理论范畴、形态特征、学术范式、当代文论的建设问题等进行全面的爬梳与分析。杨星映先生认为，"气""象""味"等范畴是中国古代哲学的基本范畴，其中，"气"是最高范畴，通常表示世界的本源、宇宙的本体。转换为古代文论元范畴的"气"，"涵盖了文学的本源、创作主体的生理与心理特

---

① 杨星映：《古代文论范畴溶入当代文艺学的探索》，《重庆师范学院学报》1998年第4期。
② 杨星映：《古代文论范畴溶入当代文艺学的探索》，《重庆师范学院学报》1998年第4期。
③ 杨星映：《重建中国文论话语与古代文论的"现代转换"》，《文艺理论与批评》2003年第3期。

征及创作主体气质才性、精神意志对创作客体的投射贯注,从而形成创作客体的审美特质……构成了以气为核心的范畴群"。① 这些元范畴所衍生、建构的范畴群构成了中国古代文论的理论体系。中国古代文论博大精深,思想深邃,逻辑缜密,她从理论范畴聚焦到形态特征,"从表述方式、篇章结构、语言特色三个方面,探讨古代文论的形态特征。我国古代文论的理论阐述与鉴赏品评熔于一炉,同时包容对艺术形象的理性认识和感性观照,具有鲜明的民族特色"②。

关于中国古代文论的学术范式,她提出,辩证统一的直观整体把握的思维方式是中国古代文化的基因,这种文化基因决定了古代文论的学术范式:具象与抽象统一、概括与体验融合的理论范畴,原始要终与执本驭末相统照的研究方法,审美描述与类比推理相结合的论述方式。

中西文论融入当代文论建设,需要注意哪些问题?西方文论是否可以照单全收?杨星映先生分析了中西地理环境、生存方式、思维方式、社会结构、文化传统的区别与差异,中国古代文论的民族特色在于儒家强调政治教化的文学观与道家注重审美的文学观的统一。当代文论建设既要把握中西文论的异质性,又要寻求中西文论互识、互补、互证的具体层面,以我为主,融会贯通,建设中国当代文艺学。

研究、探讨"中国古代文论的现代转换"的根本目的,在于反思当代文艺学的知识谱系、学理依据、框架结构、内容构成、学科建设等问题。杨星映先生在上述研究的基础上对中国古代文论的范畴体系进行了理论建构,她提出,中国古代文论的范畴系统是由元范畴衍生出子范畴,例如"气、象、味是中国古代文论最基本的三个元范畴:气范畴表征了文学本源、本体和创作主体的性质特征;象范畴表征了文学的对象与创作客体的性质特征;味范畴表征了欣赏主体的审美感受和创作客体的美

---

① 杨星映:《文论元范畴"气"的生成与泛化》,《重庆师范大学学报》2014 年第 4 期。
② 杨星映、卢开运:《试论中国古代文论的形态特征》,《文艺理论研究》1994 年第 2 期。

感特性"。① 三个元范畴交融衍生，相互生发，形成子范畴和范畴群，构建出关联互渗、有机统一的范畴体系。西方文论的范畴体系是按照从本质到现象分门别类来构建。"西方文论的范畴是剥离事物表象的抽象的、以知性分析来界定的指称性确定概念；中国古代文论的范畴则是体验与概括结合、具象与抽象统一、确定性与多样性并存的具有模糊性、包容性甚至形象性的范畴。"② 杨星映先生与其研究生肖锋、邓心强合作，出版了专著《中国古代文论元范畴论析——气、象、味的生成与泛化》③，该书全面梳理了中国古代文论元范畴系统的发生机制和内在结构，剖析了"气""象""味"范畴的生成、衍变与发展历程，总结了中国古代文论的思维方式与艺术特征，探索了中国古代文论的学理结构和内在规律，彰显中国古代文论的民族特色与艺术成就。

杨星映先生的一系列成果推进了中国古代文论研究，推动了中国古代文论的创造性转化、创新性发展，为构建当代文艺理论的学科体系、话语体系、建设有中国特色的马克思主义文艺学做出了重要贡献。

三　植根学术厚土　勇立时代潮头

《文心雕龙》是中国古代一部逻辑谨严、结构完整、论述周密的文学理论著作，对文学的形式与内容、本质与特征、创作与鉴赏等进行了系统的探讨和研究，对后世的文学理论批评、文艺创作与接受等产生了深远影响，是中国文学理论批评史上一部"体大而虑周"的理论专著。杨星映先生从20世纪90年代开始对《文心雕龙》的理论系统进行了由点到面、由浅入深、由表及里的深入研究，专注于《文心雕龙》的思维方式、语言问题、文学客体、文学鉴赏、理论体系、后世影响等问题，撰写了10篇创新性的学术论文，是国内"龙学"研

---

① 杨星映：《试论以气、象、味为核心的中国古代文论元范畴》，《西南大学学报》2011年第6期。
② 杨星映：《中国古代文论的范畴特征和体系建构》，《古代文学理论研究》2015年第40辑。
③ 杨星映、肖锋、邓心强：《中国古代文论元范畴论析　气、象、味的生成与泛化》，上海古籍出版社2015年版。

究的重要收获。

关于《文心雕龙》的思维方式，有学者认为是受《周易》影响的"阴阳对立统一"①，也有学者认为是"依附性思维""源流性"思维。②杨星映先生剖析了《文心雕龙》的思维形态，《文心雕龙》提出创作需"圆览"，鉴赏要"圆照"，"这种'圆'思维是一种直观整体的审美观照，体现了中国古代直观整体把握的思维方式"，③对文学研究而言具有认识论和方法论的意义。

关于《文心雕龙》的语言问题，有学者提出《文心雕龙》具有丰富的"语言哲学思想"，④有学者认为《文心雕龙》是以语言为本位，杨星映先生对此概括得更为全面，主要体现在三个方面："分析语言文字的来源、性质、功能的语言本体论，阐释文学语言的特征属性、功能作用的文学语言论，论述文章、文学文本中的语言文辞的文本语辞论。"⑤

关于《文心雕龙》的"象"范畴，有学者认为是"天象、物象、卦象、取象、方法等"⑥，杨星映先生分析了《文心雕龙》关于"象"范畴的论述，提出刘勰实现了"象"由哲学范畴向文论范畴的转化，深入阐发了"'象'范畴的内涵和外延，对古代诗歌创作的取象比类艺术方式作了系统的理论总结"。⑦

关于《文心雕龙》的风骨，大多学者认为刘勰是针对时弊提出了风骨概念，风骨是"情与理结合所产生的艺术效果"⑧。杨星映先生认为《文心雕龙》中的风骨，是对作家作品的总体要求，"风"是"作品真情实感的气势，是一种飞动之力"，"骨"是"作品事理表达的力量，是一

---

① 吕永：《〈文心雕龙〉的思维方式、结构方式、表述方式》，《湘潭大学学报》1999年第2期。
② 吴炫：《〈文心雕龙〉的思维方式局限》，《盐城师范学院学报》2003年第4期。
③ 杨星映：《〈文心雕龙〉的"圆"思维》，《重庆师范大学学报》2007年第5期。
④ 王启涛：《论〈文心雕龙〉的语言思想》，《天府新论》1997年第3期。
⑤ 杨星映：《文章关键　神明枢机——〈文心雕龙〉的语言论》，《贵州社会科学》2006年第4期。
⑥ 张玉梅：《〈文心雕龙〉视角下的字象与诗象》，《内蒙古师范大学学报》2017年第5期。
⑦ 杨星映：《〈文心雕龙〉的"象"范畴》，《重庆师范大学学报》2009年第6期。
⑧ 郁沅：《〈文心雕龙〉"风骨"诸家说辨正》，《文艺理论研究》1998年第6期。

种挺拔向上之力"。文学作品应该是"风骨与文采的结合,达到风骨与文采并举的途径和要求"。①

在《文心雕龙》中"味"出现了 20 次,有学者认为这些"味"大多强调了"'玩味'的文学接受方式"②,《文心雕龙》中的"味"属于文学鉴赏问题。杨星映先生独具慧眼地提出:"味"既是情感的含蕴丰富、咀嚼不尽,属于内容范畴,是刘勰论文评诗的基础和前提。但又是"作品带给读者的感受"。"味"既是内容又是鉴赏,即情意的含蕴丰富,玩味不尽。《文心雕龙》论"味"影响了"古代诗歌批评探讨总结诗歌意境的审美特征,是中国诗学意境理论发展过程中十分重要的一环"。③

关于《文心雕龙》的理论体系对后世的影响,杨星映先生在 2004 年比较了《文心雕龙》与当代文学理论体系的异同,指出正是这种共同性与差异性,"《文心雕龙》的理论体系才有可能与必然对当代文学理论建设产生积极的影响和作用"。④ 黄维樑先生在 2009 年提出,应该"以《文心雕龙》为基础,建构一个更具中国特色的文学理论体系"⑤。两位先生的论述有异曲同工之处。

杨星映先生还总结了《文心雕龙》对后世文学的影响,例如《文心雕龙》的不少篇章都涉及"小说"观念从先秦、汉代、魏晋到唐的变迁,"伴随着创作的变化发展,也经历着由非文学到文学的转变"。⑥《文心雕龙》印证了中国古代小说观念的演进轨迹。

杨星映先生强调《文心雕龙》对当代文艺学建设的借鉴和启示意义,《文心雕龙》的思维方式、研究方法、表述方式,提示我们"文艺学研究应当从文学现象的历史和文学作品的实际出发,应当对文学进行整体的

---

① 杨星映:《"风骨"管窥》,《重庆师院学报》1996 年第 3 期。
② 韦春喜:《〈文心雕龙〉"味"论探析》,《文艺理论与批评》2007 年第 5 期。
③ 杨星映:《刘勰论"味"蠡测》,《西南师范大学学报》2002 年第 6 期。
④ 杨星映:《〈文心雕龙〉的理论体系与当代文学理论体系之比较》,《西南民族大学学报》2004 年第 1 期。
⑤ 黄维樑:《以〈文心雕龙〉为基础建构中国文学理论体系》,《文艺研究》2009 年第 1 期。
⑥ 杨星映:《从〈文心雕龙〉看古代小说观念的演变》,《重庆师院学报》1991 年第 2 期。

'圆通'与'圆照',可以采用审美描述与类比推理相统一的论述方式"①。

杨星映先生除了关注中国古代文论、《文心雕龙》研究,还聚焦学界的一些热点问题。21世纪初,随着全球化浪潮的汹涌而至,新媒体技术的日新月异,已经深刻影响文化、文学与每个人。全球化语境下的民族文化、区域文化生存维艰?全球化语境下西方文化的强势传播,中国文学的本土意识与优秀传统如何坚守?经济全球化,区域文化呈弱势姿态,会不会导致文化上的一体化或趋同化现象?杨星映先生对此一针见血地指出:"无论民族国家的文化与文学,还是区域文化与文学,其生成根源和建构机制都决定了其特殊性。全球化促进了交往与交流,但绝不是由一种文化取代另一种文化,更不可能全球整齐划一。""文化交流更主要的是发现差异性、独特性,愈是民族的就愈能走向世界。文化的全球化,其实质就是交流与对话。"② 今天,全球化不仅没有影响、遮蔽区域文化、区域文学的丰富性和多样性,相反,书写认同感和归宿感的区域文学与文化步入了更广阔的天地,而且会拥有更加美好的未来。

"文学终结论"由来已久,德里达早在1980年发表的《明信片》一书中就提出,新媒体的飞速发展将导致文学、哲学、精神分析和情书的终结。"耶鲁四人帮"之一的希利斯·米勒延续并发展了这种观点,他提出:"文学研究的时代已经过去了,再也不会出现这样一个时代"③,宣判了文学的终结。"文学终结论"在中国文艺理论界引发了巨大反响,时至今日,学界仍在反思、探讨。杨星映先生在评价杜书瀛先生《文学会消亡吗?》一书时,既肯定了杜先生的高瞻远瞩、思虑精深与远见卓识,也提出了自己的看法与观点:"读图时代造成的想象阻抗与审美的平面化必将降低人的审美能力,而阅读文学文本引发的内视审美想象则引导人的

---

① 杨星映:《从具体到抽象——〈文心雕龙〉的启示》,《文学前沿》2008年第1期。
② 杨星映:《全球化与区域文化和文学》,《文学评论》2002年第4期。
③ [美] J. 希利斯·米勒:《全球化时代文学研究还会继续存在吗?》,《文学评论》2001年第1期。

创造力、审美能力向深度广度拓展。因此，文学不仅是人性的最形象、最深刻、最丰富的显现，而且最符合人的自由而全面发展的需求——这是文学不死、永久存在的最根本的理由。"[①] 杨星映先生揭示了读者在文本阅读时审美心理的活动、变化，审美联想、审美想象、审美情感、审美意识、审美趣味、审美能力等都在发展、延伸，文学始终是人类情感的归宿与精神的家园。所以，我们相信杨星映先生的论断：文学会亘古长存，永恒不朽！

生命美学是研究人类生命活动意义与价值的美学，生命美学从20世纪80年代诞生，迄今热度不减，众多学者积极探索，已经出版了60余部专著，发表了2000多篇论文，被学者称为"崛起的美学新学派"。[②] 杨星映先生也参与其中。

魏晋时期是一个"诗赋欲丽"的文学自觉时代，开始注重文学的审美属性，《世说新语》集中体现了玄学背景下魏晋士人的生命意识与审美精神。宗白华先生曾指出"要研究中国人的美感和艺术精神的特性，《世说新语》一书里有不少重要的资料和启示，是不可忽略的"。受宗先生的启迪和召唤，杨星映先生带领自己的研究生江南、管才君，从《世说新语》的编撰体例、叙事方式、人物品藻、语言艺术、审美精神等方面进行了系统的分析研究，出版了专著《玄韵流芳——〈世说新语〉的审美精神》[③]。杨星映先生认为《世说新语》反映了魏晋士人以个体生命自然形貌为美，重视精神生命——人格美的养成，这就是一种以生命为美的审美精神。《玄韵流芳——〈世说新语〉的审美精神》一书立足于中国美学史，采用文史哲相结合的研究方法，从生命意识的觉醒切入，着力挖掘魏晋美学产生的哲学基础和社会根源，引领读者通过《世说新语》中汉末三国两晋士人极具个性的言谈举止和特色鲜明的逸闻轶事，感悟和

[①] 杨星映：《评杜书瀛〈文学会消亡吗?〉》，《文学评论》2006年第4期。
[②] 范藻：《生命美学：崛起的美学新学派》，《中国社会科学报》2016年3月14日。
[③] 杨星映、江南、管才君：《玄韵流芳——〈世说新语〉的审美精神》，中国社会科学出版社2019年版。

领略魏晋六朝生命美学的审美精神，体悟和把握魏晋六朝文学艺术的生命之美，并进而探讨它对中国人的审美意识和文艺创作的影响。杨星映先生的研究是一种具有中国特色、中国智慧的生命美学研究，对《世说新语》、中华美学精神、中国小说史研究都具有重要的学术价值。

四　不忘初心使命　潜心教书育人

杨星映先生1982年12月分配至重庆师范大学（原重庆师范学院），2010年7月退休。杨星映先生1992年开始招收研究生，指导了14届38名硕士研究生，其中，4人考上博士研究生。毕业的研究生在各行各业发挥着重要的作用，至今，已有3名教授，4名副教授，1名博士生导师，7名处级干部。杨星映先生继承了杨晦先生的引导学生运用马克思主义理论开展学术研究、吕德申先生因材施教的思想，她提出十六字方针：因材施教，开发潜能，扬长补短，提高素质。研究生教育要在培养创新人才、提高创新能力、服务经济社会发展等方面发挥重要作用。我们的研究生就业去向多为党政机关、企事业单位、人民团体、高等院校、科研院所及新闻出版系统，从事理论研究、宣传、教育、管理等工作。杨星映先生认为文科研究生培养应以培养创新意识、创新思维和创新能力为灵魂，建构研究生宽广深厚的知识结构，使其成为一专多能的具有创新精神的复合型人才。每一个研究生入学时专业基础、兴趣爱好、知识结构各不相同，各自的人生理想与发展规划也大相径庭，要根据每个学生的具体情况制订相应的培养计划，因材施教，因势利导，扬长补短，激发学生潜能，提高综合素质。每个研究生素质和潜能的发现与开发是一个互动的过程，对每个研究生培养计划的制订和实施也是一个不断调整和实现的过程。她要求每一个学生根据自己的情况查缺补漏，及时"补课"，迎头赶上。她给学生准备了近400本书的《阅读书目》，这个书目涵盖了马列文论、西方文论、中国古代文论、当代文论、中西哲学、美学、思想史、中外重要作家的重要著作，三年内力争读完，培养学生扎实的专业素养和宽广的学术视野。

杨星映先生尤为重视学生科研能力的培养，强化科研训练，包括研究方法的训练、理论思维的训练和论文写作的训练，通过这些训练、指导，提高学生的逻辑思维能力、发现问题意识、科学研究能力和论文写作能力。她指导的学生肖锋读研期间在《俄罗斯文艺》等刊物上发表9篇论文，其硕士学位论文《论叙事作为修辞》2004年获重庆市优秀硕博学位论文奖。杨星映先生对学生视如己出，以言传身教的方式教会学生对学问的专研与探究、对事业的热情与责任。研究生把她视为严师，更是慈母，杨星映先生胸怀大爱，用真诚和责任担当温暖、感染了无数学生。

杨星映先生把以德施教、秉烛铸魂贯穿到本科教学中去。她认真严谨，教学内容充实，既引经据典，又富有创见；授课条理清晰，逻辑严密，例证生动丰富，语言准确传神，课程深受学生欢迎；运用启发式教学，激发学生兴趣，引导学生实现从"知其然到知其所以然"，从"好之"到"乐之"的转变，努力提高学生的综合素质，促进学生能力的全面发展。她不忘初心，潜心教学，用实际行动践行着"三寸粉笔，三尺讲台系国运，一颗丹心，一生秉烛铸民魂"。2007年，被重庆市政府授予"重庆市名师"称号。

她注重学术研究与教学改革的融合，把自己最新的科研成果融入课堂教学、教材编写与教学改革，保证授课内容的科学性、前沿性与学术性。她主编的教材《文艺学基本原理》1995年在重庆出版社出版，产生了较大社会影响，被七个大学选作教材。该书是在全国掀起教学改革、自编教材高潮之中涌现的一本兼具文学理论品格和教材品格的教材。既具有科学体系、一定深度广度和反映理论研究与创作实践进展的创新性，又具有相对稳定性，深入浅出，使学生循序渐进，学以致用。杨希之先生的书评认为这部教材"既有理论深度，又有突破创新"。他指出，作品论（主要是杨星映先生撰写）"成为了全书的精华，成为了全书最富创造性的部分。《文艺学基本原理》广泛地吸收了现代西方文学理论和中国古代文学理论的研究成果，在书中引用了不少新的资料，新的观点，并且，这些资料和观点经过作者们的分析、提炼、改造,成为本书理论体系的有机的组成部分,富有新意"。① 该教材 2001 年获重庆市优秀教学成果一等奖。

杨星映先生 1999 年出版的专著《中国古代文学理论批评纲要》(修订版),敏泽先生认为该书特色鲜明,钩玄提要,是一部比较成功的古代文论简史。"在此书的写作中,星映同志广采博纳,充分吸收了现有文学理论批评史的研究成果,但又绝不依傍,从全书的整体经营和规划,到具体的论述和剖析,都常能独出机轴,时见新意,这也是难能而可贵的。"该专著 2001 年获重庆市第二届社会科学成果三等奖。

文体学这一概念源自西方文论的分支学科,中国古代文论中的文体理论与西方文体学理论存在诸多差异,探讨中西小说文体形态的异同,具有重要的理论价值与实践意义。杨星映先生 2005 年出版的专著《中西小说文体形态》②,系统阐述了小说的文体形态、小说的叙事方式、小说的语言体式、中西小说文体的渊源比较等。杨星映先生曾给本科生开设《中国古代小说批评史》课程,给研究生开设《西方叙事学》课程,综合两方面的研究,形成关于小说文体体系的认识,又给研究生开设《小说文体学》课程,因而写作此书。此书的特点正如杜书瀛先生《序》中所说:"融合中西文论、紧密联系创作实践、集逻辑实证与审美描述于一体。"杜书瀛先生认为该书是一部"有学术心得、有独到见解的著作"。该专著 2006 年获重庆市第五届社会科学成果三等奖。

教学推动科研,科研促进教学,杨星映先生实现了教学、科研和育人的完美融合!

五 坚持奋发作为 助推学科建设

杨星映先生在提升自身教学科研水平的同时,积极投身学科建设,为学校获批古代文学、文艺学硕士点发挥了积极作用。1985 年,随着学

---

① 杨希之:《传统框架与突破创新——评杨星映主编的〈文艺学基本原理〉》,《文艺理论与批评》1996 年第 2 期。

② 杨星映:《中西小说文体形态》,中国社会科学出版社 2005 年版。

校师资建设的不断推进，重庆师范学院（现重庆师范大学）要更上层楼，提升办学档次，扩大办学影响。研究生教育是衡量一所大学科研实力和办学水平的重要标尺。学校召开了专题研讨会，要冲刺1986年的全国第三批硕士点申报工作。中文学科的研究特色和优势较为突出，学校最终决定把中文系古代文学专业的元代文学方向作为学校申报硕士点的重点。重庆师范大学当时起点较低，1962年，学校更名为"重庆师范专科学校"，1978年更名为"重庆师范学院"，1981年，学校获得学士学位授予权。学校知名度有限，影响力不足。怎样让评审专家尽快了解重庆师范学院、熟悉并认可申报材料？所以，进京报送材料的重任非杨星映先生莫属。1986年春，她进京把三份申报材料顺利送给了朱德熙、裘锡圭、严家炎三位先生。后来中文系考虑到中国语言文学组的评审专家较多，应该按实际人数人手一份申报材料。需要再次进京报送材料，而且，国务院学位办评审会召开在即，杨星映先生"火线"进京，直奔国务院学位办工作人员和评审专家入住的京西宾馆，赶在评审前，把厚厚的申报材料送达每一位评审专家。1986年，重庆师范学院获得硕士学位授予权，实现了硕士学位授予单位及授权点建设"零"的突破。1987年9月，开始招收古代文学专业"元代文学方向"首批硕士研究生。

在杨星映先生的积极建议下，学校开始筹备"文艺学硕士点"申报工作。1987年，在杨星映先生的争取下，重庆师范学院获得了第二届全国高校文艺学研讨会的承办权。该次研讨会由北京大学主办，重庆师范学院承办，西南师范学院协办，杨星映先生担任承办方会议组秘书长。中宣部文艺局、《红旗》杂志社、全国40多所高校190余名专家参加了研讨会，这次会议规格高，参会人数多，知名专家云集，在全国引发了热烈反响，提升了学校的社会影响力和知名度，为文艺学学科建设和硕士点申报工作奠定了良好基础。1988年，学校组建了以李敬敏、欧恢章、杨星映、杨从荣为成员的文艺学硕士点申报团队，杨星映先生负责申报工作的材料撰写和送达评审专家。1990年，文艺学专业获得硕士学位授予权，1991年开始招收研究生。

1991年至1995年，杨星映先生担任中文系副主任，分管研究生工作和科研工作，当时的职责主要是健全研究生招生培养管理工作。她把在北大中文系读研时接触到的教育教学理念和管理育人经验，运用到重师中文系古代文学、文艺学专业的培养管理之中。规范导师指导行为，加强导师队伍建设，促进导师队伍可持续发展；建立研究生因人而立的培养计划和各项规章制度，完善研究生培养和管理制度；倡导因材施教，探索提高研究生科研能力的有效途径。在一系列高标准、严要求、精细化、重落实的教学改革和队伍建设中，中文系师生获益良多，教师的科研能力、教学水平，研究生的创新意识都实现了跨越式发展。

　　综上所述，教学、科研、学科建设、研究生培养是杨星映先生事业的四个支柱，撑起了她生命的蓝天，也为学生撑起学术的晴空与梦想。杨星映先生的治学态度、渊博学识与人格魅力就像一座指路明灯，永远照亮学生前行的道路！

2021年7月25日

《中国古代文论元范畴论析》序[*]

党圣元[**]

由杨星映教授领衔撰写的《中国古代文论元范畴论析——气、象、味的生成与泛化》一书，即将由上海古籍出版社刊行面世。付梓之际，杨教授来函命我写序。星映先生是我向来尊重的古代文论、文学理论研究领域的资深学者，她于20世纪80年代初在北京大学中文系研究生硕士学位论文答辩时，先师敏泽先生是其答辩委员会主席，于是她对我向来有学长之风，并且多有学术联系，多年来我从她处所获教益颇多，因而，自然不敢推诿。现仅就我拜读该著书稿之后的感受，谈谈自己的一些浅显看法，权当为序。

多年来，在中国古代文论研究领域，范畴及其体系研究一直受到关注，在学界同仁的努力下，取得了一系列成果，从而有力地推进、深化了中国古代文论范畴研究，乃至整个传统文论研究，促进了古代文论研究的学科发展。同时，古代文论范畴研究还以积极的学术姿态参与了当代中国文学理论核心价值、话语体系的建构，从而间接或直接地影响、促进了当代中国文学理论的学术进程。杨星映教授对于中国古代文论范畴研究具有浓厚的学术兴趣，多年来一直关注、参与这方面的研究和讨

---

[*]《中国古代文论元范畴论析——气、象、味的生成与泛化》，杨星映、肖锋、邓心强著，上海古籍出版社2015年8月版。

[**][作者简介] 党圣元，现为中国社会科学院研究员、中国社会科学院大学文学院特聘教授、陕西师范大学人文社会科学高等研究院特聘研究员。

论，所发表的一系列研究成果也颇有新意，并且引起学界同行的关注。即将出版的这部《中国古代文论元范畴论析——气、象、味的生成与泛化》专著是由杨星映教授设计、论证、申报的一项重庆市社会科学规划项目的最终成果，并且由她领衔，与弟子肖锋、邓心强等合作撰写而成，师生通力合作，精心结撰，允为美谈。笔者认为，该著是近年来古代文论范畴研究方面的一项创新性学术成果，其出版将给传统文论范畴研究带来新的活力，并且有力地推动传统文论范畴研究的学术进程。

关于传统文论范畴之核心及其体系生发，杨星映教授有自己的看法，她认为气、象、味三个元范畴的发生、衍变及其相互渗透、交融及泛化，形成了中国古代文学理论的核心范畴和范畴群，并且构建起了传统文论具有自身学理结构的主干网络体系。她还认为，传统文学理论批评及其范畴体系是中国古代辩证统一的直观整体把握思维方式的产物，具有直觉体悟、体味品评的特征和以象喻评论分析的言说方式，体现出一种具象与抽象统一、体验与概括相结合的特点，此与西方建立在知性分解基础上以抽象的范畴概念构建理论体系形成明显的不同。星映教授还认为，中国古代文论的学理结构是以元范畴→核心范畴→范畴群构成网络，来表述文学的规律及有关的原理原则。而气、象、味元范畴及其网络是中国古代文论网络体系中最主干的网络，研究气、象、味的发生、衍变及相互的渗透、交融及泛化，也就是研究古代文论范畴在理论指向和审美诠释方面的多功能性、所具有的较广的内容涵盖面和阐释界域，在理论视阈方面体现出的交融互摄、旁通统贯、相浃相洽的特点，及中国古代文学理论的学理结构、思维机制与民族特色。应该说，这一认识对于古代文论范畴研究具有重要的理论意义和实践意义。我们知道，以往对于古代文论范畴的研究是分散的、"各个击破"式的，而对主要范畴间的相互渗透、沟通、派生的梳理及范畴网络结构的事实性描述则少有具体研究成果；宏观抽象论证多，从系统性、生发性、衍生性、阐释性的角度将"气""象""味"三大范畴进行梳理、整合，研究其衍变和泛化者少。此外，在结合古代思维方式和古代文化深入细致地探讨古代文论范畴的生成、衍化方面做得也非常不够。针对以往研究中的这些不足，该著在这些方面作了比较深入的研究，故而在古代文论范畴研究方面取得了较大的学术突破，其对于阐述古代文论范畴概念的结构特点和学理特征，对于促进中国古代文学理论批评史学科的发展深化，乃至对于古代文学、文艺学的研究和教学，均大有裨益。

该著共分为三编九章，另有"前言"与"结语"。在20世纪90年代中后期，笔者曾经对传统文论范畴和体系及其特征作过一番研思，并且通过几篇学术论文阐述了自己的一些不甚成熟的学术见解。现在拜读星映教授等的这部专著，其中对于传统文论范畴、体系结构及其成因的一些认识，可谓是深得我心，对于启发我今后进一步体认传统文论范畴和体系特征，及其理论言说方式，大有裨益。笔者认为，书中的研究和学术见解，有如下几个方面值得充分关注与肯定：

第一，对于气、象、味范畴之根基——中国古代思维方式的阐述。思维方式是一个民族观察和反映世界的根本方法，它决定着该民族的文化形态和精神生产的特色，当然也决定着该民族文学理论的建构。该书著者认为，辩证统一的直观整体把握思维方式是中国古代文化的根基，因而着力论析了中国古代思维方式产生形成的自然基础和社会基础、中国古代思维方式的特点及对中国文化和理论思维的影响，并进而阐述了其对中国古代文学理论的影响。

第二，对于气、象、味范畴生成和泛化的哲学基础的深入研究。我们知道，中国古代文论范畴往往源于中国哲学范畴，是由哲学范畴转化衍生而来，而这些哲学范畴衍变为文论范畴后，这些文论范畴在其后的演化过程之中，其内涵外延往往随着作为其母体的哲学范畴的发展变化而相应地拓展自身，由此而形成了中国古代思想文化史上文史哲理论范畴相互交织、相互扭结、相互重叠、相互借用、相互影响、相互伴行、相互贯通的独有现象。该著通过对气、象、味在传统哲学中的发展历程的梳理，对其内涵、外延的变化做了总结陈述，即论证了哲学气、象、味范畴的逻辑认知起点、中心内涵的确立，论述了从先秦到汉唐至宋元明清哲学气、象、味范畴内涵外延的变化和发展，并且在此基础上通过细致的过程考察，清晰地展示了气、象、味从哲学范畴演变为文论范畴的衍生过程和批评实践，从而揭示出了文论范畴气、象、味所具之深厚的哲学基础。

第三，对于文论范畴气、象、味在魏晋六朝时期形成情形的考察，对于气、象、味范畴内涵与外延的细致梳理和深入诠释。魏晋六朝时期是传统文论范畴创生的自觉时代，因此该著对于魏晋六朝时期气、象、味如何从古代哲学范畴向文论范畴转化衍变给予了特别的关注。作为文论范畴的气、象、味，实际上是在魏晋六朝时期通过具体的批评实践而得以确立和成熟的，这既是先秦以来哲学思想、文学思想发展的必然趋势，也是这个时期活跃的思想文化氛围使然。玄学、人物品藻、佛学以及当时的文学创作实践等在促使哲学范畴向文论范畴转化，在文论范畴气、象、味的审美意涵衍生、拓展的历程中，都起到了极大的促进、催化的作用。该著在这方面进行了比较深入细致的考察与分析，著者以大量批评史料充分论析了气、象、味范畴及其衍生概念的创生、演化、流布情况。同时，著者还对气、象、味作为文论元范畴如何确立、如何通过相互渗透交融而派生和衍变出各自庞大的范畴群和概念家族，对它们的定义和功能与批评指向，做出了较为清晰的阐发。这在研究的广度与深度上取得了较大的突破，确实可以将文论范畴气、象、味的生成演化过程和内涵诠释方面的研究向前推进一步。

第四，对于中国古代文论范畴的特征和体系结构之总体性勾勒与描述，以及阐述影响古代文论范畴和体系特征呈现的深层原因。尽管气、象、味不等于传统文论元范畴之全部，但是对于传统文论元范畴生成、内涵及特征的研究而言，它们无疑具有典型意义和代表性。该著通过对"气""象""味"范畴的形成和发展、其内涵外延的辨析，实际上直接或间接地揭示和论析了古代文论范畴的感悟与分析交互为用、具象与抽象统一、确定性与多样性并存，以及具有模糊性、包容性、延展性、浑融性等特征。此外，书中还通过"气""象""味"的泛化来论证了中国古代文论的体系结构是由元范畴推衍出基本范畴即子范畴、核心范畴，再互相交融而衍生出许多范畴概念群，从而经纬交织、整体贯通，形成一个有机统一的梯形范畴网络，这对于揭示古代文论范畴概念群及其特点也是非常有意义的。

我们知道，范畴是思维的逻辑形式，不同的思维形式具有不同的逻辑形式即不同的范畴系统；范畴是对研究对象性质和特征的概括，范畴之间的联系即范畴的系统反映了事物的联系与规律，特定的范畴系统构建了特定的学科的体系结构。中国古代文论与西方文论之间最大的文化差异和理论形态之不同，在于中国古代文论是中国传统对立统一、即体即用的整体有机把握思维方式的产物，形成自身的范畴脉络和结构体系；而西方文论则是一味地以抽象的范畴概念构建理论话语体系，以逻辑推演、二元剖分、反复颠覆毁裂为方式方法，后出者通过否弃前在者建立自己话语的合法性依据。又，中国传统文论讲求理论批评与创作处于同一场域之内，场外征引往往是批评之禁忌，这实际上意味着理论批评要注重在体验的基础上进行概括提炼，传统文学批评与文论范畴之言说方式和理论形态的呈现，正与这点相关。中国古代文论范畴之间存在着相互渗透、相互沟通的关系，再加上因为理论视角融合、交汇而由两个或两个以上的单个范畴组成复合范畴这一特点，便出现了一系列范畴与范畴家族，即由一个核心范畴统摄众多范畴、概念、命题的范畴群，不同的范畴群之间又存在着相互交融、相互渗透、相互勾连的关系，从而构成传统文论的整个范畴网络，这个网络便是中国古代文学理论的体系结构，其中若干范畴群便是若干个大的理论阐释系统，中国古代文论的学理结构主要就是通过此而体现出来的。上述这些，在该著中得到了较为充分的揭示，笔者认为，这实际上就是对传统文论范畴网络系统和逻辑关系的解析，是对中国古代文论学理原则和体系结构的剖析，更是对传统文论民族特色所作出的符合实际的准确诠释。

该著在研究方法方面也有所创新，主要体现在以下几个方面：一是微观与宏观结合，训诂考据、史料梳理与理论阐释结合，使理论阐释建立在丰厚的资料基础上，从而使书中的阐述更具说服力。二是哲学研究与文论研究结合，使文论气、象、味的范畴的来源、衍变过程更加清晰可辨，使文论气、象、味范畴内涵外延的变化更易于理解把握。三是运用比较方法，通过比较中西思维方式、中西文论范畴特征、中西文论学理原则和体系结构等方面的文化差异，来彰显中国思维方式、中国古代文论的民族特色和理论成就。四是注重理论批评与创作实践的视界融合，通过大量例证来说明文论气、象、味范畴是如何在创作实践中衍变并被不断提升。这是因为，理论是实践的总结和升华，创作实践是理论产生和发展的基础和土壤，传统文论范畴是在传统文学的土壤中发芽、分枝、开花、结果的。五是注重传统诗文评、画论、书论、乐论等的会通研究，将诗文评中气、象、味的范畴的衍变泛化与其他艺术门类中气、象、味范畴的衍变泛化相互比较、相互印证。笔者认为，这方法在传统文论范畴研究中，尤其值得提倡。

笔者一直认为，通过梳理中国古代文论范畴、概念、术语、命题系统，来挖掘中国古代文论的深度学理结构，应该是当下古代文论研究的主攻方向之一。它是揭示传统文论的内在逻辑和理论言说方式之根本途径，有益于总结、提炼传统文论的理论思维机制和美学精神，彰显传统文学理论批评的本土文化特色与成就。而即将面世的这部《中国古代文论元范畴——气、象、味的生成与泛化》著作，从气、象、味等元范畴的发生和泛化入手，力图在以往研究的基础上进一步探讨总结中国古代文论范畴系统，探究中国古代文论的学理结构与民族特色，正可谓是抓住了古代文论研究的主攻方向，因而具有重要的意义，值得学界同仁高度重视之。

党圣元
2015 年 6 月 22 日于京北农禅斋

《世说新语》美学研究的新成果
——杨星映等著《玄韵流芳》刍议

姜军委[*]

内容提要：本文是对《玄韵流芳》一书的评介，对《玄韵流芳》所展现的《世说新语》人物生命之美的审美精神做出了深入的分析和评述，揭示了该书在《世说新语》美学研究领域的创新成就。关于《玄韵流芳》别开生面，对《世说新语》叙事艺术的精辟分析及对后世小说影响的论述，本文也作了切中肯綮的评价和阐述。

关键词：生命意识；审美精神；魏晋玄学；小说艺术

题为刘义庆编撰的《世说新语》是一部反映魏晋士人风貌的笔记小说，对人物、故事的选取重在个体生命情调的品味体悟，对任诞旷达的魏晋风流的颂美张扬。在《世说新语》中，历史事件往往只是背景，着重描述的是人物机智的谈吐、脱俗的品行、漂亮的外表、高雅的风度、旷达的情怀、自由的精神。特别是重点勾勒名人名士的风度神貌、心灵脉动，从而展现其精神气质、人格魅力。明代胡应麟赞曰："读其语言，晋人面目气韵恍惚生动，而简约玄澹，真致不穷，古今绝唱也"，可谓一语中的。

前人对《世说新语》的研究，在晚清至中华人民共和国成立这一阶

---

[*] [作者简介] 姜军委（1970— ），女，教育学硕士，重庆师范大学图书馆馆员，主要从事中国古代文学和文化研究。

段可谓是现代学术的发轫和开拓时期,此时研究的重点主要是考案史实,训解文字,校勘版本和批点评注等工作。20世纪中期以来,《世说新语》的研究走向了现代学术的轨道,其主要标志是理论研究渐趋深入,出现了专题研究的论文和著作,特别是进入80年代,《世说新语》的研究在很多领域都开拓了新的路径。由于这一时期思想领域的开放,西方美学思潮开始传入国内,研究者对该书也展开了美学研究的视角,以宗白华《美学散步》、李泽厚、刘纲纪《中国美学史》(魏晋南北朝卷)为代表,并出现了专题的学术研究论文和学位论文。现今,杨星映先生与两名弟子在这一领域推出了新的研究成果——《玄韵流芳——〈世说新语〉的审美精神》,在《世说新语》美学研究上走出了一条新路。书中所标示的"审美精神",是指《世说新语》所表现的魏晋名士以个体生命的自然形貌为美、以个体自身的才性生命为美的审美意识。魏晋时代是生命之美的美学精神勃发的伟大时代,《世说新语》集中体现了这一时代个体生命之美的审美意识,从而对后世文人的文化精神、审美意识、文艺创作产生了深刻的影响。

该书的书名颇耐人寻味,"玄韵流芳"四个字概括出全书美学研究的核心理念,即魏晋时代以生命为美的审美精神是以魏晋玄学为哲学基础的,此为全书的题眼,体现了作者精心结撰的结构用心。该书研究《世说新语》的人物审美,针对的内容是魏晋时期士人阶层所体现的生命哲思,要解开书中核心要义,首先就应该从"玄韵"入手。《玄韵流芳》第一章从个体生命意识的觉醒切入,说明在长期的战争、瘟疫和社会动乱中,血雨腥风激发了个体生命意识的觉醒,人们对自己的个体生命、生存的意义与价值重新发现、思索、把握和追求,体味感悟个体生命情调之美成为时代风尚,纵情表达个体生命意绪、情感成为社会潮流,并进而上升到对个体的静思玄想的本体探询,以玄思观照自然山水,反思生命的自然本性。这种充满反思性的自由精神,超越时空的局限,在有限的个体生命中追求无限的宇宙本体,从而使得魏晋审美精神具有了宇宙情怀,达致高远的审美境界。对于魏晋士人的审美精神是怎样从生命意识上升转化而来，《玄韵流芳》从道家哲学的理蕴进行了深度的开掘和追索，从哲学层面细加剖析，将魏晋时代的玄理哲思向审美转化的轨迹一一展现出来，从而深刻揭示出魏晋美学的哲学基础在于玄学，魏晋玄学所倡导的"自然观"是贯通士人心灵的精神源泉。由此出发，该书第四章进一步对《世说新语》审美精神的内涵抓取生命情态、生命境界和生命超越这样三个论题，深入阐发了汉魏晋宋时代以玄思为基调的审美精神实质。该书指出，所谓"生命情态"，就是魏晋文人那种外在通脱放达的风神气韵，具体表现为行为上的不拘礼法，任性恣情；"生命境界"，体现那个时代个体意识的觉醒和对生命的热爱，具体表现为放言玄理、恣意山水和举酒高会；"生命超越"，则直接体现了人们清虚自守、况味彻悟，达致宅心玄远的精神寄托。魏晋名士这种心灵超越的自由精神，使得他们能够在自然节序、花草树木中感知世界，感知自我，在主客观浑然一体的凝视中实现对现实的无功利的超越。

《世说新语》中蕴含着丰富的美学思想，是自然美学与人生哲学相结合的典范。《玄韵流芳》作者细致梳理了这些美学思想的发展脉络，作了很多探本溯源的论析，其中最能引人注意的是对影响士人精神的两个基本要素作了精到的分析。其一，作者论到魏晋时期存在的门阀制度，因为这一制度所产生的高门贵族，正是《世说新语》这部书的主角人物。作者在文中指出，《世说新语》所反映的是汉末至魏晋时期贵族阶层的社会意识形态，这一时期已经基本结束了先秦两汉时期美学依附于政教道德的狭隘境界，将艺术审美与魏晋士人的生命意识及个性追求融为一体。要解释清楚这一时期上层社会审美意识的变化，首先就要对产生门阀士族的社会基础有清晰的认识。其二，该书作者重点阐述魏晋时期思想领域盛行的"清谈"风气。"清谈"是从汉末时期开始的，到东晋时期，上至皇族下至寒士以及方外之人，都加入了清淡的队伍。谈玄辩理、服药饮酒、笃信佛道、放情山水，成为当时社会精英们追逐的时尚。鲁迅《中国小说史略》把《世说新语》称为名士的"清谈之全集"，书中记载的文人清谈活动，其特性在于对于玄理的辨析，这里能够显示出时代思想和人格精神的变化，可以看出当时社会上层人士所追寻的主要不是现实功名，而是个体生命的存在以及生命中所透发出来的艺术光环。玄理思辨是从哲学走向艺术的津梁，它直接启发人们认识到对客观事物的审美观照往往表现为对于有限物象的超越，审美活动离不开具体物象，但又不受具体物象的局限。与此相对应，玄学清谈的"有无""形神""才性"等一系列命题以及言、象、意关系理论，也为艺术审美提供了理论基础。从文艺创作和审美角度来讲，玄学理蕴已经呈现艺术形象的审美特征，玄学论辩致力探讨如何用有限的语言去塑造虚实相生的形象，获得含诉不尽的无穷意蕴，这正是艺术创作所追求的最高境界。

  《世说新语》在小说艺术上有较高的成就，从文体研究的角度来说，《世说新语》属于轶事小说，它的体制是在汉代举士制度影响下孕育发展起来的，因此这类作品内容的历史现实性很强，书中记人记事采用的也多是实录手法。大概正是出于这一认识，学界研究《世说新语》的人物轶事，一般都注重历史的实证性研究，这样的研究自然也取得了重要的成绩，但是也避免不了会带来一些偏失，有的论著注重罗列材料，而在阐释和解说上却较为通泛宏观，往往会忽略细节的微观分析。《玄韵流芳》作者在《世说新语》研究上采用的是美学研究的微观视角，书中大量引用文本资料，对很多问题都有超越前人的深入开掘，尤其在小说艺术的研究方面，该书作者做出了重要的学术贡献。从小说表现手法来看，《世说新语》刻画人物往往通过富有特征的言行或典型细节，将笔下的人物放到特定的生活场景中来加以凸显。鲁迅先生《中国小说史略》中称该书"记言则玄远冷隽，记行则高简瑰奇"，依此形成全书清通简淡、空灵玄远的风格。语言的"玄远冷隽"能够凸显人物的智慧，行为的"高简瑰奇"表现人物的超尘拔俗，历来的文学史书写也都注重《世说新语》的语言和刻画人物的方法，这方面的研究似乎已经再也没有新径可图。然而令人感到新奇的是，《玄韵流芳》一书对《世说新语》文本结构的研究却独辟蹊径，在小说叙事的研究上开拓出全新的角度。在该书的第三章中，作者认为人物描写是"志人小说"《世说新语》的重心所在，人物的语言、智慧、风神、格调等是作者描写的重点。对语言风格，作者不仅揭示了《世说新语》人物语言简约玄澹、机智幽默的特点，同时又围绕《世说新语》与人物品鉴"象喻批评"的关系，揭示了该书刻画人物性格的语言魅力，显明其理性与诗性相结合的思维方式。值得注意的是，《玄韵流芳》作者对于《世说新语》的叙事艺术，并没有停留在一般的人物形象、个性特点及语言分析的老话题上，而是对小说"分类开放式"的叙述结构展开分析。书中围绕全书故事文本的人物选择，分出独立人格、群体人格、异化人格三类，不同类别人物的划分都基于人的精神世界特点而定，依此围合成小说人物的主体精神存在。依作者所见，所谓"独立人格"，即不臣服于政治和精神权威的个体生存状态；"群体人格"是在儒家思想带动下所形成的精神取向，具备"美德"与"事功"两个基本质素；"异化人格"是在强大的社会现实压力下形成的人格变异，但这种变异并非趋于一端的线性发展，而是具有矫枉过正、行事极端的多面性的性格特质，相比而言，这类人物更能够令人全面地认识到当时贵族士人的真实面目。在分析《世说新语》人物的主体精神特点之后，作者又把着眼点移至全书的叙事结构之上，重点展开人物、事件组合方式的研究，作者的思路在这里迸发出很多创新的亮点。就文学文体的特点来说，《世说新语》的文本结构不同于近代意义上的小说，其特征不是沿着故事线索展开，而是按照内容分类的结构方式来加以组合。《玄韵流芳》第三章介绍了《世说新语》的编撰体例，其中分析到《世说新语》独特的叙事结构。作者认为该书叙事之所以能够将庞杂的人物及历史事件，盛装在有限的篇幅当中却又不显得杂乱，其成功的妙处即在于全书安排的"点、线、面立体交叉的叙事结构"。所谓"点"的叙事，即锁定人物特定的言行，凸显人物的精神风貌；"线"的叙事是贯穿在人物片段式的事件中所呈现的一条主线，它能够将人物独立人格的形成和发展过程连为一体；"面"的叙事就是将《世说新语》不同人物的相关事件合成一个整体，分别展现其间的内在勾连，让阅读者清晰认识到全书是由36个门类所围成的人物群体。作者对小说叙事结构特征的分析之后，接着又围绕点、线、面三个维度，深入分析了隐含在文本叙事中的起伏、曲折、反转和新奇等艺术手法，由此形成全书立体化的网状叙事模式。本书作者在这里所开辟的话题给人以全新的感受，文中析理透彻，见解独特，体现出作者睿智的洞见和精深的学理辨析能力。

《世说新语》在我国小说发展史上占有重要的地位，作为"轶事小说"的代表，它对后世文言小说、小品文的创作都产生了深远的影响，形成"世说体"，在文学史上不仅确立了一种新的文体，实际上也开创了一种新的格局。《玄韵流芳》的第五章为"《世说新语》的美学启示"，其中有专题论述《世说新语》与后世小说的关系，作者在文中以蒲松龄的《聊斋志异》为例，分析《世说新语》在叙述方式和语言体式上对后世传奇和笔记小说的影响，作者指出三个方面的关联性，即作品的写意性、语言的简约性、刻画人物的"白描"手法，这些特点在后世文言小说中都有血脉赓续。实际上，《世说新语》对后世文言小说的影响远不止《聊斋志异》一部书，唐代以后的小说创作，多有承接《世说新语》的创作体例者，例如，唐代王方庆的《续世说新语》、刘肃的《大唐新语》等，都是直接学习《世说新语》小说笔法而写成的。此后，宋代王谠的《唐语林》、孔平仲的《续世说》，明代瞿佑的《剪灯新话》、何良俊的《何氏语林》、李绍文的《明世说新语》、焦竑的《玉堂丛话》，清代吴肃公的《明语林》、章抚功的《汉世说》、王晫的《今世说》等，也都延续《世说新语》的写作手法，在语言风格上也都具有简澹、隽雅的特点。

综观《玄韵流芳》对于《世说新语》审美精神的研究，作者采用了文、史、哲相结合的方法，高屋建瓴地审视和切入魏晋时代的历史现象和哲思玄理及文艺创作，从中探讨生命意识和审美意识的产生。作者本着"论从史出""史论结合"的原则，驾驭史料能够博观约取，诠析学理能够探奥钩玄，书中的阐述能够紧贴文本的分析来下结论。在具体问题的论证中，作者采用的不是理论推演，而是史实和资料的印证，却没有堆叠之感。

回顾近代以来学界对《世说新语》的研究，主要是从历史、哲学和文学史的角度展开的，从美学角度对《世说新语》的研究尚不显充分和完整。令人欣喜的是，《玄韵流芳》一书的出版给美学研究增添了一份新的成果。该书以新颖的立意、翔实的论证和简洁的文笔，全面阐释了《世说新语》以生命为美的审美精神，既体现出厚重的历史感，又体现了精深的学理性。《玄韵流芳》一书自 2019 年 7 月出版以来已有近两年时间了，这本朴素的著作也许并不能博得鲜花和掌声，在世人的眼目里它也不会取得显赫的声望，但是它从问世以来却一直默默地辗转于学人之手，厚馈学子，润物无声。我们在仔细品读这部书之后应该感谢作者，因为该书不仅是一部精心结撰的学术精品，它实际上更像是一部人生图卷的哲理解读，全书以其清美的格调和高雅的趣味，引导生活在当今时代的人们虚其心志，静默自守，以轻松心态走向人生自我超越的审美之途。

杨星映先生学术年谱

肖 锋[*]

1945年6月，出生于四川省长宁县。

1963年9月入读北京大学中文系文学专业，由于"文化大革命"，推迟于1968年12月毕业，分配至四川省中江县广播站。

1968年12月—1973年1月，在四川省中江县广播站从事编辑和播音工作。

1973年1月—1978年10月，在重庆轻工业机械厂宣传科从事理论教育和宣传工作。

1978年10月，考回北京大学中文系进修班学习。

1979年报考北京大学中文系文艺学研究生，当年9月入学，跟随导师杨晦先生、吕德申先生学习。

1981年，在《学术月刊》（1981年第8期）发表论文《怎样理解马克思对人性的论述》。文章引用马克思的经典论述，充分论证了阶级社会中的人性是带着阶级性的人性，是当时具有代表性的正确观点，后被收入中国社科院哲学所编辑的论文集《人性、人道主义问题讨论集》（人民出版社1983年3月版）。

1982年7月，从北京大学毕业，获得文艺学硕士学位。当年12月，分配至重庆师范大学（当时名称为重庆师范学院），在中文系（现文学

---

[*] [作者简介] 肖锋（1976— ）男，文学博士，中国传媒大学人文学院教授，博士生导师，从事文艺批评研究。

院）文艺理论教研室工作。

1982 年，在《红楼梦学刊》（1982 年第 3 期）发表论文《脂砚斋论人物塑造管窥》。

该文由先生的硕士论文《中国古典小说批评中的人物塑造理论》中的一部分修改而成，从脂砚斋论人物形象的生动性、真实性、丰富性及人物刻画的艺术手法方面总结了脂评的理论成就。先生在该文中指出：过去的红学和红楼梦研究只从脂评中去研究和考证作者身世、写作情况、人物结局和情节线索等，是远远不够的，脂评中包含了丰富的小说理论和艺术美学，我们更应该从中国古代小说理论发展史的角度总结脂评的成就。

1982 年，在《北京大学学报》（1982 年第 4 期）发表论文《马克思恩格斯对西方典型理论的批判继承和发展》。

这是先生研读马列文论的收获，系统总结了马克思、恩格斯对西方典型理论的批判继承和发展，收入人民文学出版社编辑的《马克思恩格斯美学思想论集》（人民文学出版社 1983 年 2 月版）。该文的突出贡献在于论证马克思、恩格斯抓住了典型问题的核心：典型的共性是人物的社会阶级本质，在典型理论的发展史上科学地说明了典型共性的内涵。该文指出，马克思、恩格斯吸取了西方典型理论中关于共性与个性相统一的辩证思想，尤其强调通过个性表现共性。这是先生继《怎样理解马克思对人性的论述》中对马克思关于人的社会阶级本质的认识的进一步发展。

1983 年 9 月，先生的硕士论文《中国古典小说批评中的人物塑造理论》的摘要入选《北京大学研究生硕士论文摘要汇编》（文科版）。

《中国古典小说批评中的人物塑造理论》重点考察总结元代以来，特别是明清小说评点的人物塑造理论，对于破除学术界过去认为小说评点没有理论价值的观点起了积极作用。在答辩中，该学位论文获评优秀，得到答辩委员会主席侯敏泽先生的充分肯定与赞扬。导师杨晦对此亦给予充分肯定，对论文十分欣赏。先生的学位论文自 1982 年毕业后一直放在杨晦先生写字台上，杨先生经常翻阅，直至1984年生病逝世。先生一直精心保存着杨铸（杨晦先生小儿子）送的杨晦先生（1984年）坐在书桌前的彩色照片，他的面前正摆放着先生的学位论文。

1984年5月，先生的硕士论文《中国古典小说批评中的人物塑造理论》的主要部分——《中国古典小说批评中的人物塑造理论初探》，发表于北京大学中文系主编的《中国文艺思想史论丛》（论文集）第一辑（北京大学出版社1984年5月版）。

1986年，在《重庆师范学院学报》（1986年第6期）发表论文《刘辰翁在中国古代小说批评史上的地位》。

该文系先生为重庆师范学院中文系开设选修课《中国古代小说理论》所取得的新成果之一。刘辰翁是由宋入元的文学家批评家，是中国小说批评史上第一个运用评点方式批点志人小说《世说新语》从而对后世小说评点产生了重要影响的人物。先生在其硕士学位论文中就对他开小说评点之先河的功绩作了论述，答辩中曾得到敏泽先生的肯定。在教学过程中，先生继续精耕细作，终推出该研究硕果。该文不仅总结了刘辰翁在人物刻画、语言运用、情节构设等方面辨析小说与历史的功劳，而且指出了他认识到小说与现实生活有联系的重要价值。先生对刘辰翁小说评点的研究在当时具有开创性，产生了很大反响，曾得到安徽师范大学学者的响应，也成为学院申报元代文学硕士点的重要学术支撑。

1987年8月，论文《民族化与开放性：改造现有文艺学体系的突破口》收入全国高校首届文艺学研讨会论文选集《当代文艺学探索与思考》（高等教育出版社出版）。

全国高校文艺学研讨会是在国家教委倡议下，国家教委社科发展中心、北京大学、中国人民大学、北京师范大学发起和出资，地方院校承办，众多高校参与的研讨文艺学重大理论问题的学术会议。该会第一届由北京师范大学主办、海南师范学院承办，于1986年12月2日至9日在海口市举行，讨论了关于文学的主体性等一系列重要理论问题。先生提交的该文，强调改造现有文艺学体系要从继承民族理论遗产和吸取西方现当代文学理论入手。

1987 年，在《重庆师范学院学报》（1987 年第 3 期）发表论文《中西典型理论比较论纲》。

这是先生在研究西方典型理论和中国古代典型理论基础上所做的比较研究，后为《高校文科学报》摘登。

1991 年，在《重庆师范学院学报》（1991 年第 2 期）发表论文《从〈文心雕龙〉看古代小说观念的演变》。

该文系先生在为重庆师范学院古代文学研究生讲授古代文论的过程中的研究成果，梳理了《文心雕龙》的一些篇章与古代小说观念（内涵与外延）的演变之关系问题。

1991 年 8 月，参编的西南片区高校文学概论课函授教材《文学基础理论》，由贵州民族出版社出版。

该书由重庆师范学院欧恢章教授领衔主编，重庆师范学院、贵州民族学院等高校部分文艺理论教师参编，先生参写了第二章《形象、意象、意境、典型》。该章中将意象、意境作为文学形象的特殊形态的做法，在全国文学概论教材中具有开创性。

1992 年 9 月，参编的《明清小说鉴赏辞典》由浙江古籍出版社出版。

该书由何满子、李时人主编。先生撰写了《聊斋志异》中《侠女》《连城》《绿衣女》《席方平》四篇赏析文章。在分析作品的思想艺术时，这些文章有三个突出特点：第一，将其放置于中国古代小说发展的历史中，如分析《侠女》联系司马迁史传文学的影响，分析《连城》联系唐传奇和《牡丹亭》；第二，运用清代小说评点的一些精彩点评展开分析；第三，注重语言运用，既鞭辟入里又文采斐然。因此，这些文章既有思想深度又引人入胜。

1994 年，与函授生卢开运合作撰写论文的《试论中国古代文论的形态特征》在《文艺理论研究》1994 年第 2 期发表，中国人民大学报刊复印资料《文艺理论》（1994 年第 6 期）全文转载。

在给本科生和函授生讲授中国古代文学批评史课时，先生曾根据自己的研究，着重强调中国古代文学理论的形态与西方文论的不同，并对中西文论形态作了比较。函授生卢开运据此选题写作毕业论文，先生指导他从表述方式、篇章结构、语言特色三个方面探讨了古代文论的形式特征，并从哲学和传统文化、民族思维方式、创作实践三个方面挖掘了古代文论形态的成因。先生在讲课和该文中都特别强调古代中国人对世界的直观整体把握的辩证统一思维方式所起的巨大作用。

1994年，在《重庆师范学院学报》（1994年第4期）发表论文《诗言志——毛泽东的诗学观点和创作实践》。

该文是先生参加毛泽东文艺思想研讨会提交的论文，在《毛泽东文艺思想》（中国毛泽东文艺思想研究会会刊）第10辑选登。该文以中国古代"诗言志"的诗学观点切入，从毛泽东的革命生涯解析他的诗词的思想和艺术。

1995年8月，主编的教材《文艺学基本原理》由重庆出版社出版。

该书是重庆师范学院文艺理论教研室承担的原四川省《文学概论》重点课程建设项目，由先生提出详细的编写纲目，教研室同仁集体讨论，分章撰写。先生担任主编，指导写作，全书统稿。该书是以马克思主义文艺思想为指导，系统阐述文学基本原理和介绍文学基础知识的教材，内容包括文学作品的构成、文学的本质与价值、文学的起源与发展、文学文本的创作过程、文学文本的接受五大部分，力求全面涵盖人类文学活动诸方面的特点和一般规律。先生担任绪论《文学理论的研究对象和方法》、第一章《形象、意象、意境和典型》、第二章《题材、情志、主题、意蕴》的撰写。该书纲目沿袭了我国过去教材通用的五大板块：作品论、本质论、发展论、创作论、接受论，但又吸收了现代西方文学理论和中国古代文学理论的研究成果，使其更为科学、丰富。该书是在全国掀起教学改革、自编教材高潮之中涌现的一本兼具文学理论品格的教材，具有自身的理论体系，在一定深度和广度上反映了理论研究与创作实践的新进展，具有相对稳定性，深入浅出，使学生循序渐进，学以致用，在教学中受到学生广泛欢迎。出版后，该书成为重庆及川东地区七所高校的教材，先后荣获校级优秀教学成果特等奖（2000年12月）、重庆市优秀教学成果一等奖（2001年12月）。

1996年5月，专著《中国古代文学理论批评纲要》在重庆大学出版社出版。

该书于1999年10月出修订版，敏泽先生作序。该《序》认为该书的"纲目选取、列举得都比较恰切、得体，具有代表性，说明了作者不仅对我国文学理论批评史的整体理解和把握是比较深入而全面的，而且善于钩玄提要，选取并抓住它的要害和精粹"。对于作者采取的点、面结合，史、论兼顾的方法，敏泽先生给予了充分肯定，"认为是选取得很好，并且运用得比较成功"。敏泽先生还肯定了该书的创新性，指出"从全书的整体经营和规划，到具体的论述和剖析，都常能独出机杼，时见新意"。该书后荣获重庆市第二届社会科学成果三等奖（2001年5月）。

1996年，在《重庆师范学院学报》（1996年第3期）发表论文《"风骨"管窥》。

这是先生参加《文心雕龙》研讨会提交的论文。文章立足"文之枢纽"的《原道》等前五篇分析《风骨》篇的基本思想，又从其基本思想和南齐特定的社会文化背景分析《风骨》篇的文化内涵，再进一步推导出《风骨》篇的审美内涵。

1996年，在《重庆师范学院学报》1996年增刊"高师教育教学研究专辑"发表论文《稳定与变革的统一———文艺学教材编写的辩证法》。

该文认为，文艺学教材应当兼具文学理论的品格和作为基础课教材的品格，既要保持基础理论和基本知识的稳定性，又要反映文学理论的新发展。先生以自己主编的《文艺学基本原理》为例，说明继承传统的文艺学五大板块的理论体系，并借鉴西方现代文学理论和中国古代文学理论对之进行改造，大胆突破、创新，是做到稳定与变革统一的关键。

1998年，在韩湖初、陈良运主编的《古代文论名篇选读》（中国书籍出版社1998年7月版）中撰写陆机《文赋》的注释和评述。

1998年，在《重庆师范学院学报》（1998年第4期）发表论文《古代文论范畴溶入当代文艺学的探索》，中国人民大学报刊复印资料《文艺理论》1999年第4期全文转载。

该文从文学理论研究对象的特殊性和古代文论范畴的包容性论证古代文论更切合文学的具象特征，更切入对审美规律的把握，因此，吸取古代文论范畴的优点和长处，将其融入当代文艺学是必要的急需的。同时，作者以自己主编的《文艺学基本原理》将古代文论范畴"意象""意境""情志"引入文学理论的实践，证明古代文论融入当代文学理论的可行性。

1999年，在《苏州大学学报》（1999年第1期）发表论文《灵感与高峰体验》。

该文针对许多论者将灵感与高峰体验混为一谈的现象立论，认为灵感与高峰体验是艺术创造活动中的两种不同心理体验，并详细论述了二者的差异。

2000年，在《文艺理论与批评》（2000年第1期）发表论文《开启理论宝库的钥匙——杨晦先生治学方法的启示》。

这是为纪念导师杨晦先生百年诞辰而写的论文，对杨晦先生治中国文艺思想史的方法论作了系统的总结阐述。文章认为方法论其广义指根本思想、指导原则，其狭义指具体的研究方式、途径。杨晦先生研究中国文艺思想的根本思想、指导原则是马克思主义的历史唯物主义和辩证唯物主义，其具体表现便是他著名的"自转"与"公转"说。杨晦先生用地球与太阳的关系来比喻文艺与经济基础的关系：文艺既有自己运行的规律——自转，又无法摆脱经济基础这个太阳强大的吸引力，要按照一定的轨迹绕太阳公转。杨晦先生认为："我们研究文艺思想，不仅要研究它'自转'的规律，研究它自身发生发展的历史承继关系；而且要研究它的'公转'规律，从人类的物质生产实践中去探求它的终极原因。"杨晦先生将这一方法论运用于中国文艺思想史、特别是中国早期文艺思想的研究，通过对历史典籍和考古资料的分析，具体说明了审美意识的萌生和文艺的起源与人类物质生产的关系，充分验证了"自转"与"公转"的统一。文章还从六个方面总结了杨晦先生的具体研究方式、途径，极具指导意义。该文后收入《中国新文论的拓荒与探索——杨晦先生纪念集》（北京大学中文系文艺理论教研室编），北京大学出版社 2001 年 7 月版。

2000 年 2 月，论文《刘勰以"味"论文评诗的理论价值》收入中国《文心雕龙》学会编的《论刘勰及其〈文心雕龙〉》（论文集），由学苑出版社出版。

该文从滥觞于两晋六朝、成熟于唐宋的中国古代意境理论切入，对这一发展过程中刘勰《文心雕龙》对诗歌之"味"的论述作了梳理，对其形成诗歌意境及意境理论的承上启下之功绩给予了充分肯定。

2001 年，教学论文《关于 21 世纪高等师范教育文科教学改革的设想》入选李禹阶主编的《强化素质教育，迎接时代挑战》，由西南师大出版社出版。

这是先生参加学校教务处组织的高等师范教育教学改革设想的讨论文章，主要从四个方面论证：课程结构——博与专结合、教学内容——博简精配置恰当、教学方法——知识整合与创新思维开发、实践能力培养——审美与思辨并重。

2001 年 8 月，专著《小说艺术的奥秘——小说文体学》在重庆出版社出版。

先生曾给本科生开设中国古代小说批评史课，给研究生开设西方叙事学课，综合两方面的研究，形成关于小说文体体系的认识，又给研究生开设小说文体学课，并写作此书。此书的特点正如杜书瀛先生《序》中所说："融合中西文论、紧密联系创作实践、集逻辑实证与审美描述于一体。"杜先生指出："她对中国古典文体学、小说理论批评与西方叙事学、小说文体学理论的吸取决不生搬硬套，而是精心选择、反复咀嚼，然后有机融为一体，建构自己的包括叙事方式和语言体式的小说文体学。""如果说对叙事方式的论析较多地吸收了他人的成果，语言体式的论析则多作者自己的创意。尤其是'审美变异'部分，借鉴俄国形式主义'陌生化'理论,透辟地说明了普通语言何以变成审美的小说叙述话语,从而形成小说语体,颇多创见。这是全书写得十分精彩的部分。"杜先生又指出:"密切联系创作实践是本书又一大特色。这不仅表现在作者提出理论观点、理论原则时常常佐以作品例证的细致分析……;还表现在作者对中西小说文体从萌芽、形成到成熟、发展的历史形态梳理得缜密全面,言之有据。书中例举的代表性作家作品,看似信手拈来,实则选择精当;而且古今中外,涉及面广。特别是对中国20世纪小说文体的三次嬗变,联系众多作品,论证充分,分析透辟。"杜先生还指出该书的第三个特色是:"严密的逻辑实证与文采斐然的审美描述。该书从小说性质、特征、功能,到小说叙事结构、语言体式的辨析,层层推进,环环相扣,论证缜密充分;而对所例举作品的分析又采用审美描述的方式,其描述往往精当而富有文采,引人入胜。"

2001年10月,应学校申博工作要求,报考中国社会科学院研究生院博士研究生,后跟随杜书瀛先生在职学习。

2002年,论文《因材施教,开发潜能——研究生培养方法论》入选黄翔等主编的《论跨越式发展的研究生教育》,重庆出版社出版。

随着学校研究生教育突飞猛进地发展,学校研究生处与学位办组织了关于研究生教育的探讨总结,并将导师们的研讨文章汇编成书。先生从培养方法的角度,总结了自己十多年培养研究生的方法论,总的来说是16个字:因材施教,开发潜能,扬长补短,提高素质。文章从培养计划的因人而定,读书训练、科研训练的因材施教,细致地梳理了培养过程。

2002年,在《西南师范大学学报》(2002年第6期)发表论文《刘勰论"味"蠡测》。

这是先生对《文心雕龙》论"味"的进一步抉发。该文认为刘勰对"味"的论述影响中国古代诗歌创作追求情景浑融、情意无穷的审美建构和广阔深邃的艺术境界,也影响诗歌批评探讨总结诗歌意境的审美特征,是中国诗学意境理论发展过程中十分重要的一环。该文全面梳理《文心雕龙》18 处论"味"的含义，更强调刘勰对"隐"的论述，认为"隐"的表达对"味"的产生起了重要作用："'隐'的表达产生'味'，'味'即情意的含蕴丰富，体会不尽。'隐'是将情感蕴含在艺术形象即景物描写中，通过言外之意委婉传达，达到'物色尽而意有余'。"

2002 年，在《西南民族学院学报》（2002 年第 12 期）发表《切换与对话、整合——20 世纪文学理论的回顾与前瞻》。

世纪之交，面对"全球化"的对话时代，西方文学理论的大量涌入，中国古代文论学界、文艺理论学界对于中国文论是否失语、中国文论向何处去展开了热烈的讨论。先生从对中国 20 世纪文学理论的回顾与前瞻的角度参与讨论。文中强调深入发掘整理、准确阐释转译、大力普及推广中国古代文学理论，并在此基础上将西方文论、古代文论、当代文论的理论范畴、表述方式、体系建构加以比较，择优组合，融会贯通。

2003 年，在《文艺理论与批评》（2003 年第 3 期）发表论文《重建中国文论话语与古代文论的"现代转换"》。

针对对中国古代文论能否融入现代文论的质疑，先生从古代文论理论范畴的特色论证继承古代文论的必要性，从古代文论的"现代转换"论证了古今文论融会贯通的可行性。同时，对古代文论的"现代转换"即古代文论现代阐释的原则和方法进行了论析。

2003 年，论文《在全球化背景下的区域文化与文学》，收入靳明全主编的《区域文化与文学》（论文集），中国社会科学出版社 2003 年 5 月版。

《文学评论》编辑部与重庆师范学院中文系联合举办的"区域文化与文学学术研讨会"于 2002 年 4 月 24 日至 26 日在重庆召开。该文为参会论文，主要是从文化构成的角度批驳了全球化会使各国各民族文化趋同的观点。

2004 年 7 月，于中国社会科学院研究生院获文艺美学博士学位。

2004 年，在《西南民族大学学报》（2004 年第 1 期）发表论文《〈文心雕龙〉的理论体系与当代文学理论体系的比较》。

先生通过对《文心雕龙》的理论体系与当代文学理论体系的比较，说明它们二者的体系建构都反映了人类文学活动的普遍规律即作品、世界、作者、读者四要素及其相互关系，因而具有共同性，可以相互印证；但由于双方在思维方式、术语使用以及表述方式上的不同，二者也产生了差异。正是由于具有共同性与差异性，《文心雕龙》的理论体系才有可能和必然对当代文学理论建设产生积极的影响和作用。

2004年，在《重庆社会科学》（2004年第11—12期合刊）发表《中西文化的异质性与中国古代文学理论批评》。

该文通过中西文化异质性的比较，分析中国古代思维方式的特色及其对文学理论批评的影响，并进而比较中西文论的不同特点，说明我们应在深入把握中西文化异质性的基础上，来寻求文学理论的通约性与特殊性的统一，以建设当代文艺学。

2005年11月，专著《中西小说文体形态》由中国社会科学出版社出版。

在攻读博士学位期间，先生将原《小说文体学》书稿加以重新改写为博士学位论文《叙述的奥妙——小说文体解析》，答辩获优秀。之后又继续修改开拓，以《中西小说文体形态》为名出版。杜书瀛先生认为"这是一本有学术心得、有独到见解的著作"，为其作序。其《序》说："这本新作在对文学文体和小说文体的宏观把握上，又有了更深刻的理论见解。她综合中西文体理论，给予文学文体、小说文体新的界定：文学文体是文学作品文本的体制结构和语言体式，它可分为三个层次，一是作为一种不同于其他文体的语言模式，二是作为作品的体裁和作家的风格，三是作为一种文化存在方式。小说文体则是一种特殊的文学文体，是小说作品文本的体制结构和语言体式。小说作为以语言为媒介的叙述艺术，通过叙述的方式虚拟客观对象世界和人的心灵世界，从而全面反映社会生活和人的感受，正是叙述、特别是对故事的叙述才是小说的本体。""我认为这个界定是科学的，而且是有新意、有创见的。"此外，杜先生对该书在进行小说文体解析时特别注重文本与社会历史文化的联系、内容与形式的联系，对中西小说文体之不同发展轨迹的系统考察，都给予了充分肯定。该专著后荣获重庆市第五届社会科学成果三等奖（2006年12月）。

2006年，在《文学评论》（2006年第4期）发表《评杜书瀛〈文学会消亡吗？〉》。

这是先生为她的博士生导师杜书瀛先生的新著《文学会消亡吗？——学术前沿沉思录》写的书评。2000年秋美国著名学者J.希利斯·米勒教授在北京召开的"文学理论的未来：中国与世界"国际研讨会上，曾扔下一颗重磅炸弹："整个的所谓文学的时代将不复存在"，文学即将走向"终结"！由此掀起有关电子网络时代文学存亡及相关学术前沿问题的论争热潮，北京及全国各地研讨会此伏彼起。短短几年，杜书瀛先生迅速以新著《文学会消亡吗？》对这场世纪之交的论战做出了回应。书评高度评价杜先生以文学是语言艺术，具有独特的内视审美特性，有力地反驳了文学消亡的观点，同时总结了杜著几个突出的特点：开放的宽阔的学术胸襟和眼光、探索与创新的精神、"挖一口深井"的研究和论述方法。

2006年，在《贵州社会科学》（2006年第4期）发表《文章关键神明枢机——〈文心雕龙〉的语言论》。

论文从语言的本体论——对语言文字的来源、性质、功能的论证、文学语言论——对文学语言特征属性、功能作用等问题的阐释、文本语辞论——对文章、文学作品文本中语言文辞使用的具体分析三个方面总结了《文心雕龙》关于语言的论述。

2007年，在《重庆师范大学学报》（2007年第5期）发表《〈文心雕龙〉的"圆"思维》。

先生认为《文心雕龙》中以"圆览""圆照"等"圆……"的方式表达对事物把握的思维方式，是《文心雕龙》的特色与优点。文章从辩证的直观整体把握的思维方式、从具体到抽象的研究方法、审美描述与类比推理相结合的表述方式三方面抉发了《文心雕龙》"圆"思维的特点。

2007年12月，专著《中西小说文体比较》（主编，全书统稿）在中国社会科学出版社出版。

该书是先生和校内比较文学与世界文学教研室邓阿宁教授共同承担的重庆市教委项目"中西小说文体研究"的成果。此项目研究计划的设计和该书写作的指导思想、章节大纲均由先生提出，由先生、邓阿宁教授与所指导的研究生们讨论并撰写，先生负责全书的统稿，并撰写第一章"中西小说文体理论比较"。该书在比较中阐述了中西小说文体发展的共同规律和不同特色，论证了社会文化传统对小说文体的决定作用及小说文体形态的文化机制，揭示出中西小说创作和理论的交流对小说文体变革的影响。先生撰写的第一章对中西小说文体理论的不同发展道路进行了梳理，并对两种理论进行比较：中国以整体把握的方式，紧密扣合文本具体描写进行批评，点到即止、言简意赅，但理论观点也就在其中生发出来，精粹而透辟；而西方的显著特色则是以知性分解的方式，对小说叙事作形式的、结构的、修辞的、文化语境的建构和批评。该著作后荣获重庆市第六届社会科学成果三等奖（2009年2月）。

2008年，在首都师大文学院主编的丛刊《文学前沿》第13辑（《文心雕龙》研究专辑，2008年第1期）发表《从具体到抽象——〈文心雕龙〉的启示》，学苑出版社出版。

该文从《文心雕龙》的思维方式、《文心雕龙》的研究方法和表述方式集中探讨了《文心雕龙》对于文学研究的启示，认为文艺学研究应当从文学现象的历史和文学作品的实际出发，应当对文学进行整体的"圆通"与"圆照"，可以采用审美描述与类比推理相统一的论述方式。

2008年，在《南阳师范学院学报》（2008年第10期）发表论文《中国古代思维方式与中国古代文学理论批评》。

先生认为，中国古代辩证的直观整体把握的思维方式是中国古代文学理论批评的文化"基因"，它决定了中国古代文学理论批评的基本"范式"：直觉感悟、体味品评和以象喻方式类比的特征，具象与抽象统一、概括与体验统一的理论范畴，原始要终与执本驭末相结合的研究方法，审美描述与类此推理相结合的论述方式。

2008年，在《重庆师范大学学报》（2008年第5期）发表《中国古代小说文体变迁的文化机制》。

先生认为作为文化产品的小说文体在从过去承继下来的条件下创造，又由于新的文化场的出现而发生变迁。在中国古代小说文体萌芽、形成、变迁的历史长河中，历史叙事与说书艺术孕育和制约着文言小说与白话小说文体的建构，在语言表述、叙事方式等诸多方面形成与西方小说文体迥异的语体和体制，呈现出鲜明的民族特色。

2009年7月，论文《中国古代文学理论的"基因"与"范式"》收入《理论创新时代：中国当代文论与审美文化的转型》（中国中外文艺理论学会年刊2008卷），知识产权出版社出版。

在《中国古代思维方式与中国古代文学理论批评》一文中，先生已提出中国古代文学理论的"基因"与"范式"的概念，并作了初步的阐释。该文中引进美国著名的科学哲学家托马斯·库恩的"范式"概念即一种公认的科学研究模型或模式来审视人文社会科学，来鉴定人文社会科学的理论形态及其研究方式。同时又引进生物科学的"基因"（遗传因子）来鉴定思维方式对文学理论形态的形成和发展的决定性影响作用，从而从根源上说明文学理论形态的形成和发展为什么中西迥然不同。该文是对《中国古代思维方式与中国古代文学理论批评》的进一步开拓与深化。

2009年，在《重庆师范大学学报》（2009年第6期）发表《〈文心雕龙〉的"象"范畴》。

该文认为气、象、味是中国古代文论最基本的元范畴，气、象、味三者的相互交融、衍生又衍化出无数的子范畴与范畴群，从而构成中国古代文论的梯级范畴网络，体现出中国古代文学批评家对文学的特征、规律、本质联系的全面把握。其中"象"主要涉及文学的反映对象及创作客体的性质特征，《文心雕龙》是"象"范畴确立和衍化过程中的关键环节，对中国古代文学的文学形象及文学意境的创造起了重要作用，同时也对意境理论的建构起着重要作用。

2009年11月，论文《〈文心雕龙〉的文气论》，收入中国《文心雕龙》学会编《〈文心雕龙〉与21世纪文论研究国际学术研讨会论文集》，学苑出版社出版。

该文细致梳理了《文心雕龙》所有篇章中"气"的含义与运用，认为中国古代文学理论体系之网是由一系列具有民族特色的范畴联结织成，而"文气"是其中最重要、最基本的元范畴，以"气"论文贯穿由古至今的文学批评之中。《文心雕龙》充分体现了这一特点，并对"文气"的运用起了极大推动作用。

2009年12月，文章《回忆我的导师吕德申先生》收入《吕德申先生纪念文集》，北京大学中文系文艺理论教研室编，北京大学出版社出版。

该文回顾了跟随导师吕德申先生学习的收获、体会：针对她由于"文化大革命"荒废了学业，毕业后的就业去向是高校文艺理论教师，吕先生要求她全面学习掌握古今中外文论，打下扎实的专业基础。第一，要求她在一、二学年四个学期分别通读文学原理、马列文论、西方文论、古代文论的重要理论著作，建立古今中外文论的基本理论知识结构，第三学年再选择某一点进行研究，写作学位论文。第二，必须读原典、经典著作，掌握理论发展的来龙去脉。第三，要求学风严谨，写作论文引用第一手材料，持之有据，言之成理。先生老老实实按要求苦读古今中外重要理论著作，为其在以后高校的教学科研和指导研究生的工作打下了非常扎实的专业基础。

2010年7月，先生退休。

2011年，在《重庆师范大学学报》（2011年第5期）发表论文《巴赫金"主体间性"思想解读》，从巴赫金行为哲学切入解读巴赫金美学、文艺学中的"主体间性"思想。

2011年，在《西南大学学报》（2011年第6期）发表《试论以气、象、味为核心的中国古代文论元范畴》。

该文认为气、象、味是中国古代文论最基本的三个元范畴：气范畴表征了文学本源、本体和创作主体的性质特征；象范畴表征了文学的对象与创作客体的性质特征；味范畴表征了欣赏主体的审美感受和创作客体的美感特性。三个元范畴的交融衍生，生发出众多子范畴和范畴群，共同建构了中国古代文论的梯级范畴网络格局，体现了古代文论家对文学特征、规律与本质联系的系统而全面的把握。

2012年，为肖锋等著《媒介融合与叙事修辞》写作《序言》，中国传媒大学出版社2012年3月版。

在序言中，先生充分肯定了肖锋及其学生们在叙事学发生学科的重大转变和传播媒介不断涌现的背景下，立足叙事修辞的理论视野，对多种文学文本和媒介文本所进行的叙事修辞的解析。

2012年，论文《古代文论研究的机遇与挑战》收入《中国中外文艺理论研究》（2012），中国社会科学出版社2013年8月1日版。

该文认为古代文论研究的巨大机遇，在于两次文论话语系统的切换使我们强烈感受到传统断裂的痛苦和重拾传统的必然，在"全球化"的情境中，民族理论遗产不可泯灭的价值和融入当代文论话语系统的迫切性更加鲜明地突现出来。但是古代文论研究又面临严峻的挑战，古代文论的范畴特质、范畴结构、话语表述，是与当代文论不同的学术范式，其基础和前提是中国古代的思维方式、哲学思想、创作潮流，因此，古代文论研究的难度很大。今天我们要做的工作是：立足于古代文论的思维方式和学术范式，直接面对古代文论话语资源，进行重新选择与评价。

2013年，在《重庆师范大学学报》（2013年第1期）发表论文《古代文论研究与文学理论的学术范式》，中国人民大学报刊复印资料《文艺理论》2013年第5期全文转载。

该文强调了中西文论具有不同的学术范式。近现代"西学东渐"导致中国文论被西方文论切换，传统断裂，学术范式转型。古今中外文论范式的差异体现在：总体上思维方式、思想基础、理论范畴、理论建构的不同，与具体研究中研究视角、研究途径、研究方法、论述方式的不同。通过比较对照、辨明异同的方法辨析中西文论的通约性与特殊性，找到可以遵循、参照、借鉴、融合之处，是建构具有中国特色的文学理论学术范式的可循路径。而加强作为比较的前提和基础的中国古代文论学术范式的研究，是十分紧迫的任务。

2014年，在《重庆师范大学学报》（2014年第2期）发表《文论元范畴"气"的生成与泛化》。

该文认为"气"是中国古代文论的元范畴之一。从魏晋到唐宋，"气"由哲学范畴向文论范畴衍变，在文学理论批评中充分展开。文"气"范畴涵盖了文学的本源、创作主体的生理与心理特征及创作客体的审美特质等诸多方面。文"气"范畴自确立始便开始了审美泛化的历程，形成以气为核心的范畴群，任何关涉创作主体和创作客体的性质、特征、关系、变化的文学现象，都可以衍生出林林总总、"气"象万千的气范畴来描绘表述，泛化无穷，具有无限延展性、包容性、浑融性、模糊性。

2015年，论文《中国古代文论的范畴特征和体系建构》收入《古代文学理论研究》第四十辑，2015年上半年出版。

该文为先生领衔承担的重庆市哲学社会科学规划项目（2008YY09）《以气、象、味元范畴为核心的中国古代文论体系建构》的系列成果之一。文章认为中国古代文论与西方文论是两种不同的理论体系、学术范式，其不同在于理论范畴的特质与范畴系统的不同。我们必须厘清中国古代文论范畴的特征与其系统的特质，才能把握中国古代文论的学术范式和体系建构。该文以气、象、味三个元范畴为例论析中国古代文论范畴的特征与其范畴系统的建构，并进一步挖掘影响古代文论范畴和体系的深层原因：思维方式、哲学基础、审美意识、文化传统、汉语汉字。

2015年8月，与肖锋、邓心强合著的《中国古代文论元范畴论析——气、象、味的生成与泛化》在上海古籍出版社出版。

这是先生设计、论证、申报的一项重庆市哲学社会科学规划项目（2008YY09）《以气、象、味元范畴为核心的中国古代文论体系建构》的最终成果。该著作包括前言《中国古代思维方式与古代文学理论》、结语

《中国古代文论范畴的特征和体系的建构》与三编九章：第一编《"气"范畴的生成与衍变》、第二编《"象"范畴的生成与衍变》、第三编《"味"范畴的生成与衍变》。先生撰写前言、结语和第一编。《中国古代文论元范畴论析——气、象、味的生成与泛化》一书研究中国古代文论元范畴气、象、味的生成及如何相互渗透、交融及泛化，梳理中国古代文学理论的核心范畴和范畴群，从而构建古代文论具有自己学理结构的主干网络。中国古代文论是辩证统一的直观整体把握思维方式的产物，具有直觉感悟、体味品评的特征，以象喻评论分析的言说方式，以及具象与抽象统一、体验与概括结合的范畴构成的理论体系。中国古代文论的学理结构以元范畴→核心范畴→及其交融、泛化形成的范畴群构成网络，来表述文学的规律及其有关的原理原则。气、象、味元范畴及其网络是中国古代文论网络体系中最主干的网络。管中窥豹，研究气、象、味的发生、衍变，及相互的渗透、交融、泛化，也就是研究古代文论范畴在理论指向和审美诠释方面的多功能性、所具有的较广的内容涵盖面和阐释界域。该著在理论视阈方面体现出交融互摄、旁通统贯、相浃相洽的特点，具有中国古代文学理论的学理结构、思维机制与民族特色。国内著名的古代文学理论学者党圣元先生在《序》中认为，该著作"从气、象、味等元范畴的发生和泛化入手，力图在以往研究的基础上进一步探讨总结中国古代文论范畴系统，探究中国古代文论的学理结构与民族特色，正可谓是抓住了古代文论研究的主攻方向，因而具有重要的意义，值得学界同仁高度重视之"。

2017年，在《中国文学批评》（2017年第1期）发表《论中国古代美学元范畴"气"》。

该文认为"气"是中国哲学最基本的概念。文章细致梳理了其由哲学概念向审美范畴的转变以及在文学和各门艺术中的运用和泛化，辨析了其中最重要的一些"气"审美范畴。

2019年7月，论著《玄韵流芳——〈世说新语〉的审美精神》（合著）在中国社会科学出版社出版。

这是先生设计、申报的一项校内博士基金科研项目的结题成果，由其领衔，带领学生江南、管才君完成。先生撰写前言、结语和第一章《个体生命意识的觉醒》、第二章《人物品藻趋向的转变》、第五章《〈世说新语〉的美学启示》，江南撰写第三章《〈世说新语〉的编撰》，管才君撰写第四章《〈世说新语〉的审美精神》。宗白华先生曾指出魏晋六朝是"强烈、矛盾、热情、浓于生命彩色的一个时代"，"这晋人的美，是这全时代的最高峰。《世说新语》一书记述得挺生动，能以简劲的笔墨画出它的精神面貌、若干人物的性格、时代的色彩和空气"。宗先生又说："要研究中国人的美感和艺术精神的特性，《世说新语》一书里有不少重要的资料和启示，是不可忽略的。"受宗先生的启迪和召唤，《玄韵流芳——〈世说新语〉的审美精神》一书立足于中国美学史，从生命意识的觉醒切入，着力挖掘魏晋美学产生的哲学基础和社会根源，引领读者通过《世说新语》中汉末三国两晋士人极具个性的言谈举止和特色鲜明的逸闻轶事，感悟和领略魏晋六朝美学的审美精神，体悟和把握魏晋六朝文学艺术的生命之美，并进而探讨它对中国人的审美意识和文艺创作的影响。哲理与悟思相结合，理论阐释的深入与文字表述的灵动相结合，也是该书的特点。

2021年，在《区域文化与文学研究集刊》第10辑（中国社会科学出版社2021年12月版）上发表论文《生命之美——中国古代审美意识的基本特征》。文章通过对先秦两汉、魏晋六朝、明代末期三个历史阶段审美意识发生发展的分析，论述了生命之美是中国古代审美意识的基本特征，是研究中国古代美学的领导线索。

书 评

别具特色的中国文论研究[*]
——读刘中黎《中国日记文学理论研究》

张全之[**]

日记是我国最传统、实际效用很大，但又最受轻视、相关理论研究也最为薄弱的写作样式和治学方式之一。自西汉初王世奉日记牍（一九八〇年四月江苏邗江胡场五号汉墓出土的木牍片，国内现存完好的最早日记）以来两千多年间，我国历代文人、学者、作家、教育家等各行各业的有心人士都撰写了大量日记，以及为日记撰写序言，或发表对日记只言片语的看法与感触，或总结日记写作的经验，或评述他人的日记作品。总之，我国历代以各种形态存在的日记文论资料非常丰富，但大多是以只言片语、单篇杂感的形式沉积在历史的故纸堆里，显得零散、杂乱，缺乏系统全面的辑校、整理和提炼。刘中黎教授的《中国日记文学理论研究》是这方面的重要尝试，具有不可忽视的意义和价值。

我与中黎教授共事多年，对他的为人、治学颇有了解。中黎教授为人耿直，待人热情，在学术上，他长期致力于中学语文教学研究，其中对母语写作教育研究极有心得，也颇有成就，是当时重庆师范大学文学院语文课程与教学论的骨干教师之一，颇受学院器重，也深得学生喜爱。

---

[*] 本文原文《中国日记文学理论研究》一书的序言，发表时有删改。《中国日记文学理论研究》，刘中黎著，中国社会科学出版社 2021 年版。

[**] [作者简介] 张全之（1966— ）男，文学博士，上海交通大学人文学院教授，博士生导师，主要从事鲁迅研究、中国近现代文学与文化研究，曾任重庆师范大学文学院院长。

在2014年申报国家社科基金项目时,他没有申报与其专业相近的教育科学类课题,而是拿出了一个关于中国日记文学研究的课题,当时我有些诧异,但他说他思考这个问题已经很久,也有了丰富的积累。我看了他的初步论证之后,认为这个选题很有意义,而且之前很少有人涉足,如果论证过硬,是很容易立项的,所以当时就给了他一些建议,供他参考。他经过认真思考和论证,这项课题当年获得立项,这给了他很大鼓舞。经过几年的努力,最终产出这样一份沉甸甸的成果,弥补了我国传统文论研究的缺憾,完全配得上"国家项目成果"的名号。

在中国古代,日记文学作为中国文学的特别门类一直存在着,但有关它的理论阐述十分匮乏。到了现代文学时期,日记作为一种独立的文学形式,才得到充分重视,郁达夫、周作人、朱光潜、施蛰存等,都对日记文学提出过精辟的见解,鲁迅在《马上日记》等文中对日记的特点也进行了论述,这都为日记文学的理论建构奠定了重要基础。但在文学研究界,日记文学理论研究一直没有引起足够的重视,相关成果十分有限,中黎教授这本书,算是在这一领域的重要成果,也应该是建设中国特色文学理论所取得的可贵成就之一,必定会为今后的日记文学研究提供重要参照。

我仔细读完全书,发现有这样几个特点。

第一,文本细读与理论建构并重。书的名字是《中国日记文学理论研究》,但作者没有被题目困住,而是将研究的视野扩大:在论述日记文学理论的同时,也对每个时代的日记文学代表作进行了分析评述,指出了这些日记文学作品的独特价值。这样一种写法,可能是出于无奈,因为日记文学理论在古代不被重视,相关理论没有形成体系,甚至专论都难得见到。俗话说"巧妇难为无米之炊",在没有日记理论的时代,或者日记理论隐没于日记作者的叙写实践时,却去研究日记理论,自然无从下手。所以在古代部分,作者论述更多的是日记文学作品及其所体现的日记文学观。这样一种权宜之计,倒是使这本书增色不少。因为作者在从事中学语文教学研究时,曾经致力于文本细读研究,所以在这方面,作者有着颇为深厚的理论基础和文本细读能力，本书充分体现了这一优势。如苏轼的单则日记《记承天寺夜游》全文仅八十余字，被后人称为"妙品"，但到底"妙"在哪里，则是见仁见智。作者采用"言语生命动力学"母语写作理论，对这则"夜记"进行了分析，认为从中可以看出苏轼追求的"另一境界"："审美意境的宁静与热烈、生命状态的闲适与忙碌、文本体制的通俗与精雅等多重对立的因素，是多么和谐地交融于一体！"随后作者从文本入手，对这一看法进行了精细的剖析，可谓洞幽烛微、开合自如，把读者引向文本深处。在现代文学部分，胡适的《胡适留学日记》一直被现代文学研究者作为资料库，很少有人将这些日记作为独立文本进行研究。在该书中，作者将胡适的这些日记作为一个整体性文本，阐发其意义，认为"胡适将'起居注'式的传统日记改造为对重要学术问题的思想'杂记'，用日记实录和还原一位新文学倡导者内心世界的多重对话、并承担起'思想'锻炼者的角色和担纲新文学经典文献撰写前的'草稿'"。这样的认识，不仅有助于日记文学研究，就是对胡适研究也有启发意义。在当代文学部分，作者将杜鹏程的日记与小说《保卫延安》进行对比阅读，从背景与理念、矛盾与情节、多彩的战地人物画廊等维度比较战争日记与小说《保卫延安》对"延安保卫战"的叙写，这一新的视角不仅有利于人们加深对杜氏日记的认识，而且对重评《保卫延安》也有借鉴作用。

就日记理论的研究而言，作者从两个层面入手：一是从时代入手，从宏观层面概述某一时代主流的日记文学观，二是选择代表性的日记文学作家分析他们对日记文学的看法，这两个方面的结合，使文章的论述达到点、面结合，有广度也有深度。如唐代是中国日记文学写作的第一个高峰，在论及唐人的日记文学观时，作者指出，唐人赵元一在《奉天录·序》中指出：日记乃"萤烛之光，将助太阳之照"，这一说法形象阐述了唐宋时期人们对日记性质的认识。但针对具体的日记作品，也出现了激烈争论，如围绕《舒王日录》，王安石自辩此部日记是他"上言开陈事，退辄录以备自省"的自省之作。但是，因为日记真实地记录了北宋王朝最高统治者、年轻的神宗皇帝在政治上不自信的一些表现，没有刻意为尊者讳，故引起了守旧派文人陈瓘之流的严词批评，其以经学家、道学家的心态臆想王安石撰《舒王日录》的目的是因为后悔变法中的所作所为、为掩盖过错而写，美归自己，错归神宗，武断指责王安石的日记是"诋讪君父"的"矫诬之书"；陈瓘的看法一度成为南宋舆论的主流。这些争论反映了人们在日记作品评价上的分歧。这些论述使我们看到日记文学在历史上错综复杂的命运。民国时期，是日记理论发展的高峰期，所以本书的这一部分得到充分展开，从七个方面对民国时期的日记理论进行了综述，内容全面丰富，对深化日记理论研究具有重要意义。

第二，本书有时间的长度也有视域的宽度，颇为系统地对中国日记文学的发展和理论建构进行了全面梳理，较好地呈现了中国日记文学理论发展的概貌。本书从出土的西汉王世奉的"木牍日记"谈起，直到论述《吴宓日记续编》结束，时间横跨了两千多年。在这两千多年中，中国的日记文学理论和日记文学作品自然是琳琅满目、汗牛充栋，作者通过概述，对某一时代的日记文学理论和重要的日记文学作品进行总体评述之后，选择有代表性的作品进行条分缕析的剖析，为我们呈现了两千多年来中国日记文学发展和理论建构的全貌，这种奠基性的工作，对未来的日记文学研究具有重要的推动作用。

第三，日记虽然是一种极为私人化的文类，但作者在选择和论述日记文学作品和理论建构时，多选择具有重大历史价值，与历史和社会发展具有密切关系的日记作品进行考掘、评析，使日记这一文体的价值得到充分彰显。如在论述宋代日记文学时特别关注到朝臣的日记，这些日记是朝政决策者、参与者和目击人对当时军政大事处理情形的个人记忆，这在起居注、实录、时政记、正史等官方史著之外为后世认识一个鲜活真实的已逝年代打开了一扇窗户。事实上其意义不止于此。这些朝臣日记，为我们研究历史提供了重要的佐证，其中为正史所遗弃的大量内容，成为认识那段历史的重要资料。在论及晚清日记时，强调了当时盛行的"使西日记"，事实上，这些日记成为西风东渐的重要路径，对晚清社会变革和文化转型起到了无可替代的作用。在具体论述时，作者也站在时代政治或民族国家的高度，评述这些日记的价值，不仅立意高远，对发掘日记文学的价值也是十分有益的。

第四，本书解决了一个语言文学界无心去研究、教育界或无力来解决的跨学科交叉领域的重难点问题。

中黎教授的本行是中学语文教学研究，在这部看似与中学语文教学无关的著作中，他也夹带了"私货"——从日记文学理论研究，顺手过渡到对中学语文教学的反思，强调日记写作在中学语文教学中的重要性。看上去偏离了主题，却也留下了他自己的独立思考，而在我看来，这部分内容也不乏精彩之处。

中学语文教学在本质上是母语教育，应该属于语言文学和教育科学这两者间的交叉学科，在这个交叉地带存在许多语言文学界无心去研究、教育界又很难来解决的问题；在这些问题中，以我国母语写作教育的有效性、体系性、科学性不足和学生作文的真实感往往不尽如人意等最为社会所诟病。近半个世纪前的一九七八年，语言学家吕叔湘先生就在《人民日报》刊文指出：从小学到高中阶段的基础教育，十年时间里有2700多个课时在学本国语文，可是教学效果很差，许多中学毕业生语文水平低，其学习内容少、进度慢、效果差、费时多，可谓"少、慢、差、费"，这"岂非咄咄怪事！"吕叔湘先生批评的这种现象在中学写作教学中尤为突出，且有愈演愈烈的趋势。近年来，《中国青年报》《南方周末》《中国新闻周刊》、新加坡《联合早报》等国内外有影响的媒体纷纷载文（如《83.3%的人承认上学时写过撒谎作文》《会说谎的作文》《不说"假话"写不了作文，语文教育哪里出了问题？》等）批评这种现象。中学语文教学存在的这些问题，本质上都是语言文学和教育科学二者之间交叉地带的问题，许多是语言文学界无心去研究、教育界或无力来解决的跨学科交叉问题。

对于学生"作文说谎"现象突出的问题，中黎教授指出其主要根源有二：其一，近百年来，语文教育界在设计母语写作教学体系的核心范畴时存有失误，主要是将"文章""作文""日记写作""写作"四大概念混为一谈，这导致了母语写作教学的范畴模糊、目标不分、笼而统之，并因而成效低下、"作文说谎"突出；其二，从我国的语文教学现状看，许多教师在设计母语写作教学过程时犯了分环节指导与训练不到位的失误，从而造成他们没有教会学生敏锐捕捉生活中的细节、掌握细节表现的技巧、真实还原生活中的典型细节，并把"真的"写得"像真的"；也没有教会学生掌握诸如"既出人意料之外，却又在情理之中"的虚构艺术原则，并训练学生掌握一些虚构、想象或编造的技巧，让他们把"假的"也写得"像真的"，这是"作文说谎"现象突出的另一根源。为此，中黎教授借鉴我国历代有成就的文人、学者、作家、教育家等都重视日记写作的经验，主张彻底颠覆传统的以"作文"为核心范畴的母语写作教学体系，重构一个以"日记写作"为核心范畴，由"文章""作文"等范畴来辅助补充，以"写作"范畴来统领全盘，四大概念范畴彼此分工、相对独立，又能相互渗透、通力合作，以典范的文章（作品）样式为指引，引导学生写出既富有个体生命体验、言语生命意识和精湛学识、深厚学养，又具规范、纯正、巧而守法之言语表达技巧的文章，有条不紊全面有效地提升学生的母语写作修养。如此，我国基础教育阶段学生作文的创造性、个性化、意趣性不足，和"作文说谎"现象突出等问题就有可能得到解决。日记写作可以帮助人们将日常的读书学习、生活体验、感悟思考、自我发展和言语文字训练、各体文章习作等项目联为一体，对促进我国历代有成就的文人、学者、作家、教育家等成长都发挥了重要作用，将传统的日记写作树立为母语写作教学体系的核心范畴，构建一个以其为核心，其他三个范畴相对独立又彼此发展、并与日记写作这个核心范畴构成互补关系的全新体系，这需要语言文学界提供我国历代文人、学者、作家、教育家等在日记写作方面的诸多经验、教训和理论思考，为该母语写作教学体系的实践范式奠定坚实的学术基础，但这项工作此前没有学人来做，语言文学界无心去研究这个在他们看来与其关系不大的问题，教育界或许无力来解决这个表面看来是文学理论范畴、实质却是母语写作教育范畴的问题。中黎教授担任过多年中学语文教师、后获中国古典文学硕士学位，攻读博士学位期间又师从母语写作教育专家、"言语生命动力学"母语写作理论的奠基人潘新和教授，自感有责任来辑录我国历代日记文献，从中总结经验、寻绎规律，并建构中国日记文学理论，这不但可以完善中国特色的文学理论体系，而且对奠定新型的母语写作教学体系也构成强大的学术支撑。于此而言，中黎教授的研究解决了一个语言文学界无心去研究、教育界或无力来解决的跨学科交叉领域的重难点问题。

　　自然，该书的特点绝非上述四个方面，这仅是个人的一点阅读感受而已，不足以指导方家们的阅读。该书也有值得进一步推敲或斟酌的地方。如在古代部分，虽然标题均冠以"日记观"，事实上更多的是论析日记作品，这与相关材料的匮乏有关，但读起来感觉有些偏离标题；对一些日记文本进行细读的时候，有时没有从日记文学的文体特征入手，将日记文学作品当成了普通作品来分析，这自然就无法充分地呈现日记文学的特殊性；中华人民共和国成立以后，有关日记文学的理论十分丰富，出版的日记也数量众多，但该书这一部分内容明显薄弱。尽管如此，作为一部系统的日记文学理论研究著作，自有其成就和价值，将来从事日记文学研究的学者，可能很难绕过这部著作。

廿五"磨"一剑，增订"炼"精品[*]
——李光荣《西南联大文学社团研究》阅读札记

袁洪权[**]

2018年10月，中华书局推出李光荣的著作《西南联大文学社团研究》。此书作为"西南联大研究文库"之一种，是"名副其实"与"名正言顺"的。其实，此书是2011年12月《季节燃起的花朵——西南联大文学社团研究》的"增订版"，著者李光荣在《新版后记》中对此有所指陈。这说明：又经过七年（更准确地说是十年[①]）的"再思考"，著者（李光荣）对著作进行了"增订"并更改了书名，这个书名更贴本书所指的研究对象。从文献学和版本学意义上来说，《西南联大文学社团研究》的出版是有意义的，不仅呈现出研究著作版本学的文献价值，而且也是著者李光荣的学术思想变迁、学术态度执着的一个有力的"注脚"。原版2011年由中华书局推出前（书稿完成时间实为2008年），《中国现代文学研究丛刊》就在2009年第2期推出钱理群先生为此书写作的序言——《老实人做老实学问》，称赞《西南联大文学社团研究》就是"一部'老实人'写的著作"。钱先生把李光荣称为"老实人"，而他这本书呈现出来的学问就是"老实学问"，可谓真正做到了知"人"论

---

[*] 《西南联大文学社团研究》，李光荣，中华书局2018年版。
[**] ［作者简介］袁洪权（1978— ），男，土家族，重庆石柱人，文学博士，教授，主要从事中国现当代文学史料及中国现代思想史研究。
① 李光荣初版《跋》的落款时间为2008年3月30日，这应该是书稿完成的真正时间。

"书"。著作出版后又曾得到学术前辈王景山先生（也是本书的论述对象之一）的好评，认为著作是"馈赠西南联大的一份厚礼"[①]，在学术界也产生了深刻的影响[②]，我不再赘言，此处只就自己阅读这本著作的相关感受列举一二。

一 廿五"磨"一剑

我先简单说说我最初对李光荣的"印象"。

我与著者李光荣第一次见面，是在四川师范大学举办"中国现代文学研究会第10届年会"的2010年9月。不过，那时我和他并不熟悉，也不存在学术交往（毕竟那时我还是一名初入中国现当代文学研究领域的习作者）。我对他名字的"熟悉"，也仅仅限于我阅读《新文学史料》这个刊物所得到的"印象"，知道这个人从事的学术研究和中国现当代文学史料密切相关，也和中国高等教育史奇迹的创建者西南联大有关，仅此而已。《新文学史料》是我特别钟爱的学术刊物，从2001年攻读中国现当代文学专业研究生开始，我就认真翻阅这份期刊，从创刊号一直翻阅到时下，真正做到每期必读，历练自己的文学史料意识。

《新文学史料》的历史阅读印象，让我对"李光荣"这个名字并不陌生。李光荣最早在这个刊物亮相的时间，是二十七年前的1994年。他发表了《南湖诗社》这一文章，也就是《西南联大文学社团研究》的第一章（增订版第二章）所写的对象（1994年第3期）。此后迟至2003年之后，他陆续在《新文学史料》这个刊物上发表史料梳理与考证文章，到目前其发表总数不低于十篇，包括：《闻一多在昆明的戏剧活动》（2003年第4期）、《西南联大的早期文学社团》（2005年第3期）、《西南联大

[①] 王景山：《西南联大校园文学的鸟瞰与细说》，《中国现代文学研究丛刊》2013年第4期。

[②] 马绍玺：《中国现代文学史料建设的重要收获》，《成都大学学报》2013年第1期；李文平、向立：《文学社团研究视野的拓展与方法创新》，《重庆师范大学学报》2012年第6期；汤巧巧：《突破中国现代文学研究视阈的厚重之作》，《社会科学研究》2013年第2期；苏利海：《探赜钩深，开拓创新的力作》，《西南民族大学学报》2012年第4期。

的中期文学社团》（2005年第4期）、《西南联大的后期文学社团》（2006年第1期）、《高原文艺社始末及其意义》（2007年第2期）、《〈钓〉：汪曾祺的文学开端》（2009年第1期）、《朱自清先生在昆明》（2011年第3期）、《沈从文在西南联大》（2013年第2期）、《〈文聚〉的封页、目录和版权页》（2014年第4期）、《冯至〈招魂〉诗的创作、发表与版本考》（2017年第2期）等。

该系列成果能在《新文学史料》这份学术声誉很高的重量级刊物上发表，本身就说明李光荣自身深厚的学术素质、史料挖掘的考证功夫得到了刊物编者与学术界的认可。他散布在《中国现代文学研究丛刊》《西南民族大学学报》《云南师范大学学报》《社会科学研究》《现代中国文化与文学》等刊物上的近二十篇研究文章，仍旧围绕着西南联大的文学社团来展开。李光荣这些研究文章（成果）有两个明显的特征：一是文献史料的挖掘力度上，集中而深厚；二是文学史论述上，有阐释的深度。我更看重的是他研究对象的专一，集中火力研究西南联大的文学创作活动：不管是涉及的西南联大教师群体（如朱自清、闻一多、沈从文、冯至、李广田等），或是涉及西南联大学生群体（高原文艺社、南荒文艺社、冬青文艺社、文聚社、文艺社、新诗社等），还是与西南联大文学社团建设有关的人（萧乾、曹卣、庄瑞源、吴风、陆嘉等）。

初版的跋语中，李光荣曾这样写道，"本书是本人主持并与宣淑君共同承担的国家社科基金项目'西南联大文学社团研究'的成果，也是第一部研究西南联大文学社团的著作。我们的目标是：全面、系统地研究西南联大九年间的文学社团，通过具体描述、分析和概括，展示其面貌，评价其贡献，归纳其特点，揭示其地位，总结出具有规律性的认识，以填补中国现代文学研究在这方面的空白，使成果成为西南联大文学社团及其文学、抗日战争时期文学、中国校园文学以至于中国现代文学研究的基础性论著之一"。① 李光荣设计的这个课题，显然是建立在文献史料

---

① 李光荣：《原版跋语》，载《西南联大文学社团研究》，中华书局2018年版，第419页。

的基础上,但我们也要知道,时隔半个多世纪,尽管有当事人健在(李光荣在书中多次引用到他为研究工作做的口述史文字),但资料因战争年代、特殊时代的自我湮灭,其难度之大、耗时之多,不从事文献史料搜集工作的人,真不知道其中的"甘苦"。从李光荣1993年撰写《南湖诗社》开始,他就一头扎进西南联大师生的文学创作活动中。这一扎,扎进去的是整整二十五年的时间。

人的一生一般不会超过四个二十五年,但李光荣能够坚守,用超过人生历程中1/4的生命来深入关注西南联大的文学创作。他的这种坚守一方面呼应了钱理群先生的"老实人"之说,但我要说的是另一面,他身体力行,自己抵挡住了当前不良的学术风气。李光荣没有被当前的学术不良风气浸染腐蚀,他默默耕耘、默默坚守,利用自己的有利条件(云南生活与工作经历)和不利条件(身处学术环境的边缘),真正身体力行地钻研自己的研究对象,把自己的学术生命熔铸在这一研究对象身上。在研究过程中,他遇到过困难,"当年文学社团成员的回忆,因时间久远,难免有不详或不实之处;后人写的文章,亦常有猜度或误解;即使是当时报刊所载的文字,也因种种原因不一定准确。这就要通过辨识,找出事实真相。我们通过对若干材料的分析整理,拂去数十年的历史尘埃,看清了西南联大文学社团的面目,才敢动笔去勾勒。写时又往往因为一则材料而多方求证,耗费许多时日才继续下笔;或者因发现新材料而推翻先前的判断,重新写过"。(第420页)但是,他并没有被这样的困难所吓倒,而是把自己的研究路程看作"又艰辛又快乐的旅程"(第421页)。这种"旅程",既有著者学术生命的融入,还有著者学术态度的虔诚。

二十五年孜孜不倦的学术追求,在这样一句颇有深意的话里,其学术境界得到最圆满的诠释,《西南联大文学社团研究》正是李光荣学术生命诠释的结晶。王贺提出"20世纪90年代以来,中国现代文学研究发生了重要而深刻的变化"时,曾论及"现代文学研究的'文献学转向'"①,我突然意识到,李光荣就是这一过程的重要参与者和践行者。

二 增订"炼"精品

李光荣在增订版中说:"至今为止,除了本书作者的《季节燃起的花朵——西南联大文学社团研究》一书外,再也没有人认真地研究过西南联大文学社团,所以说,西南联大文学社团还是一块开凿不精的璞石。"(第68页)这块"璞石"到底如何真正呈现出它的历史原貌?李光荣却在2011年12月初版本出版之后,迅速发力,有所作为。其实,在关注西南联大文学社团的过程中,李光荣原计划侧重于学生文学社团进行单向度研究,但在深入关注、实质性研究的过程中,他并没有被研究对象所限制,而是拓展开来、生发新枝,这就促成了《民国校园文学高峰:西南联大文学社团及其创作初论》(台湾花木兰文化出版社2013年版)、《西南联大与中国校园文学》(人民出版社2014年版)、《民国文学观念:西南联大文学例论》(商务印书馆2014年版)等著作的陆续出版。可以说,这一系列成果的推出,使得他成为立体地呈现西南联大文学社团、文学创作之复杂与丰富性研究的第一人。

或许正是建立在新的学术识见与判断的基础上,著者才在2018年花费这么大的精力来增订此书。在我看来,这应该算是一个水到渠成的过程。关于增订的地方,李光荣有交代,这里仍做抄录:"此次增订,对原著的思想观点、整体结构未做大的变动,但新增了第一章中的第一、五节和'尾论';从章节结构的角度增删了少数字句;订正了一些句子和文字;同时更名为《西南联大文学社团研究》。限于篇幅,把原著关于西南联大校外作家的论述删去一万余字。"(第425—426页)

第一章第一节题目为"西南联大对于社团的管理",增加这一节内容,显然是接受了当下文学研究中关于"文学体制"对于文学生产意义

---

① 王贺:《现代文学研究的"文献学转向"》,《长沙理工大学学报》2016年第6期。

的思想。通过考察西南联大文学社团产生时的校园管理体制（进一步伸展到民国的国家机制），李光荣发现，"西南联大对学生社团和壁报的管理是宽松的"。如果没有宽松的校园管理体制，西南联大学生社团不可能在八年时间里得到有效的发展，他提出"宽松的管理有利于活跃学生的思想，有利于人才的培养"（第14页）。这些话不仅针对西南联大文学社团的历史在说，更指向当下的中国高等学校校园文学创作。第一章第五节题目为"西南联大文学社团的特点"，显然是著者在学术理论上的一次明显提升，此前的初版本中，李光荣更注重于文学史料的内在勾连，通过十年的再思考，他看到西南联大文学活动具有"校园性""开放性""互动性""政治性""成熟性"等特点。我尤其看中他概括的"开放性"与"互动性"这两点，文学社团如果一味地进行自我封闭，这样的文学社团的文学创作、文学视野都会大打折扣。而西南联大的文学社团能够坚守开放的姿态，"一方面吸收校外人员参加，另一方面以多种方式走出校园，接触社会，展示自己"（第51页），这才有西南联大学生的创作走向更广阔天地（远至香港）的机会。

尾论部分以"西南联大文学社团的历史地位"为题，分别从西南联大文学社团的承续、经验、团组、思潮、名作、名家六个方面来予以概括。正是增订的这一部分，我感觉：它比2011年的初版本更有学术价值。在具体立论的过程中，李光荣认为，"西南联大文学是'五四'文学的继承和发展。西南联大作家仍然面临着'五四'文学的任务，并且走着'五四'文学的道路"，"西南联大文学社团得到了'五四'文学社团健将的真传。西南联大的第一个文学社团南湖诗社在酝酿过程中，即得到曾经是清华学校⊥社的发起人和新月社的代表诗人及理论家闻一多的指教，成立时增加了文学研究会重要成员、《诗》月刊的编辑朱自清为导师"（第384页），试图在文学史料的丰富展现基础上，勾连起五四新文学与20世纪40年代文学的内在关系，这个站位是有学术价值的，也是对当下学术研究一种真正的"启发"。他看到西南联大文学创作中的"战场文学"，注意到西南联大文学作品对于战争的反思，不管是穆旦的《退伍》《出发》，还是杜运燮的《被遗弃在路旁的死老总》《林中鬼夜哭》等，所表现出的"超越战争的人本思考""提升了我国抗战文学的思想高度，是对我国抗战文学的特殊贡献"（第 398 页）。这一学术判断，是建立在他对抗战文学（甚至是整个民国文学）的总体把握上的冷静思考，这也为本书的结论之语"西南联大文学社团在中国现代文学史上具有历史地位"（第 409 页）奠定了坚实的论述基础。

尤其值得注意的是，当前很多学术著作在重版或修订再版时，大多数学者都是只增不删，或者草草了事，甚至敷衍而行。李光荣却是个"特例"，他把初版本中的一万多字进行了"删除"，将有用的一手材料及其论述（如剧艺社）忍痛割爱。这种刻意追求、严格自律的学术品质，与时下某些学者所谓的"自己的文章就是好"的心态相比真是天壤之别，体现出李光荣在增订过程中复杂的心灵挣扎与果断的学术作为。他的这种增订工作强度很大，但正是在这一增订过程中，真正体现出著者李光荣对学术精品的内在追求，我把他的这种行为称为"增订'炼'精品"。正如李光荣自己说的，"学术是一项极为严肃的工作，必须以生命投入，但学术不像种地，投入越多收获就越大，且任何人都不能穷尽学术问题，也不能不犯错误，尤其是'第一'的事物，常常显露出生成的不足"（第 421 页）。李光荣对待学术的严肃态度，让我看到了他对他的恩师樊骏先生的学术继承。樊骏先生对待学术极为严格，李光荣 1993 年 5 月至 1994 年 5 月曾意外地作了他的入室弟子（中国社会科学院研究生院的访问学者，导师为樊骏），耳濡目染获得了樊先生的"学术真传"[①]。

2018 年，李光荣在西南民族大学光荣地退休了，但我坚定地相信，他是"退而不休"的，期待他更多的西南联大学术研究精品泽被学林。深耕的土地里撒下理想的种子，"瓜熟蒂落"也是一种自然现象，李光荣进入了他的"收获期"，我期待着！

---

① 李光荣：《"樊"门立雪》，《中国现代文学研究丛刊》2011 年第 4 期。

文学地理学视域下明清小说研究的新范式*
——评杨宗红《明清白话短篇小说的文学地理研究》

严 艳**

从文学地理学的视角研究中国古代文学是近年来的新尝试,这一交叉研究的方法在广度与深度上进一步推进了中国古代文学研究。文学地理学是人文地理学(Human Geography)亚分支文化地理学之下的一个分支,它关注作家、作品与地域之间的关系,探讨两者之间的互动与关联,以及由此产生各种文学现象的地理分布、扩散和变化。杨宗红教授《明清白话短篇小说的文学地理研究》一书以地理为切入点,多层面、多角度的剖析了明清白话短篇小说中或隐或显的各类地理因素,如小说家的地理分布与成因、小说文本中叙事空间及空间转移、小说母题的地域性及寄生韵文与小说关系等。该书在引入文学地理学研究明清白话短篇小说的同时,又辅以民俗学、叙事学中的相关理论与方法,这种新颖独特的研究方式推进了文学与地理学之间的交叉研究,拓展了明清小说研究的领域。而该书中所系统梳理的中国历代小说家地理分布,其800页著述、21张表格,梳理考辨了2311部小说著述,显示出作者在精研文本时的文献爬梳、考辨之功,论述扎实客观。该书体现了近年来文学地理学研究的新成果,其中小说地理学研究中又引入叙述母题、寄生韵文、民

---

* 注:《明清白话短篇小说的文学地理研究》,杨宗红著,中华书局2019年版。
** [作者简介]严艳(1980—)女,文学博士,佛山科学技术学院人文教育学院讲师,主要从事明清文学及域外汉学研究。

俗学等新话题，又为明清小说研究的后继者开辟了新路径。

一

明清小说研究一直是古代文学研究中的热门话题，近年来在多个研究领域都齐头并进：一是从多角度对明清小说文本进行细致研究，如词语、叙事方式、人物或小说中某一类具体内容，及拓展到对明清小说书名、凡例、俗语、插图、序跋等方面的研究；二是对明清小说进行形式多样的文化研究，如通过哲学、民俗、宗教等领域阐释小说的情节、人物、环境等；三是从文献学对明清小说进行研究，如对小说的编撰、刊刻、各版本之间的差异及小说家的生平、字号等进行再考证；四是对明清小说的传播研究，如文本的国内流传、域外传播接受等；此外还有对明清小说史、创作进程的探讨与梳理，以及小说与其他文体关系研究等。在此类研究中，明清小说的文学地理学研究异军突起，取得了令人瞩目的成果。

虽然中国古代文论很早就注意到文学的地域性，如《诗经·国风》也将不同地域的诗歌进行分门别类，《吕氏春秋·音初》中就提到南北不同地域之人所歌风格有明显差异，以"南音""北音"加以区分，但从文学地理学学科领域研究文学却始于 20 世纪 80 年代，金克木于 1986 年发表《文艺的地域学研究设想》一文提出从地理学角度研究文学艺术，曾大兴所探讨中国历代文学家的地理分布则正式开启文学地理的实证研究。21 世纪之后，梅新林进一步推进中国古代文学的地理学研究。明清小说研究者也引入文学地理学作为方法论，将地域文化和明清小说结合起来研究，目前的研究主要从两方面展开：一种以作者为观照点，将明清小说家按籍贯进行分类，在文献梳理与数据统计的基础上探寻地域与作者创作之间的关系，如刘雪莲谈到明清浙籍小说家的兴起、赵兴勤论及明清时期江苏地区的文化生态与明清小说的发展有密切关系、王玉福等则从整体上论述明清小说作者地域差异影响小说的具体创作等；另一种以文本为观照点，探讨明清小说文本中的地域书写的研究，如马似成关注到才子佳人小说中的江南描写、申明秀则聚焦于对世情小说中的江南书写以及地域对小说创作的影响，邓大情又从近代小说中商业都会广州、上海进行分析比较。在明清小说的文学地理学研究中研究者陆续提出江南小说、岭南小说、吴地小说、扬州小说等概念，其中尤其以江南、岭南两大地域特色最为鲜明，如冯保善提出明清时期的江南小说的整体概述、张袁月探讨晚清时期苏州上海等地的吴地小说，梁冬丽与刘晓宁有关近代岭南报刊小说的系列研究、牛志威的粤港小说等研究。从这些研究中可见，明清小说文学地理学在近十年里已是学术界研究的热点问题，但研究的成果集中于梳理明清小说中江南、岭南的地域文化要素以及这些地域文化影响下的明清小说创作、传播等发展脉络。

杨宗红选取明清时期白话短篇小说作为切入点，从文学地理学的视角对这一时期白话短篇小说作系统全面的研究，其《明清白话短篇小说的文学地理研究》在研究内容上有五个部分：一是梳理明清白话短篇小说的地理分布。书中展示了明清白话短篇小说不同时期地理分布的差异性：嘉靖万历时期，小说主要分布在福建；万历至乾隆时期，小说集中于江浙一带；清中期以后，小说却在四川、广东地区兴盛。二是探讨明清白话短篇小说的地理空间。书中分析明清白话短篇小说主要地理空间叙事随着时代的转移，"明代及清代前期故事的主要地理空间为江南地区，以江浙二地城市为中心。清后期的西南小说及岭南小说，以西南、岭南为故事的主要空间"（第39页）。又讨论了小说人物的地理流动所带来的地域叙事上、景观上的差别。三是阐述地理与明清白话短篇小说叙事母题之间的关系。文中梳理分析了动物精怪母题中狐、蛇、虎、猿猴等动物分布"与这些动物在中国的地理分布几乎一致"（第40页），佛道二教中的"高僧与红莲、杀生放生、洞天福地、斗法显法"等经典母题的发生地域"与佛教、道教的历史地理分布大致相同"（第41页），骗、赌、娼故事集中于大城市"'男风'可谓'南'风，在江南大盛"（第41页），才子佳人母题中由于江南地区各朝代文化教育资源好，明清时期家庭教育兴盛，因此"才女的分布集中在江浙二省"（第41页）。四是分析地理身份对明清白话短篇小说叙事的影响。文中探讨了小说家、讲述者、小说人物三者与"地域"之间的关系，小说文本中所呈现的地域详略程度与作者、讲述者是否"此境"相关，而小说中对地理的呈现也与叙事者地域经历密切相关。五是关注寄生韵文与明清白话短篇小说地理表达之间的关系。文中认为小说中的寄生诗词有很多带有典型地域意象，可以"印证、补充小说地域之作用，可强化人们对这一地域的感知"（第42页），又以明清白话短篇小说中经常引用的吴地民歌、题壁诗等重点案例，讨论寄生韵文在地域上对小说地理的补充与印证。

二

杨宗红教授《明清白话短篇小说的文学地理研究》作为文学地理学研究中新的力作，在承继前人成果的基础之上在诸多方面都进行了突破：

其一，以地理学研究明清白话短篇小说的新视角。此前的明清小说文学地理学研究聚焦于某一地域的小说，如江南小说、岭南小说、西湖小说、扬州小说等，侧重于分析这类小说所展示的地域特征以及地域与小说家创作之间的关系。杨宗红教授却选取明清小说中地域特色最为鲜明的白话短篇小说作为一个整体来研究，统计梳理这类小说作者、读者的地理分布，并深入探究在历史、政治及文化因素影响之下这些地域分布的时代性与流动性。在具体研究中，作者关注到明清白话短篇小说的小说家、文本和读者与地理环境的关系，包括小说家与读者的地理分布、组合与变迁，明清白话短篇小说的地域特性与地域差异以及小说与地理环境的相互关系。这为从文学地理学研究明清小说乃至中国古代小说提供了新的研究视角。

其二，更系统更完备的研究与文献整理。《明清白话短篇小说的文学地理研究》一书并不仅仅局限于研究所设定的范围"明清""白话短篇小说"来研究明清白话短篇小说，而是将其放入中国古代小说的大背景之下来研究，勾勒出中国古代小说文学地理学的整个特征及发展脉络，再从整个大背景下凸显出明清白话小说的地域特征。在具体的论证中，作者也同样注意到点与面之间的关系,在论证分析中引用的小说文本体量庞大,在大量引用明清小说的同时还引征前代小说如魏晋志人志怪小说、唐传奇、宋话本中的小说文本加以比较,如在谈及"异域故事分布"时作者就先梳理明代之前古代小说文本中的异域,涉及《山海经》《海内十洲记》《神异经》《异物志》《博物志》等数部小说(第492—493页)。作者在论述中又系统梳理了中国历代小说家的地理分布,重点考辨了中国古代2311部小说,制成11张表格的资料库。虽然该书论述主体为明清白话短篇小说,但在行文中并不是孤立论述,而是将其放在中国古代小说史中加以阐释,同时辅以具体的文献整理。这一研究方式显示作者的史观意识,也令整个研究更加系统、更加完备。

其三,多角度多学科的交叉研究。该书从文学地理研究明清白话短篇小说,但并不局限于这一视角,在具体的研究中作者综合了民俗学、社会学、宗教学等诸多学科中与之相关的内容进行多角度、多层次的分析,如文中在论述明清白话短篇小说中人物流动与地理空间叙事转换时便从教育、经济、政治、宗教、战争等地理因素进行阐述(第234—259页),令整个研究显得立体化。这突破了以往明清小说文学地理学研究中常常将地理因素作为唯一考量准则,单一讨论明清小说的地域特征而缺乏从深度挖掘这些地域性背后更深层次的社会文化影响因素。因此,在《明清白话短篇小说的文学地理研究》中很少见到扁平化的论述,而常见到层进式、对比式的论述,如作者在探讨明清白话短篇小说家的地理分布时将其与文言小说及中长篇通俗小说作者地理分布进行比较(第77—102页),在谈论明清白话短篇小说的地理空间时,作者将城市与乡村、沿海与内陆进行对举(第170—224页)等。

虽然明清小说研究成果丰硕,但从该书中可见,无论从选题到研究方法,作者都力避窠臼,在材料使用中也努力出新,其中一些具体的研究尝试也为后世研究者开启了新的法门。

三

曾大兴曾在《明清白话短篇小说的文学地理研究》序中对该书予以

高度评价,称其是"中国第一部比较全面地探讨小说地理的专著"(第 2 页),笔者统观全书认为该书有以下几个特征:

(一) 继往与开来

该书在多方面都呈现出对前代成果的承继,可谓是中国古代小说文学地理学研究的集大成之作。在具体论述前,杨宗红引用梅新林关于文学地理学中"地理"的观点"依次包括作家籍贯地理、作家活动地理、作品描写地理和作品传播地理四个层序",指出中国古代小说的地域性体现在小说作者的地域性、小说读者的地域性、小说文本的地域性(第 8—16 页)三个方面。在论述中国古代文学家地理分布时,论者引用曾大兴有关文学重心分布的四大"节点""即京畿之地、富庶之区、文明之邦与开放之域"后指出:汉代小说家集中于北方,尤其是河南;东晋及南朝小说家却集中于南方或在南方长大;隋唐小说家又回归于北方,尤其是长安(今西安);宋代小说家群体又转移到南方;明清时期小说家一直保持在长江中下游地区,尤其是苏杭两地(第 10—12 页)。杨宗红在具体研究中又创造性地运用这些理论,在探讨古代小说文本地域性时提出"小说命名的地域性及选本对'地理'的关注"(第 16 页)、"民间信仰的地域性也影响到小说的地域特征"(第 21 页),在讨论古代小说家重心分布时谈到"小说家的籍贯与家乡意识很强"(第 12 页)。

该书同时也明显体现了作者对明清小说研究新的思考,在文学地理学研究中力求新的突破。曾大兴在谈到该书的研究成果"小说读者的地理分布及其地域性"时称:"她的这一部分研究,不仅填补了小说地理研究中的一项空白,也为文学地理学的读者研究提供了重要经验。"(第 3 页)在论及该书从地理的角度考察小说的叙事母题时又称:"从地理的角度考察小说叙事母题的地理分布与地域特征,其意义和价值是多方面的,不仅可以解决小说叙事母题研究中的许多问题,还可以为整个中国文学乃至世界文学中的叙事母题研究提供借鉴,某些研究成果甚至还可以供地理学、动物学、社会学、人类学及民俗学学者参考。"(第 4 页)曾大兴作为文学地理学研究的先驱者,他敏锐捕捉到《明清白话短篇小说的文学地理研究》一书在明清小说地理学研究中的开拓之功。读者在明清小说传播与接受中占据重要地位,此前纪德君谈到读者直接作用到明清时期通俗小说的兴衰、编创体式与叙述方式、编创旨趣等,蔡亚平则研究了读者群体的特点与构成对明清通俗小说传播及创作的影响,但以往对明清小说读者研究中,很少从文学地理学的角度去分析读者群体的地域性分布,及其对这一时期小说传播与创作之间的影响。明清小说的民俗学、叙事学研究中也未见有从地理学角度考察明清小说母题的地域特征。这些研究视角都为后续研究者提供了具体可借鉴的研究范式。

(二) 求全与创新

该书在资料运用、阐述内容上力求全面系统,其"全"主要体现在两点:一是对资料的梳理力求于全。作者一方面对明清白话短篇小说进行穷尽搜集,先是将所署名的155部的作者、籍贯、出版年代进行考证统计建立数据库(第88—102页),分析这一时期小说家的地理分布特征及其流变,又将这一时期的白话短篇小说的读者群体进行统计分析,并建立刊刻地及评点者的数据库(第122—142页)。另一方面作者还统计建立了中国历代小说家的地理分布数据库,显示了资料梳理考证时的全面细致。二是对论述的内容力求于全。作者在论述中首先从纵向对明清不同时期的白话短篇小说的地理分布进行统计,又从横向对明清白话短篇小说中的城市、乡村、沿海、内陆、地域的流转等地理空间进行探讨,接着从叙事母题进一步分析明清白话短篇小说中具体的文本形式与地理关系,在论述中作者同时还将小说中的寄生韵文也纳入讨论,可见作者在论述中由宏观入微观,力求面面俱到无遗漏。

该书在求全的基础之上还力求于创新。作者的创新点也主要集中于两点:一是扩大研究视角。此前对明清小说的文学地理学研究中多关注于作者与小说文本中显见的地理关系,但作者却从读者这一角度,挖掘出明清小说传播与接受中隐性的地理关系。作者梳理出小说的刊刻地、序跋者、点评者、校正者等地理信息，分析不同地域的读者对小说的审美有明显差异，且这些差异也会对小说文本创作者有潜移默化的影响。二是融入新的研究方式。作者从文学地理学研究明清小说的同时，又尝试融入叙事学、民俗学、社会学等研究方法。作者将小说叙事母题与文学地理学进行结合，解释古代小说中的南蛇北狐（第282—294页）、"男风"在南（江南）（第362—370页）、才子佳人的地理分布也集中于"江浙赣等东部沿海地区"（第399页）等，从新的角度阐释了这些问题，角度新颖独特，结论让人耳目一新。

（三）精细与缜密

任何研究如果不能具体细致，就会显得空洞不实，亦不能藉其旁逸。《明清白话短篇小说的文学地理研究》一书对于研究对象的分别和细化达到了前人未及的程度，作者不仅详细统计梳理明清时期所有有名可考的白话短篇小说文献资料，在具体考述时都精细化到每一部小说的具体文本。作者在论述中常常使用数据说话，不仅在行文中使用了11张统计图表还在文末附了10张统计表，在文中细节部分也无一例外地使用数据，如在论述"从小说刊刻地看读者的地域性"时列举"明代建阳小说刊刻55种、江浙51种，通俗小说的出版中心逐渐由福建向江浙一带转移。明代苏州有15家出版者刊刻了通俗小说，总数达到22种"（第106页）、"整个明清时期白话短篇小说的刊刻，江办书坊35家37种，其中世情小说22种"（第107页）等。这种以数据推理考证的方式使得本书的论证过程扎实而有力度，结论水到渠成。作者在研究中文献、文本一直事无巨细，考证严密，在具体的论证中又使数据统计的方式科学缜密。

当然，由于作者的研究除了文学之外还涉及地理学、民俗学、社会学等多个领域，其中很难能做到全无遗漏，因此一些具体的论述尚需补苴，如该书第三章在讨论地理与叙事母题之间的关系时引述汤普森、乐黛云、陈建宪关于母题的观点归纳出"母题是叙事中最小的，反复出现的叙事单位，它包含三个方面：最小的情节单位、角色单位与精神观念"

(第281—282页)。母题（Motive）概念源自民间文学与民俗学，在汤普森《民间文学母题索引》中提取出两万多种母题形式，按照23部排列。母题从故事情节中简化抽离，带有普遍存在且广泛推广意义的文本中的最小元素。吴光正曾就中国古代小说中11类故事类型进行分析阐释，指出这类故事的原型与母题在其故事源流与演化中的作用。作者在文中所梳理的一些母题，如"生态灾害"作为一个叙述元素虽然在明清小说中经常出现，但是否属于母题还有待商榷。

如果说全书丰富的文献梳理与史料运用体现了作者笃实的学术功底，那学术理论的自如运用、细密的考证论述则体现了作者较高的理论素养与严谨的治学精神。《明清白话短篇小说的文学地理研究》一书无疑是在文献扎实梳理与科学严谨论证下明清小说文学地理学研究的一部力作。

再造"同路人":文学理性与革命理念[*]
——评杨姿《"同路人"之上:鲁迅后期思想、文学与托洛茨基研究》

董腾宇[**]

关于鲁迅与托洛茨基关系研究的梳辨和反思,及研究鲁迅与托洛茨基关系的缘起和意旨,杨姿在《"同路人"之上:鲁迅后期思想、文学与托洛茨基研究》(上海三联书店 2019 年 7 月版,以下简称《"同路人"之上》)中已清晰地论述,显露出世界性的研究视野和思想性的学术指向。首先,通过对《文学与革命》的再审视,呈现出未进入中国前的"托洛茨基",不仅是将其放回所在的马克思主义阵营和政治革命中,了解无产阶级专政下苏俄社会的文化生态,还深入其思想谱系和精神体系,解读阶级观念、革命理论和文艺思想等核心问题。由此总结出托洛茨基"同路人"理论的二重性,"一是'对革命的共产主义目标也感到陌生',虽然不能从整体上把握革命,但是'接受革命,每个人各以自己的方式来接受';二是直面革命的冲击,即便不能建立布尔什维克的轴心,但不惧'用表现破坏的呼号和轰鸣的音乐压倒了那温柔的、蚊子叫似的个人主义声调'。"① 此外,杨姿还回到 20 世纪的民族现实和二三十年代的历史语

---

[*]《"同路人"之上:鲁迅后期思想、文学与托洛茨基研究》,杨姿著,上海三联书店 2019 年版。

[**][作者简介]董腾宇(1994—),男,安徽蚌埠人,重庆大学人文社会科学高等研究院研究生,从事中国现当代文学研究。

① 杨姿:《"同路人"之上:鲁迅后期思想、文学与托洛茨基研究》,上海三联书店 2019 年版,第 62 页。

境中，考察了鲁迅是如何理解、接受托洛茨基，又是怎样进行了批判性的重构和创造性的转化。

整体来看，《"同路人"之上》通过两条脉络对两种鲁迅形象进行了实质性建构，一是以鲁迅精神困境的突围为起点，从内而外揭示马克思主义化的知识分子的信仰选择、思想构成和文艺实践，呈现"后期鲁迅"的内核；二是在文学理性和革命理念的驱动下，围绕鲁迅与托洛茨基产生关联的文化中介物《文学与革命》，阐释鲁迅处于政治与革命、革命与文学间的真实姿态，建构"同路人鲁迅"的主体。前者作为研究的基点，承接于《鲁迅与20世纪中国国民信仰建构》第五章"后期鲁迅信仰的思想资源与内在整合"①，由整体发展看阶段变化，以兼顾思想性和政治性的综合革命意识观照后期鲁迅，例如，从《文学与革命》理论到"革命文学"实践的转变，是以鲁迅文学革命时的实践为前提；从"革命人"到"新的人"的塑新，是在鲁迅五四时期提出的"真的人"的延长线上进行；等等。这是鲁迅思想意识和文学实践的发展轨迹，也是《"同路人"之上》的探究思路。后者作为学术的生长，不但突破了长堀祐造《鲁迅与托洛茨基——〈文学与革命〉在中国》②的限制，而且试图再造"同路人"，可以从两个维度来看：一是在苏俄的无产阶级传统文化中，把托洛茨基从普列汉诺夫、卢那察尔斯基等人的无产阶级文艺理论中剥离出来，找到鲁迅对托洛茨基的独特理解，二是在党派政治中，把托洛茨基的文艺观从"托派"的整体式理解中抽取出来，寻找历史误读中的真相。基于此，重新理解托洛茨基的"勃洛克"书写，实现从对勃洛克这一具体的"同路人"的认同，到对托洛茨基"同路人"理论进行重造。这形成了"鲁迅怎么看"与"怎么看鲁迅""鲁迅创造了什么"与"创造了鲁迅的什么"的统一机制，彰显出多重意义。

第一个方面，找到鲁迅信仰中的"马克思主义"来源，是理解鲁迅

---

① 谭桂林、杨姿：《鲁迅与20世纪中国国民信仰建构》，百花洲文艺出版社2018年版。
② ［日］长堀祐造：《鲁迅与托洛茨基——〈文学与革命〉在中国》，王俊文译，（台北）人间出版社2015年版。

思想、建构鲁迅形象的重要一步。这个问题一直被讨论也一直没有得到解决。从左翼文学时期瞿秋白提出的"阶级论"到"党外的布尔什维克"定位，鲁迅的马克思主义观被不断放大和利用，认为鲁迅的思想观念和文学实践"都是马克思主义化的"①。这"遮蔽了鲁迅精神的丰富性，也脱离了他本人对'进化学说'和'无产阶级文艺观'的真实看法"②。对此，新时期以来的研究，努力通过文学作品、实践活动等来诠释主体思想和重构鲁迅形象，虽然打破了"伟大的革命家""文化革命的主将""空前的民族英雄"③等形象营设，但仍然没能跳出中国特色马克思主义的意识预设，真正透析鲁迅思想中的马克思主义来源。由此来看，《"同路人"之上》从思想史研究的角度着手，指出托洛茨基是鲁迅接受马克思主义的重要精神资源，鲁迅通过托洛茨基"批判的""革命的"马克思主义，"排解了关于革命新旧资源、革命和文艺关系以及革命对象的困惑"④，由此思考关于"新"的赋予者、有效性和局限性的问题。这不仅纠正了务实派的错误解读和隔离阐释，使鲁迅思想研究真正走出了"政治家""革命家"的构造思维，还为中国无产阶级革命文学研究找到托洛茨基这一历史参照，成为鲁迅研究新的有力支点。

第二个方面，透析鲁迅二十年代中期以后的"革命文学"问题，是探究鲁迅意识、考察鲁迅文学的必经之路。这涉及鲁迅的革命文学意识、文艺批评观、写作对象、文体和手法、文学指向等多个问题。《"同路人"之上》围绕"文学借鉴与写作创造""文艺理论与观念形变""文化观察与艺术实践"，阐释托洛茨基在无产阶级文化理论、革命文学理论等问题上给予鲁迅以深刻启示，使鲁迅避免了"革命文学"倡导初期比较流行的思维一元化与静止化的机械唯物主义倾向，形成了"革命文学家"自

---

① 《毛泽东论鲁迅》，《七月》第十期，1938年3月1日。
② 杨姿：《鲁迅信仰问题研究综述》，田建民、赵京华、黄乔生主编：《"鲁迅精神价值与作品重读"学术研讨会论文集》，河北大学出版社2014年版，第397页。
③ 毛泽东：《新民主主义论》，《解放》第九十八、九十九期合刊，1940年2月20日。
④ 杨姿：《"同路人"之上：鲁迅后期思想、文学与托洛茨基研究》，上海三联书店2019年版，第343页。

我改造、"革命文学"营垒建设的特殊视角，和同时代的"革命文学家"很难达到的马克思主义的辩证思维方式。相较于丸山升的"革命人鲁迅"和王富仁的"思想革命鲁迅"，《"同路人"之上》在"革命"方面找到了"托洛茨基"这一新质，在"文学"方面联通了"启蒙"和"革命"，以此，在地理上定位鲁迅在20世纪30年代的立身场域和写作地标，找到上海这一"现代都市"之于无产阶级革命的表达空间；在样态上以《阿金》为范本来看鲁迅对无产阶级理论的践行，确认作品的艺术完整性和文学经典性。鲁迅对革命文学"现实"和无产阶级文化"未来"的思考，显示出：作为"30年代左翼文化阵营中托洛茨基文化思想最有代表意义的继承者与发扬者"①，鲁迅对马克思主义文艺理论的本土化建构，形成了30年代无产阶级革命文学的典范。从这个角度来说，既有利于澄清鲁迅关于"革命文学"观念的来源，对鲁迅接受有岛武郎、片上伸以及托洛茨基的影响有一个主脉和支流的判断，同时，也对后期鲁迅的上海叙事，以及杂文经验等有新的观照。而且，提供了从托洛茨基、从中国无产阶级革命看鲁迅和从鲁迅看中国共产革命的互动视角，相比于很多党政作家的"革命+文学"创作，鲁迅出于个体意识自觉的而非官方意识规训的文学实践，表明的不仅是立足革命现实生产文艺理论、创作文学作品的重要性，还有党外知识分子革命的意义。

第三个方面，建构鲁迅的"同路人"身份，是观照鲁迅精神、总结鲁迅经验的创新之举。从托洛茨基对马克思主义的"补充"和"重新创造"，到鲁迅基于自身个体的生命体验和民族本土的现实生存、以扬弃态度来接受托洛茨基，"同路人"的过渡性与革命的持续性认知，始终贯穿其中。那么，鲁迅的"同路人"身份，或者说"同路人鲁迅"，到底是一种阶段性的革命存在，还是一种整体性的革命姿态？《"同路人"之上》认为，鲁迅因对曾经的革命"前驱""领路人"产生疑虑，才开始思想转

---

① 杨姿：《"同路人"之上：鲁迅后期思想、文学与托洛茨基研究》，上海三联书店2019年版，第30页。

型和寻路试验,"'同路人'是鲁迅'历史中间物'的表征之一"①；但同时启露,鲁迅其实一直是以"同路人"的身份参与现代中国的各种革命,只是在后期接受托洛茨基的"同路人"理论时才获得身份认同,进行本体确认和自我拓进。在鲁迅看来,"革命,革革命,革革革命,革革……"② 不同阵营相互革命、不同革命相互再革命,不断革命的"持续性",首先是当时中国的革命实况,其次是"革命"作为社会进化论中的先锋力量的存在必要性,再次是鲁迅一直以来的革命意识,即批判性和反思性。所以,"自戊戌变政,辛亥革命,'五四'运动,'三·一八'斗争,北伐,内战,'九·一八','一·二八','一·二九',直到全民抗战的前夕"③,鲁迅都积极以文学进行革命,不仅是在"革命中"推进,还通过对"革命之后"的省察和对"革命背后"的思疑来检视革命。但是,鲁迅从未真正加入某一政治群体或革命党派,认为"同路人者,谓因革命中所含有的英雄主义而接受革命,一同前行,但并无彻底为革命而斗争,虽死不惜的信念,仅是一时同道的伴侣罢了"④,持着既参与又疏离的革命态度。这一意义上,"同路人鲁迅",对于某一场革命、某一场革命时的鲁迅,是阶段性的、过渡性的；但对于鲁迅参与的中国革命、20世纪革命中的鲁迅,又是整体性的、本体性的；对于知识分子的社会参与、文学的革命空间,又是方法性的、经验性的。正如托洛茨基作为鲁迅思考无产阶级革命的一个坐标,《"同路人"之上》建立了一个看待中国革命的"同路人鲁迅"坐标。

因此说,从托洛茨基的创造到鲁迅的继承性转化,到《"同路人"之上》的研究性再造,无产阶级革命"同路人"的问题,已经变成了关于知识分子与中国革命关系的"同路人鲁迅"问题。对"同路人"理论和

---

① 杨姿：《"同路人"之上：鲁迅后期思想、文学与托洛茨基研究》,上海三联书店2019年版,第144、66页。
② 鲁迅：《小杂感》,载《鲁迅全集》第3卷,人民文学出版社2005年版,第556页。
③ 奚如：《对鲁迅先生的一点认识》,《学习生活》第1卷第6期,1940年10月10日。
④ 鲁迅：《〈竖琴〉前记》,载《鲁迅全集》第4卷,人民文学出版社2005年版,第445页。

"同路人鲁迅"的解读,也不仅仅是从苏俄影响到鲁迅接受,能否透彻理解鲁迅和托洛茨基的问题,还是一个能否全面理解中国现代革命和苏维埃革命的问题。带着这一认知再思考,"同路人"在后来为什么难以为继,甚至在革命中走向死亡?转借《"同路人"之上》中的问法,"革命同路人"的值域有多大?这是勃洛克和托洛茨基带给鲁迅的思考,也是鲁迅留给他的继承者和后来人的问题。

鲁迅突围困境的方式,无论是早先像普罗米修斯一样"盗火",还是后期对托洛茨基的"借力",都并非机械的资源搬移或简单的方法挪用,而是"正视"问题的批判性重造。这从"方法"到"认识"再到"思想",启发着处于分野与转型困境中的当代鲁迅研究。每一代际、每一类型的学者,都在努力拨开戏娱化、重复式的声浪,从鲁迅出发,提出和解决相应的时代命题。不管是联动文史的"主体论"研究,还是调用其他学科走出"主体论"的努力,只有直面鲁迅"径直从心发出来"的困惑和"从身体出发,慢慢发展到心的"[①] 变化,才能看到鲁迅的历史镜鉴和现实烛照,真正推动研究的发展进程。由此可以见出《"同路人"之上》的理智,一面摆脱了理论主导、意识先行等研究症候,不止步于已有论断,从主体中阐发意义,在意义中建构主体;一面略化了对外延的描述而专注于对内涵的探索,从而获得更大空间来对话既往研究、考量思想信仰、衍生新的经验。这样的"再造",是贴合鲁迅精神的,也是一个有建设价值的鲁迅研究应具备的品质——"要把鲁迅所拥有的'视界'和理解鲁迅视界的'视界'以及现在的'视界'叠合起来,这种'视界融合'不仅是精神共同体中知识、观念的加法,而且也是精神共同体中意识、习见的减法"[②],确立历史中的鲁迅、鲁迅的"历史"和作为历史的"鲁迅"三位一体的结构性意识。

[①] 梁漱溟:《中国文化要义》,上海人民出版社2011年版,第245页。
[②] 杨姿:《"同路人"之上:鲁迅后期思想、文学与托洛茨基研究》,上海三联书店2019年版,第68页。

稿　约

《区域文化与文学研究集刊》诚约稿件

　　《区域文化与文学研究集刊》是一本专门研究区域文化与文学的纯学术刊物（书代刊）。本刊以"区域"为理论视角审视文学及文化的构成和发展，展示推介相关研究成果；以促进文化学术的繁荣为宗旨，为当下的文学与文化研究提供新思维和新方向；坚持"双百方针"，强调社会责任，服务学术事业和区域经济文化发展建设。本刊暂定一年两期，由中国社会科学出版社出版，全国发行。

　　为此，本刊向学界同仁诚约稿件，欢迎选题独特精当、内容充实、思想深刻、观点新颖、具有前沿性和前瞻性的学术论文。敬请关注，不吝赐稿，并予以批评指正。

　　为联系方便和技术处理，来稿要求如下：

　　（一）论文篇幅最好不超过15000字。书评不超过3500字。

　　（二）论文若系课题阶段性成果，请在标题后添加脚注，说明课题来源、名称及编号。

　　（三）作者名后请以脚注方式添加作者简介，说明作者姓名、出生年月、职称（或学位）、研究方向及工作单位等信息。

　　（四）论文请附300字以内的中文提要，并附3—5个中文关键词。

　　（五）注释格式及规范

　　1. 一律采用脚注，注释序号用123格式标示，每页重新编号。

　　2. 中文注释具体格式如下列例子：

例1：

余东华：《论智慧》，中国社会科学出版社2005年版，第35页。

同上书，第37页。

同上。

《马克思恩格斯选集》第2卷上册，人民出版社1972年版，第25页。

刘少奇：《论共产党员的修养》，人民出版社1962年第2版，第76页。

例2：

［美］弗朗西斯·福山：《历史的终结及最后之人》，黄胜强等译，中国社会科学出版社2003年版，第7页。

例3：

刘民权等：《地区间发展不平衡与农村地区资金外流的关系分析》，姚洋主编《转轨中国：审视社会公正和平等》，中国人民大学出版社2004年版，第138—139页。

例4：

茅盾：《记"孩子剧团"》，《少年先锋》第1卷第2期。

杨侠：《品牌房企两极分化 中小企业"危""机"并存》，《参考消息》2009年4月3日第8版。

例5：

费孝通：《城乡和边区发展的思考》，转引自魏宏聚《偏失与匡正——义务教育经费投入政策失真现象研究》，中国社会科学出版社2008年版，第44页。

参见江帆《生态民俗学》，黑龙江人民出版社2003年版，第60页。

例6：

赵可：《市政改革与城市发展》，博士学位论文，四川大学，2000年，第21页。

任东来：《对国际体制和国际制度的理解和翻译》，全球化与亚太区域化国际研讨会论文，天津，2006年6月，第9页。

《汉口各街市行道树报告》，1929年，武汉市档案馆藏，资料号：Bb1122/3。

例7：

陈旭阳：《关于区域旅游产业发展环境及其战略的研究》，2003年11月，中国知网（http：//www. cnki. net/index. htm）。

李向平：《大寨造大庙，信仰大转型》（http//xschina. org/show. php? id = 10672）。

例8：

《太平寰宇记》卷36《关西道·夏州》，清金陵书局线装本。

姚际恒：《古今伪书考》卷3，光绪三年苏州文学山房活字本，第9页a（指a面）。

（汉）班固：《汉书》，中华书局1983年标点本，第xx页。

《太平御览》卷690《服章部七》引《魏台访议》，中华书局1985年影印本，第3册，第3080页下栏。

乾隆《嘉定县志》卷12《风俗》，第7页b。

《旧唐书》卷9《玄宗纪下》，中华书局1975年标点本，第233页。

3. 外文注释如下列例子：

例1：

Seymou Matin Lipset and Cay Maks, *It Didn't Happen Hee：Why Socialism Failed in the United States*, New York：W. W. Norton & Company, 2000, p. 266.

例2：

Christophe Roux-Dufort, "Is Crisis Management（Only）a Management of Exceptions？", *Journal of Contingencies and Crisis Management*, Vol. 15, No. 2, June 2007.

（六）来稿一律采用电子版，请在文末注明作者联系电话、电子邮件、详细通信地址及邮编，以便联系有关事宜。

（七）切勿一稿多投。

本刊同意被中国知网（CNKI）收录，并许可其以数字化方式复制、汇编、发行、网络传播本刊全文，文章作者版权使用费和稿酬本刊将一次性给付。如作者不同意文章被收录，请在来稿时向本刊声明，本刊将作适当处理。

本刊地址：重庆市沙坪坝区大学城重庆师范大学文学院《区域文化与文学研究集刊》编辑部

邮政编码：401331

电子邮箱：qywxjk@163.com

重庆师范大学区域文化与文学研究中心

《区域文化与文学研究集刊》编辑部

后　记

  提笔为本辑写下最末几段文字的今日，重庆的太阳恰好一改数日里的羞涩，固执地让阳光穿透了厚重的云雾，泼洒在高楼也泼洒在棚户区，照亮了庄稼地也照亮了草坪。一拨又一拨困居在家的人们戴着口罩出了门，取下口罩进入了庄稼地或草坪，以过节的心情，贪婪地呼吸着可以自由呼吸的空气，注目着田野或公园里奔跑打闹的新鲜活泼的孩子们，招呼着身边认识不认识的人们并且随意地谈天说地。对自由出行、自由呼吸的这种珍惜，早已成为疫情暴发两年来的新常态。明天和突发疫情谁先到来？这时候您问谁谁都不敢给您个确信。

  暂时自由的重庆人，和暂时自由的其他区域的人们，都在关注新一轮疫情的暴发地西安。而困居于长安区数日之久的友人们，在经历魔幻的让人无法可想的种种现实后，一方面关心着核酸阳性的最新数据、超市里空空的蔬菜区、自力更生购物群的最新消息，另一方面关心着何其芳、鲁迅和中国现当代文学研究如何向纵深推进。历史时空中区域与区域之间的对话在学术研讨中持续，然而现实时空中区域与区域之间的对话却未必畅通无阻，这是现实，而这现实会成为未来的历史中颇难化解的梗阻般的存在。

  在这样的语境中来观照本辑的现有形貌，我的感慨自然颇多。

  在"区域文化与中国现当代文学研究""区域文化与古代文学研究"这两个常设的栏目中，我们推出了来自不同区域的九位学者的全新研究成果。熊飞宇系统钩沉了威廉·萨洛扬《人类的喜剧》在民国时期的译介状况，凌孟华详细考索了战后北平非文学期刊《知识与生活》及其所载俞平伯集外佚文，慈明亮细致解读了穆旦名作《防空洞里的抒情诗》，何湘、陈倩梳理了明清湖湘疫灾文学的多维书写情形并加以地域化解读，陈忻仔细探究了黄庭坚谪居黔州所书李白《秋浦歌》的内蕴，李旭婷在宏阔视野中研究了南宋绘画中的南方意象与文学书写问题，而赵普广与其弟子石珠林对现代中国"行旅文学"研究的历史、问题及进路进行了缜密、深入的探析。如果说"区域文化与中国现当代文学研究"栏目的设置意在宏观观照二者的关系，那么，本辑中"潮汕文化与文学档案·林培源"的推出，则致力于从细微处深究青年作家林培源的文学写作与潮汕文化互动的形貌与因由。林培源的自述《"常识"与"反常识"：我的小说观》、陈润庭的文章《"先锋"余火的继承与重燃——林培源短篇小说创作论》以及张慧敏的文章《关于"潮汕"的记忆、想象与认同》，值得仔细品读。本辑另设的"书评"栏目是新辟的园地，意在通过推介学者们关乎区域文化与文学研究的最新成果，揭示这一研究领域的来路与去向。本次推介的《中国日记文学理论研究》《西南联大文学社团研究》《明清白话短篇小说的文学地理研究》及《"同路人"之上：鲁迅后期思想、文学与托洛茨基研究》的作者，都希望能觅得更多知音，都期盼着能有更多学人满怀赤诚进入区域文化与文学研究这一广阔的学术空间。

"巴渝学人掠影·杨星映"系本辑的特别设计之一。杨星映先生是北京大学中文系在"文化大革命"结束后招收的首届文艺学专业硕士研究生。1982年12月分配至当时的重庆师范学院中文系后，先生一直致力于古代文论及其现代转换问题的深入、系统的研究，致力于中国语言文学尤其是其中的中国古代文学、文艺学的学科建设，为重庆师范大学文学院形成"抗战文化与文学研究""区域文化与文学研究"的学科特色，付出了异常艰辛的努力。细读周和军饱含深情的《博观约取　丹心育人——杨星映先生的学术人生》、党圣元高屋建瓴的《〈中国古代文论元范畴论析〉序》、姜军委对杨星映等著《玄韵流芳》条分缕析的论述、肖锋梳理翔实的《杨星映先生学术年谱》，我们会明白星映先生的璀璨"星"光如何辉"映"了重庆师范大学文学院乃至中国古代文论研究界的学术天空，而细读先生的新作《生命之美——中国古代审美意识的基本特征》，我们会明白星映先生的璀璨"星"光为何能辉"映"重庆师范大学文学院乃至中国古代文论研究界的学术天空。然后，作为后继者的我们，会意识到肩上的担子之重、任务之艰，以及时间之紧迫。

"鲁迅诞辰140周年纪念专栏"系本辑的另外一个特别设计，是各区域的学者跨越时空向大先生鲁迅致敬的外在表现之一。在学术界尤其是中国现代文学界今年此起彼伏的纪念话语中，我们隆重推出的，是刘涛的《〈现今的新文学的概观〉的版本》、范阳阳的《论代田智明的鲁迅研究》、葛涛的《国内六家鲁迅纪念馆业务工作的回顾与前瞻（1951—2016）》以及许祖华的《鲁迅孤独寂寞的生活方式与其经验知识的生动性》。刘涛对《现今的新文学的概观》的"未名版"与"三闲版"的版本差异进行了细致比较和详尽考辨，对版本的变迁与鲁迅文学创作的特点及鲁迅精神人格的关系展开了论述；范阳阳对日本重要的鲁迅研究专家代田智明的鲁迅研究特色进行了概括，着重剖析了代田智明的鲁迅研究立足于全球化的现实语境，深入发掘了鲁迅"相互主体性"的思想史意义和当下价值；葛涛较为系统地回顾了国内六家鲁迅纪念馆的业务工作，指出其历史性贡献，并对其未来的业务工作提出了一系列前瞻性思考；许祖华不仅将鲁迅的相关经验知识与学术界早已关注的鲁迅的孤寂生活方式结合起来展开探讨，而且深刻地论述了鲁迅关于生活的经验知识的生动性与其关于生活的原型信念和在杂文及书信中所呈现的"事实"的生动性的密切关系。

1945年5月4日创刊的《文哨》上，穆旦发表了诗歌《活下去》。我读到诗句"活下去，在这片危险的土地上，/活在成群死亡的降临中"，"屈辱，忧患，破灭，再活下去"以及"孩子们啊，请看我们在怎样地孕育/难产的圣洁的感情"的准确时间已不可考，然而当时内心所受的震动，现在依然鲜明地记得。在稀见的阳光扫去雾重庆的阴霾之际，我多么希望圣洁的感情不再难于孕育，而无论是在天涯还是在海角的人们，都可以在阳光下细数现世安稳的日子……

杨华丽

2021 年 12 月